古诗词诵读

『我们爱朗读』系列丛书

张涵 编著

（第2版）

中国传媒大学出版社
·北京·

CONTENTS 目录

(二)

(三)

（四）

第四单元 元明清诗词、元代小令

第 2 版修订说明

《古诗词诵读》自 2012 年 3 月出版以来，受到播音员主持人、播音与主持艺术专业师生和广大播音主持艺术爱好者的好评。很多高校将此书选为教材，并要求学生对这些古诗词进行熟读或背诵。

本书精选了中国古代自西周至清代的 200 余首对后世影响较大、流传久远的诗词，包括四言、五言、七言、词、曲等文体。将古诗词诵读融入播音主持语音发声训练的教学实践取得了良好的效果，既让学生在古诗词的熏陶中进行语音、呼吸控制、口腔控制、声音弹性等吐字发声的训练，又让学生开阔了视野，增加了知识。

作者根据教学实践和读者反馈，对本书进行了以下修订：

第一，精简内容。例如，将每篇古诗词所附题解合并到诵读提示，删掉重复讲解的内容。

第二，突出诵读。例如，大部分古诗词附有“断句顿挫建议”。将“赏读提示”改为“诵读提示”，重点讲解古诗词诵读的方法和技巧。

第三,链接知识。大部分古诗词后面附有“知识链接”,介绍作者、作品、创作背景等知识点,帮助学生对古诗词的理解和感受。

由于水平有限,此次修订工作难免有遗漏之处,恳请读者提出宝贵意见,帮助我们把《古诗词诵读》修订得更加完善。

前　言

本课程主要涉及古典诗词的诵读。所谓“诗”，泛指自西周以来逐渐形成的律诗与绝句，它在句数、字数和平仄、用韵等方面都有严格规定，主要类别有绝句和律诗。绝句四句，律诗八句，十句以上为长律或排律。所谓“词”，是配合音乐可以歌唱的诗句。由于句子长短不同，也称为“长短句”。每首词都有调名，表明写作时所依据的曲调乐谱。词以两片为最多，称为上、下片或上、下阕。

“诵读”，既不同于“看”，也不同于“念”。看诗词，是诉诸视觉的，个人的理解能力不同，对诗词的消化、吸收也不相同。念诗词，仅仅是一种由文字版向有声版的转化过程，照字出声、照本宣科而已。而诵读，则是要以文字版本为基本依托，经过诵读者的理解感知，再将文字的东西转化为有声的语言，并以语言技巧的综合运用，使得有声语言更准确、更鲜明、更生动、更感人。这个过程就是有声语言的二度创作过程，也是语言艺术的再造过程。

“诵读”，既不同于朗读，也有别于朗诵。狭义的朗读,就是用清晰、响亮的声音把文章读出来,以传达文章的思想内容为主要目的。朗诵,是用清晰、响亮的声音,结合各种有声语言表达技巧或体态、手势、表情、动作等手段来完善地表达作品思想感情的语言艺术形式。舞台朗诵,则又须借助于灯光、服饰、音乐、音响、化妆、造型等的烘托,成为一种艺术表演形式。"诵读"概念的界定,应当是用清晰、响亮的声音,结合各种有声语言表达技巧或必要的体态、手势、表情、动作等来艺术性地表达作品思想感情的语言形式。这是播音员主持人语言艺术的基本功之一。

古语云:置之齐则齐语,置之楚则楚语。学习语言需要一个"活"的语境。古典诗词诵读课,在时下高等院校的教学框架内,没有多少现成的范例和图式可循,教学体例、方式方法、作品选用、教学时长安排、理论与实践比例等等都在探索之中。为此我们开设古典诗词诵读课的目的就是希望通过一个学期的讲解和训练,帮助、启发和引导学生开阔视野,增进知识,丰富想象,陶冶情操,同时将这些古典诗词的诵读实践结合与此同步进行的普通话语音学、播音发声学两门课的教学,融入播音主持语言基础训练的框架,配合语音字词训练、气息训练、口腔控制训练、吐字发声训练,争取在有限的教学时间内收到1+2>3的效果。

中华古典诗词历史源远流长,名篇佳作美不胜收。优秀古典诗词是传统文化的精髓、民族语言的典范、文学艺术的奇葩。本书共选用中国古代自西周至清代的201首对后世影响较大的诗文为蓝本,采取以诵读为主、讲解为辅的方式,对作者的生平、时代背景、创作风格等只点染大概,在解释字词、翻译原文的基础上,侧重于诵读技巧的熏染和培养。

学生应大致了解作者的生平、时代背景、创作风格,重点掌握四言、五言、七言、词、曲的一般诵读格式及方法,能够举一反

三、闻一知十，达到如下要求：1. 准确地把握作品内容。做到正确、深入地理解，深刻、细致地感受体验，丰富、逼真地想象玩味。2. 把握作品的基调。基调是层次、段落、语句中具体思想感情的综合表露，是作品总的态度感情、总的色彩和分量，基调是诵读成功与否的关键。3. 要具备规范的语言基本功。要求口齿清晰、字正腔圆、声情并茂。4. 具备准确到位的外部表现技巧。如词语重音、语法重音、感情重音，逻辑停顿、感情停顿、语法停顿和结构停顿，语调的急缓顿挫、高低抑扬的变换，节奏的快慢松紧等。

古典诗词诵读课要求学生经过大课 8 周 32 课时的讲解和训练，争取达到以下五个方面的标准：1. 诵出“内容”；2. 诵出“情采”；3. 诵出“韵味”；4. 诵出“意境”；5. 诵出“余味”。

本课程教学的重点和难点是以《诗经》和曹操诗为代表的四言诗；以《古诗十九首》、汉乐府民歌、陶渊明为代表的魏晋南北朝时期的五言诗；以初唐四杰、王昌龄、王之涣、孟浩然、王维、李白、杜甫、白居易、李商隐、杜牧为代表的七言诗；以李煜、范仲淹、晏殊、欧阳修、柳永、苏轼、辛弃疾、李清照、陆游为代表的五代及宋代词的一般诵读格式、腔调及方法。

由于受中学语文教学的影响，多数学生对古典诗词的诵读还处在“出声念字”的初级阶段，尚不了解在韵文中声音、情感该如何运用，不会在“诵”的过程中将语句腔调“甩开”“托住”和“拖住”，不知道古典诗词的诵读应与日常谈话说话有截然不同的区别。这里面既有语言习惯问题，也有气息控制、口腔控制、吐字归音的问题。解决这些技术层面的问题，重新建树起“诵”的语言模态，当是古典诗词诵读教学的第一难点所在。

第二个难点是，经过熏染和训练，部分学生也能掌握四言、五言、七言诗和“词”的一般诵读格式、腔调及方法，但不论诵读什么内容的诗文都用一种固定格式去机械地套用，既无鲜明的内容，又无饱满的情采，当然也缺乏韵味和意境。在艺术语言的表达层面上，无大碍也无大错，但没个性，不精彩，缺少感染力，这才是最要命的“软伤”和“隐伤”。专业教师应设法调动和唤起这类学生的创作激情，让他们在进入澎湃荡漾的情状下去体验、去感受，去完成行腔使句的创作。

教学进度表

次数序号	教学内容	理论/实训	课时数
第一次教学内容	第一单元——先秦、汉魏、南北朝诗歌	实训	4
第二次教学内容	第二单元——唐代诗歌(一)	实训	4
第三次教学内容	第二单元——唐代诗歌(二)	实训	4
第四次教学内容	第二单元——唐代诗歌(三)	实训	4
第五次教学内容	第三单元——宋代诗词(一)	实训	4
第六次教学内容	第三单元——宋代诗词(二)	实训	4
第七次教学内容	第三单元——宋代诗词(三)	实训	4
第八次教学内容	第三单元——宋代诗词(四) 第四单元——元明清诗词、元代小令	实训	4

实训环境要求：多媒体合堂教室、电子课件。

实训教学形式：课堂教学主要采取主讲教师大课集中讲授示范、教师带诵、学生自诵、学生齐诵、优生领诵、教师导诵等多种形式，引导督促学生诵读。

第一单元　先秦、汉魏、南北朝诗歌

教学目的与要求:要求学生能够规范熟练地诵读所有内容,并背诵:《关雎》《橘颂》《易水歌》《大风歌》《垓下歌》《迢迢牵牛星》《上邪》《观沧海》《龟虽寿》《短歌行》《七步诗》《敕勒歌》《木兰诗》《饮酒》《归园田居·其一》《归园田居·其三》。

教学重点与难点:四言、五言诗的诵读格式和表达技巧。

诗经·关雎

关关雎鸠(jū jiū),在河之洲。
窈窕(yǎo tiǎo)淑女,君子好(hǎo)逑。
参差(cēn cī)荇(xìng)菜,左右流之。
窈窕淑女,寤寐(wù mèi)求之。
求之不得,寤寐思服。
悠哉悠哉,辗转反侧。
参差荇菜,左右采之。

窈窕淑女，琴瑟友之。
参差荇菜，左右芼(mào)之。
窈窕淑女，钟鼓乐(yuè)之。

【注释】1.《关雎》出自《国风·周南》，关雎：篇名，是从诗篇第一句中摘取来的。《诗经》的篇名一般都是这样产生的。2.周南：西周初期周公旦统治下的南方诗歌。3.关关雎鸠：雎鸠鸟不停地叫。4.关关：象声词，鸟的啼叫声，也可以理解为雌雄相应和之声。5.雎鸠：传说情意专一的水鸟。6.洲：水中陆地。7.窈窕：文静美好的样子。8.好逑：佳偶。逑：配偶。9.荇菜：一种可食的水草。10.寤：睡醒。寐：睡眠。11.思服：思念。12.琴瑟友之：弹琴鼓瑟表示亲近。13.芼：摸，选择。14.钟鼓乐之：敲击钟鼓使她欢乐。

【串译】雎鸠鸟不停地鸣叫，栖居在河中的沙洲上。那文静美好的姑娘啊，是好男儿的好配偶。长短不齐的荇菜，姑娘在船的两边捞取。那文静美好的姑娘啊，小伙子日日夜夜都在想念她。思念追求不可得，醒来做梦长相思。悠悠思念情意切，翻来覆去难入眠。长短不齐的荇菜，姑娘左右去摘采。那善良美丽的姑娘啊，小伙子弹琴鼓瑟亲近她。长短不齐的荇菜，姑娘左右去挑选。那善良美丽的姑娘啊，小伙子用钟鼓使她欢乐。

【诵读提示】《诗经》以四言为主，兼有杂言。结构上多采用重章叠句的形式加强抒情效果。每一章只变换几个字，却收到回旋跌宕的艺术效果。在语言上，多采用双声叠韵、叠字联绵词来状物、拟声、穷貌。在押韵上，有的句句押韵，有的隔句押韵，有的一韵到底，有的中途转韵，现代诗歌的用韵规律在《诗经》中几乎都已经具备了。

《关雎》是《诗经》首篇，也是我国爱情诗之祖，反映的是一个青年对一位容貌美丽的姑娘的爱慕和追求，具体写他求而不得的痛苦和想象求而得之的喜悦。

诵读时应注意几个字音的处理："窈窕"（yǎo tiǎo），两个上声字相连组合，前个上声字须变成近似于阳平，人多误读为两个阳平字。"好"字，读音 hǎo，意思是好的、优秀的、可意的。"荇菜"的"荇"字读音为 xìng，去声。"芼之"的"芼"字读去声 mào。"钟鼓乐之"的"乐"读 yuè，动词，取悦，使其愉悦、快乐的意思。

诗经·相鼠

相（xiàng）鼠有皮，人而无仪！
人而无仪，不死何为？
相鼠有齿，人而无止（chǐ）！
人而无止，不死何俟（sì）？
相鼠有体，人而无礼！
人而无礼，胡不遄（chuán）死？

【注释】1. 相：看，视。2. 仪：礼仪，礼节。3. 止：同"耻"，即廉耻。4. 俟：等待。5. 遄：迅速。

【串译】就连那老鼠都有皮，那些人却不知礼仪！人若无视礼仪，活着还有何意义？就连那老鼠都有牙齿，那些人却为非作歹不止。人若不知廉耻，不去死还等待什么？就连那老鼠还知体面，那些人却不顾道德伦理。人若不懂得礼仪，那还不快快去死？

【诵读提示】《相鼠》是《鄘风》中的一篇。《诗》序谓:“《相鼠》,刺无礼也。”古人常赋之以刺无礼。古代统治阶级用虚伪礼节欺骗人民,人民深恶痛绝,将之与老鼠相比,给予辛辣的讽刺。

本篇三章重叠,以鼠起兴,反复类比,意思并列,但各有侧重。第一章“无仪”,指外表;第二章“无止(耻)”,指内心;第三章“无礼”,指行为。三章重章互足,合起来才是一个完整的意思,这是《诗经》重章的一种类型。本诗尽情怒斥,感情强烈,语言尖刻,每章四句皆押韵,并且二、三句重复,末句又反诘进逼,“意在笔先,一波三折”,既一气贯注又回流激荡,增强了讽刺的力量与风趣。

诵读时咬字应有力度,揭露、讽刺要强烈、辛辣,要有诅咒的味道!其中“不死何为?”“不死何俟?”“胡不遄死?”三个诘问句,自问自答,层级式地递进,一句比一句分量重,一句比一句有气势,呈“上山型”语势,至“胡不遄死?”戛然而止,表达应解气、解恨,酣畅淋漓。

诗经·木瓜

投我以木瓜,报之以琼琚(jū)。
匪(fēi)报也,永以为好也。
投我以木桃,报之以琼瑶。
匪报也,永以为好也。
投我以木李,报之以琼玖(jiǔ)。
匪报也,永以为好也。

【注释】1. 木瓜:落叶灌木,果似小瓜。古代有瓜果之类为男女定情信物的风俗。2. 投：投掷，此作赠送，给予。3. 匪：同“非”。4. 报：报答。5. 琼：泛指美玉。琚：佩玉。琼琚：美玉美石之通称，饰物。后边的“琼瑶”“琼玖”同此。6. 好：爱。7. 木桃：桃子。8. 木李：李子。为了和前面的木瓜相对衬，所以都加上“木”字。9. 瑶：美玉或美石。10. 玖：浅黑色玉石。

【串译】你将木瓜投赠我，我拿琼琚作回报。不只是为了答谢你，珍重情意永相好。你将木桃投赠我，我拿琼瑶作回报。不只是为了答谢你，珍重情意永相好。你将木李投赠我，我拿琼玖作回报。不只是为了答谢你，珍重情意永相好。

【诵读提示】《木瓜》一共三章，每章四句。字句比较好懂，从字面看写的是两个人之间礼物的相互赠送，而实质上是表示相互间的感情，是写一个男子与钟爱的女子互赠信物以定同心之约。这首诗是传诵最广的《诗经》名篇之一，从章句结构上看很有特色。首先，这首诗没有《诗经》中最典型的句式——四字句，有意无意地用这种句式造成一种跌宕有致的韵味，在歌唱时易于取得声情并茂的效果。其次，语句具有极高的重叠复沓程度。后边的诗句采用了与第一节完全相同的句式和格式，只要你送我东西，我必要送给你更昂贵的东西，从形式上看只不过是第一节的反复出现，叠章易字，而从程度上看则表现出情感在一步一步加深，这也正是《诗经》的一大特点。

诵读时应善于借助这一形式上重章叠句、一唱三叹的咏唱特点，造成余音袅袅、绕梁三日而不绝的效果。“匪报也，永以为好也。”作为三段体的结尾句，重复了三次，若想强化这种“投桃报李”的效果和境界，在第三个“好”字上应该加重语气和语势，拉甩开来，大胆地用语气作结。

诗经·子衿

青青子衿(jīn),悠悠我心。
纵我不往,子宁(nìng)不嗣(yí)音?
青青子佩,悠悠我思。
纵我不往,子宁不来?
挑(táo)兮达(tà)兮,在城阙兮。
一日不见,如三月兮。

【注释】1. 子:你,对男子的美称。2. 衿:衣领。3. 悠悠:指忧思深长不断。4. 宁:难道。5. 嗣音:传音讯。嗣:通“贻”“诒”,给、寄的意思。6. 城阙:城门楼。

【串译】你的衣领颜色青青,日夜让我思念在心。纵然我不能去和你相会,你怎么就不能来个信?你的佩玉颜色青青,日夜使我挂记在怀。纵然我不能去和你相会,你怎么不能自己来?徘徊焦急得心慌,苦苦想你,在城楼上蹦跶。若是一天不能见面,仿佛相隔三个月长。

【诵读提示】《子衿》是《国风·郑风》中的一篇。全诗采用倒叙手法,描写了女子思念恋人的心理活动,是中国文学史上描写相思之情的经典作品。全诗五十字不到,但女主人公等待恋人时焦灼万分的情状宛然如在眼前。这种艺术效果的获得在于运用了大量的心理描写。如前两章对恋人既全无音问、又不见人影的埋怨,末章“一日不见,如三月兮”的独白。两段埋怨之辞,以“纵我”与“子宁”对举,急盼之情中不无矜持之态,令人生出无限想象，可谓字少而意多。末尾的内心独白，通过夸张的修辞技巧造成主观时间与客观时间的反差，从而将其强烈的情绪心理形象地表现了出来，可谓因夸以成状，沿饰而得奇。

诵读时应充分揣摩年轻女子对心仪男子的等待期盼之情切。“怨”是情的深处，语气要体现出女子的怨气，女求男到了如此程度当是无以复加，感人至深了！“一日不见，如三月兮”是全诗的精髓，虽如白话，但“见”“盼”“等”“思”的意思都在里面，需要加重强调，卒章显志。

诗经·蒹葭

蒹葭(jiān jiā)苍苍，白露为霜。
所谓伊人，在水一方。
溯洄(sù huí)从之，道阻且长。
溯游从之，宛在水中央。
蒹葭萋萋，白露未晞(xī)。
所谓伊人，在水之湄。
溯洄从之，道阻且跻(jī)。
溯游从之，宛在水中坻(chí)。
蒹葭采采，白露未已。
所谓伊人，在水之涘(sì)。
溯洄从之，道阻且右。
溯游从之，宛在水中沚(zhǐ)。

【注释】1.蒹葭:荻苇、芦苇的合称。2.苍苍:茂盛的样子。3.所谓:所念。4.伊人:指作者所思念追寻的人。5.溯洄从之:意思是沿着河道走向上游去寻找。溯洄,逆流而上。从:追、追求。6.阻:险阻、难走。7.溯游从之:沿着直流的河道走向下游寻找。8.宛在水中央:仿佛在河中间。9.萋萋:茂盛的样子。10.晞:干。11.湄:水草交接处,指岸边。12.跻:登、上升。13.坻:水中小洲或高地。14.采采:茂盛鲜明的样子。15.已:止,意思是"干""变干"。16.右:向右拐弯,这里是(道路)弯曲的意思。17.沚:水中小块陆地。

【串译】河畔芦苇碧苍苍,深秋白露凝成霜。我那日思夜想的人,就在河对岸一方。逆流而上追寻她,道路险阻又漫长。顺流而下寻觅她,仿佛就在水中央。河畔芦苇茂又盛,清晨露水尚未干。我那魂牵梦绕的人,就在河对岸一边。逆流而上追寻她,道路坎坷险艰难。顺流而下寻觅她,仿佛就在沙洲间。河畔芦苇更繁茂,清晨白露依然留。我那苦苦追求的人,就在河对岸一头。逆流而上追寻她,道路险阻迂回难。顺流而下寻觅她,仿佛就在水中洲。

【诵读提示】《蒹葭》选自《秦风》,大约是产生于秦地的一首民歌。此诗写一个痴情人在恋爱中的心理和感受,由于所追求的心上人可望而不可即,使得作者陷入烦恼。

此诗三章重叠,每章只换几个字,不仅将重章叠句、反复吟咏、一唱三叹的艺术效果发挥到极致,而且产生了将诗意不断向前推进的作用。诗的立意就是所追求的心上人可望而不可即,作者陷入空前的烦恼,诵读时一定要抓住这个主旨,描景时不忘阐发恋爱中痴情人的心理和感受。反复地说河水阻隔仅仅是含蓄的隐喻,其实"可望而不可即"才是美学领域所谓的遗憾残缺美的命题,它可以无限地抻长和延续其美好情端,使得事态发展更加复杂和纠结，使人为之动容。“宛在水中央”“宛在水中坻”“宛在水中沚”三个结句是往复之强调运用，只是一个字的变化，却须表现好这三个字，尤其是最后一个“沚”字，因为是上声，字调要下降平拉然后往上挑动，行腔应慢些，舒缓之中幅度应大些，这个尾巴结好了，可以拉长并延续诗情和诗意，于“唱”“叹”之外又平添些心中有笔下无的意境和味道，诵读的目的基本就达到了。

知识链接

《诗经》是我国第一部诗歌总集，收入自西周初年至春秋中叶大约五百多年的诗歌 305 篇。《诗经》分十五国风（160 篇），大雅、小雅（105 篇），周颂、商颂、鲁颂（40 篇）三大部分，都得名于音乐。“风”的意义是声调，古人所谓《秦风》《魏风》《郑风》就如现在的陕西调、山西调、河南调。“雅”是“正”的意思，周人把正声叫作雅乐，带有尊崇的意味。大雅、小雅是根据年代先后分的。“颂”是用于宗庙祭祀的乐歌。《诗经》全面展示了周代社会生活，真实反映了奴隶社会由盛到衰的历史面貌。其中，风、雅、颂是就体例分类来说的；赋、比、兴是就表现手法而言的，赋、比、兴手法的成功运用是构成《诗经》民歌浓厚风土气息的重要原因。

国殇

屈原

操吴戈兮被(pī)犀甲，车错毂(gǔ)兮短兵接。

旌蔽日兮敌若云，矢(shǐ)交坠兮士争先。

凌余阵兮躐(liè)余行(háng)，左骖(cān)殪(yī)兮右刃伤。

霾(mái)两轮兮絷(zhí)四马，援玉枹(fú)兮击鸣鼓。

天时怼(duì)兮威灵怒，严杀尽兮弃原野。

出不入兮往不反(fǎn)，平原忽兮路超远。

带长剑兮挟(xié)秦弓，首身离兮心不惩。

诚既勇兮又以武，终刚强兮不可凌。

身既死兮神以灵，魂魄毅兮为鬼雄!

【注释】1.殇：指未成年而死或死难的人。2.国殇：为国捐躯的战士。3.吴戈：吴国制造的戈，因锋利闻名。4.犀甲：犀牛皮制作的铠甲。5.毂：泛指战车的轮轴。6.短兵：指刀剑一类的短兵器。7.敌若云：敌兵众多如云。8.矢交坠：敌我双方对射出的箭相互交错坠落。9.凌：侵犯。10.躐：践踏。11.行：行列。12.骖：在两旁驾车的马。13.殪：倒地而死。14.霾：通“埋”。15.絷：绊住。16.枹：鼓槌。17.天时：指上天。18.天时怼：指上天都怨恨。19.威灵：威严的神灵。20.严杀：严酷的厮杀。

21.反:通“返”。22.忽:不分明。23.秦弓:指秦地制造的良弓,射程远。24.心不惩:壮心不改,勇气不减。25.惩:终止。26.鬼雄:战死了,魂魄不死,即使做了鬼也要成为鬼中的豪杰。

【串译】手持着吴戈啊身披犀甲,战车交错啊刀剑相砍杀。旌旗蔽日啊敌军多如云,飞箭交坠啊士卒勇争先。犯我阵地啊践踏我行伍,左骖死去啊右骖被刀伤。埋住两轮啊绊住四匹马,手抱玉槌啊敲打起战鼓。天昏地暗啊威严神灵怒,残酷杀尽啊尸首弃原野。出征不回啊前进不复返,平原迷漫啊路途很遥远。佩带长剑啊挟着强弓弩,头身分离啊壮心不更改。其是勇敢啊富有战斗力,始终刚强啊没人能侵犯。身躯已死啊精神永不亡,您的魂魄啊为鬼神之英雄!

【诵读提示】《国殇》是《楚辞·九歌》中的一篇。《九歌》是屈原据民间祭神乐歌改作或加工而成,共十一篇:《东皇太一》《云中君》《湘君》《湘夫人》《大司命》《少司命》《东君》《河伯》《山鬼》《国殇》《礼魂》。多数篇章皆描写神灵间的眷恋,表现出深切的思念或所求未遂的哀伤。

本诗以诗歌的形式表现战争场面,虽不如小说那么具体细致,更不如影视作品给人以真实的画面感,但读者随着跳跃的诗句,在想象与联想中结构着一个又一个场景却也更具自由度。于有限的字句中留给读者无限的空间,激发起读者高昂的情感。

诵读时,要用夸张的语态制造战争场面和气氛,烘托战争的严酷与悲壮,表现将士们惊天地泣鬼神的牺牲精神。

橘颂

屈原

后皇嘉树，橘(jú)徕(lái)服兮。
受命不迁，生南国兮。
深固难徙(xǐ)，更壹志兮。
绿叶素荣，纷其可喜兮。
曾(céng)枝剡(yǎn)棘，圆果抟(tuán)兮。
青黄杂糅，文章烂兮。
精色内白，类任道兮。
纷缊(yùn)宜修，姱(kuā)而不丑兮。
嗟(jiē)尔幼志，有以异兮。
独立不迁，岂不可喜兮。
深固难徙，廓(kuò)其无求兮。
苏世独立，横而不流兮。
闭心自慎，不终失过兮。
秉德无私，参天地兮。
愿岁并谢，与长友兮。
淑离(lì)不淫，梗其有理兮。
年岁虽少，可师长(zhǎng)兮。
行比伯夷，置以为像兮。

【注释】1. 后：后土。2. 皇：皇天。“后皇”，指地和天。

3.嘉:美好。4.徕,通“来”。5.服:习惯。6.橘徕服兮:适宜南方水土。指美好的橘树只适宜生长在楚国大地。7.受命:受天地之命。8.壹志:志向专一。9.素荣:白花。10.曾枝:一层层的树枝。11.剡棘:指橘树上的锐利的小刺。12.抟:通“团”,指橘的形状团团圆圆。13.文章:花纹色彩。14.烂:斑斓,明亮。15.纷缊宜修:长得繁茂,修饰得体。“宜修”:美好。16.姱:美好。17.嗟:赞叹词。18.廓:胸怀开阔。19.苏世独立:独立于世,保持清醒。“苏”,苏醒,指的是对浊世有所觉悟。20.横而不流:横立水中,不随波逐流。21.闭心:安静下来,戒惧警惕。22.失过:过失。23.秉德:保持好品德。24.愿岁并谢:誓同生死。“岁”,年岁。“谢”,死。25.淑离:美丽而善良自守。“淑”:善。“离”,通“丽”。26.梗:正直。27.理:纹理。28.可师长:可以为人师表。29.伯夷:传说是古时坚持道德操守的贤人。30.置:种植。31.像:榜样。

【串译】橘啊,你这天地间美好的树,生来就适应当地的水土啊。你的品质坚贞不改,生长在江南的国度啊。根深枝固难以迁移,那是由于你专一的意志啊。绿叶衬托着白花,繁茂得让人欢喜啊。枝儿层密,刺儿锋利,果实圆满丰润啊。青中闪黄,黄里泛青,色彩多么绚丽啊。外观精美,内里洁净,类似有道德的君子啊。长得繁茂又美观,婀娜多姿,毫无瑕疵啊。啊,你幼年的志向就与众不同啊。特立独行永不改变,怎不使人喜爱和敬重啊。你那坚定不移的品质,心胸开阔无所私求啊。你远离世俗独来独往,敢于横渡而不随波逐流啊。慎独严谨从不轻率,自始至终不犯过失啊。遵守道德操守毫无私心,真可与天地相比啊。愿在万物凋零的季节,我与你结成同心知己啊。内善外美而不放荡,多么正直而富有文理啊。你的年纪虽然不长,却可做人们的良师啊。你的品行好比古代的伯夷,种在这里做我为人的榜样啊。

【诵读提示】《橘颂》是《九章》中的第八篇，也是中国文人写的第一首咏物诗，内容和风格都比较特殊。前半部分缘情咏物，以描写为主；后半部分缘物抒情，以抒情为主。两部分各有侧重而又互相勾连，融为一体。

诵读时通篇应贯穿一个“颂”字，第一节歌颂橘树的外在美，可以尽情地夸饰，语态可华丽美艳些。第二节歌颂橘树的内在品质，语态应沉实些。“兮”是语尾助词，要学会将字节张开拖住而又不夺其主意。结句“年岁虽少，可师长兮。行比伯夷，置以为像兮”，把诗的骨魂缀在最后，诵读者就必须投入更多更浓的情感，用意蕴深厚的语态将其托出，推入高潮。“师长”和“像”都是榜样、师表的意思，作为主要重音处理，才能充分表现出该诗的主旨。

知识链接

屈原名平，字原，公元前340年出生于楚国贵族家庭。青年时阅读了大量天文、地理、历法、农业、文学、艺术方面的著作。二十多岁时，根据祭神歌词改写的《九歌》传遍全国。其学问和才干博得楚怀王赏识，被任命为左徒。从政后，极力主张实施变革，任用贤能，富国强民。但变法开始就遭到楚国贵族集团的仇恨和排挤。怀王误信谗言，将其降为“三闾大夫”。屈原虽然降职了，但对楚国的命运仍十分关注。当秦国派张仪来游说时，屈原冒死进宫劝说怀王。当怀王要与秦王会盟时，屈原流泪进行劝阻，但都遭到子兰一伙的阻拦，怀王被软禁死在咸阳。屈原寄希望于刚即位的顷襄王能变法强国，但顷襄王比怀王还要昏庸，把屈原赶出朝廷，放逐汉北。楚国濒临灭亡，屈原悲痛之余投汨罗江而死。

屈原一生创作了大量诗篇，有《离骚》《九歌》《天问》《九章》等25篇。屈原是我国文学史上第一位伟大爱国诗人，其作品是我国浪漫主义诗歌的源头，是继《诗经》后我国诗歌史上的另一个高峰。屈原以他爱祖国、爱人民的高贵品格和光辉灿烂的诗篇，对中华民族的精神文明和文学传统的形成产生了极大影响，在我国文学发展史上享有崇高地位。

易水歌

荆轲

风萧萧兮易水寒，壮士一去兮不复还；
探虎穴兮入蛟宫，仰天呼气兮成白虹。

【注释】1. 萧萧：象声词，风声，马叫声。2. 易水：源出河北省易县，为当时燕国南界。

【串译】风萧萧地刮着，把易水岸边吹得很冷，壮士去了，就再也不回来了；刺杀秦王就像是到虎穴龙宫一样危险，但是英勇的气概就连仰天吐气都能形成白虹。

【诵读提示】此诗“凄婉激烈，风骨情景，种种具备”。诗的上句即景，写风吹水寒，渲染苍凉悲壮的气氛。下句抒写决死情怀，明知有去无还却毅然前往，决不回顾。“风萧萧”有声，从听觉上渲染离别之际的惨烈；“易水寒”彻骨，从感觉上描状环境的悲凉；一上一下，极尽天地愁惨之状，更加烘托出荆轲“君子死知己”、慷慨赴国难的凛然正气。

诵读此诗时,应表现出古之剑客的“豪壮”之气,这种“豪壮”乃悲秋之壮,意志之豪。古人比之今人更加注重离别,何况这又是有去无回的死生之别呢,所以诵读咬字力度自起句始就必须给足填满,轻佻温柔之态是断然诵读不了此诗的。“兮”字虽是助词,却放在了句子中间,前后有隔断也有勾连,可以在“兮”后做暂歇停顿处理,但应做到声断气不断,声断情不断,声断意不断。以下《大风歌》《垓下歌》中的“兮”字同理。

知识链接

荆轲(? —前227),战国末期卫国人,勇士。曾向卫元君游说,不为所用。后四方游历。到燕国后与擅长击筑的高渐离、田光成为至交,二人将荆轲推荐给燕太子丹。秦王政十九年,王翦率兵攻破邯郸,随即北进,兵临易水。于是太子丹即派荆轲入秦刺秦王。太子丹和宾客送荆轲到易水岸边,高渐离击筑,荆轲唱此歌作别,表现了舍己救国、视死如归的高尚情操和大无畏的气节。

大风歌

刘邦

大风起兮云飞扬,
威加海内兮归故乡,
安得猛士兮守四方!

【注释】1. 大风起兮云飞扬：指秦末农民起义风起云涌、波澜壮阔。2. 威：指威力，武力。3. 加：强加，凌驾。4. 海内：指天下，古人以为中国四面是海，故称中国为海内。5. 安得：怎能得到。6. 猛士：英勇的将士。

【串译】大风刮起来了，云随着风翻腾奔涌啊！威武平定天下，荣归故乡啊！怎样才能得到勇士去守卫国家的边疆啊！

【诵读提示】这首抒情短歌的第一句，借秋高风劲，风起云涌，喻汉初风云动荡；第二句抒发了一个胜利者的成功喜悦；第三句语锋一转，是对未来的深沉思索。短短三句囊括了一位英雄起事的艰辛、成功的喜悦以及成功后的忧虑等全部丰富而复杂的情怀。

《大风歌》和《垓下歌》都是七言诗的早期雏形，今天看来仍欠规范，在格律形式的介绍方面可一笔带过。诵读时对内容的驾驭应重在表现中国历史上第一位平民皇帝——刘邦推翻秦朝、打败群雄、统一全国，又平定淮南王反叛后衣锦还乡、酒酣耳热、志得意满的胜利者的成功喜悦以及对前途未卜的焦灼和恐惧等丰富而复杂的情怀。

知识链接

刘邦（前256—前195），汉高祖。沛县人。秦末农民起义领袖之一，中国历史上第一位平民皇帝。起初参加陈胜、吴广起义，后加入楚国阵营，趁项羽和秦军打拉锯战时，攻进咸阳灭秦。后被楚霸王项羽封为汉王，和项羽展开了长达四年的楚汉之争。最后在张良、韩信、萧何等人辅助下，把项羽军队包围在垓下，设十面埋伏，项羽突围至乌江边自杀。由此统一中国，建立汉王朝。执政期间，在政治、经济等方面采取了许多进步措施，先后平定了异姓诸王叛乱,有利于西汉初年的经济恢复和中央集权的巩固,在历史上起了进步作用。诗作有《大风歌》《鸿鹄歌》。公元前195年,刘邦在平定淮南王英布的反叛后返回途中经故乡,款待父老子弟,酒酣,高唱《大风歌》。

垓下歌

项羽

力拔山兮气盖世,时不利兮骓(zhuī)不逝。
骓不逝兮可奈何,虞兮虞兮奈若何!

【注释】1. 垓(gāi)下歌:项羽被刘邦围在垓下,夜听汉军四面唱楚歌,惊异汉军中楚人之多,心疑自己的楚国已为刘邦所得,于是慷慨悲歌。2. 骓:青白杂毛的良驹。3. 逝:行、驰。4. 虞:虞姬。

【串译】力量,可以拔起大山;豪气,世上无人可比。可是这时局对我不利,乌骓马再也跑不起来了。乌骓马不前行我能怎么办啊?虞姬啊虞姬,我可该把你怎么办呢?

【诵读提示】这是一首英雄末路的悲歌。秦末战争中,项羽被困垓下时,夜难入寐,在美人虞姬陪同下饮酒。面对宝马美人,追思起义的辉煌,耳边却楚歌阵阵,令他感时伤世,悲歌抒怀。此篇既有威武悲壮的苍凉,又有穷途末路的无奈。项羽虽然是一个失败者,但不应以成败论英雄。在这首诗中,既洋溢着无与伦比的豪气,又蕴含着满腔深情。短短的四句表现出如此丰富的内容和复杂的感情，真可说是个奇迹。

诵读此诗时，一方面要表现出铮铮铁血大丈夫无与伦比的豪气，另一方面还要表现出对虞姬的满腔深情；既表现出罕见的自信，又要表现出沉重的叹息。整首诗的气势前强后弱，至结尾已经穷途末路，无可奈何花落去了，用声也须于渐弱之中慢慢收住。

知识链接

项羽（前232—前202），下相人。秦末被楚怀王熊心封为鲁公，在前207年的决定性战役——巨鹿之战中大破秦军。秦亡后自封“西楚霸王”，统治黄河及长江下游的梁楚九郡。后在楚汉战争中为汉高祖刘邦所败，在乌江（今安徽和县）自刎而死。对于项羽短暂悲壮的一生，李清照歌道：“生当作人杰，死亦为鬼雄，至今思项羽，不肯过江东。”在司马迁笔下项羽是一位既勇猛又豪爽的英雄。虽然失败了，但见义勇为、敢作敢当、光明磊落的品格成为人们心目中英雄的典范。

古诗十九首·行行重行行

行行重行行，与君生别离。
相去万余里，各在天一涯。
道路阻且长，会面安可知。
胡马依北风，越鸟巢南枝。
相去日已远，衣带日已缓。

浮云蔽白日,游子不顾反。
思君令人老,岁月忽已晚。
弃捐勿复道,努力加餐饭。

【注释】1. 重行行:行了又行,走个不停。2. 天一涯:天一方。3. 阻且长:艰险而且遥远。4. 胡马:泛指北方的马,古时称北方少数民族为胡。5. 越鸟:指南方的鸟。越,指百越。6. 已:通"以"。7. 缓:宽松。8. 蔽:遮掩。9. 顾:念。反,通"返"。10. 老:指老态,老相。11. 岁月忽已晚:一年倏忽又将过完,年纪愈来愈大。12. 捐:弃。13. 努力加餐饭:希望游子在外努力加餐,多加保重。

【串译】走啊走啊,老是走个不停,与你就这样活生生分开了。从此你我相距万余里,我在天这头你在天那头。路途是那样的艰险又遥远,要见面可知道是什么时候?北马南来仍然依恋着北风,南鸟北飞筑巢还在南枝头。分离的时间越长越久,衣服越宽大人也越消瘦。游云遮住了太阳,游子不想回还。想你使我都变老了,年复一年岁月不再。还有多少心里话都不说了,只愿你多保重。

【诵读提示】本篇可分作两部分:前六句为第一部分,后十句为第二部分。第一部分,追叙初别,着重描写路远相见之难。第二部分着重刻画思妇相思之苦。诗中淳朴清新的民歌风格,内在节奏上重叠反复的形式,同一相思别离用或显、或寓、或直、或曲、或托物比兴的方法层层深入。"若秀才对朋友说家常话"式单纯优美的语言,是这首诗具有永恒艺术魅力所在。

对于五言诗,这首是我们见到的比较早的雏形。五言诗的词格一般是二一二或二三的形态。此诗从内容上讲并不复杂,主要就是表现一名思妇对于远行夫君的相思之情，其中有相距万里、各在天涯的无奈；有因思念而瘦削的苦楚；有对人生易老的慨叹；也有劝夫保重的叮咛。语势不必太高涨，情绪不必太浓烈，中速行驶，中度给情，语调偏低、偏缓，用“行板”叙述即可。

古诗十九首·迢迢牵牛星

迢迢牵牛星，皎(jiǎo)皎河汉女。
纤(xiān)纤擢(zhuó)素手，札(zhá)札弄机杼(zhù)。
终日不成章，泣涕零如雨。
河汉清且浅，相去复几许？
盈盈一水间，脉(mò)脉不得语。

【注释】1. 迢迢：遥远的样子。2. 皎皎：灿烂明亮。3. 河汉女：指织女星。4. 纤纤：形容小巧或细长而柔美。5. 擢：举。6. 札札：织布机发出的声音。7. 杼：织机上的工具。8. 章：指布匹。9. 泣涕：哭泣，落泪。10. 脉脉：默默地用眼神或行动表达情谊。

【串译】遥远的牵牛星，灿烂的织女星。那柔美雪白的双手，札札地在穿梭织布。一整天也织不成布，泪如雨下。天河又清又浅，彼此相隔又有多远呢？只隔着一条又清又浅的河，含情脉脉而又不能相互诉说。

【诵读提示】全诗一共十句，其中六句都用了叠音词，即“迢迢”“皎皎”“纤纤”“札札”“盈盈”“脉脉”。诵读时应巧妙地利用好这些叠音词的吟咏来表达出质朴、清丽和情趣盎然的意境。

特别是后两句“盈盈一水间,脉脉不得语”应极力塑造出一个饱含离愁的少妇形象。双方只隔一条又清又浅的河,却含情脉脉眼噙着泪花而不能相互倾诉,这是多么令人伤感的彻痛啊!将这种彻痛加以适当放大和强化,就会营造出感天动地的艺术境界来。

知识链接

汉诗中有五六十首无名氏作品,梁昭明太子萧统编《文选》,选取十九首,后人称为《古诗十九首》。这些诗大多是一些失意的中下层知识分子写的,主要是反映士子宦途失意、游子思乡以及思妇的怨情。

汉乐府民歌·上邪

上邪(yé)!我欲与君相知,长命无绝衰。山无陵,江水为竭,冬雷震震,夏雨(yù)雪,天地合,乃敢与君绝!

【注释】1.上:指天。2.邪:同“耶”,疑问词。“上邪”,犹言“天啊”。3.相知:相亲。4.命:令,使。从“长命”句以下是说不但要“与君相知”,还要使这种相知永远不绝不衰。5.雨:名词用作动词,降下、落下。读去声 yù。

【串译】天啊!我要和你相爱相知,一辈子也不断绝。除非是大山没有了丘陵,长江、黄河都干枯了,冬天雷声隆隆,夏天下起大雪，天与地合到一起，我才敢与你断绝！

【诵读提示】本篇是一位痴情女子对爱人的热烈表白，艺术上极具匠心。虽然句式不太规整，增加了诵读的难度。但这种独特的抒情方式准确地表达了热恋中的人特有的绝对化心理。深情奇想，确实不愧"短章之神品"。从表意的角度看，自"山无陵"，至"天地合"，四个设想的条件最好要一口气贯下来，然后安排个大气口，再"乃敢与君绝"。诵读者始读时都会觉得有些别扭，他们应得到的耐心告诫是：一切艺术形式都是为内容服务的，任何语言形式即便再严合优美，如果脱离了表意功能，只能是一个无意义的空壳，最终形成的无疑是内容和形式的两张皮。

汉乐府民歌·江南可采莲

江南可采莲，莲叶何田田，鱼戏莲叶间。鱼戏莲叶东，鱼戏莲叶西，鱼戏莲叶南，鱼戏莲叶北。

【注释】田田：叶子浮出水面相连接的样子。

【诵读提示】此诗大量运用重复句式和字眼，彰显了民歌朴素明朗的风格。诗中描绘了江南采莲的欢闹场面，从穿来穿去、欣然戏乐的游鱼中，人们似乎也听到了采莲人的欢笑。

诵读的基调应该是喜庆、欢快、活泼的，语调要轻盈、流畅，以莲叶的"田田"之茂盛和鱼儿的东西南北的游动来揭示生活的欢快主题。第一句是三个分句，第二句四个分句，应重点注意内容上的衔接和照应，"东""西""南""北"的移转不要脱节。

汉乐府民歌·青青园中葵

青青园中葵,朝露待日晞(xī)。
阳春布德泽,万物生光辉。
常恐秋节至,焜(kūn)黄华(huā)叶衰(cuī)。
百川东到海,何时复西归?
少壮不努力,老大徒伤悲。

【注释】1. 葵:一种蔬菜。2. 晞:晒干。3. 阳春:春天,是阳光和露水充足的时候。4. 布:散布、洒满。5. 德泽:恩泽。6. 秋节:秋季。节:时节,节令。7. 焜黄:枯黄。华,同“花”。8. 衰:为了押韵,这里可以按古音读。9. 百川:多条江河。川,河流。

【串译】园中的葵菜呵郁郁葱葱,晶莹的朝露在阳光下飞升。春天把希望洒满大地,万物都呈现出一派繁荣。常常恐惧那肃杀的秋天到来,树叶黄落百草凋零。百川奔腾着东流到海,何时才能重新返回西境?少年时不及时努力,到老来只能悔恨一生。

【诵读提示】这首诗从“园中葵”说起,再用水流到海不复回打比方,说明光阴如流水,一去不再回。最后劝导人们要珍惜青春年华,发奋努力,不要等老了再后悔。

诵读时应由眼前青春美景联想到人生的易逝,鼓励青年人珍惜时光,催人奋起。全诗五小句,呈四四二的结构。前两小句应表现出大自然的生机和葱茏无限;第三、四小句要表现出“常恐”的语态,加入了人生的感慨,语态要沉实些;第五小句“少壮不努力,老大徒伤悲”是“诗核”,必须加重强调。

汉乐府民歌·陌上桑

日出东南隅(yú)，照我秦氏楼。
秦氏有好女，自名为罗敷。
罗敷善蚕桑，采桑城南隅。
青丝为笼系(xì)，桂枝为笼钩。
头上倭(wō)堕髻(jī)，耳中明月珠。
缃(xiāng)绮(qǐ)为下裙，紫绮为上襦(rú)。
行者见罗敷，下担捋(lǚ)髭(zī)须。
少年见罗敷，脱帽著(zhuó)帩(qiào)头。
耕者忘其犁，锄者忘其锄。
来归相怨怒，但坐观罗敷。
使君从南来，五马立踟蹰(chí chú)。
使君遣吏往，问是“谁家姝?”
“秦氏有好女，自名为罗敷。”
“罗敷年几何?”
“二十尚不足，十五颇有余”。
使君谢罗敷：“宁可共载不(fǒu)?”
罗敷前置辞：“使君一何愚!
使君自有妇，罗敷自有夫。”
“东方千余骑(jì)，夫婿居上头。
何用识夫婿? 白马从骊(lí)驹；

青丝系(jì)马尾,黄金络马头;
腰中鹿卢剑,可值千万余。
十五府小吏,二十朝大夫,
三十侍中郎,四十专城居。
为人洁白皙,鬑(lián)鬑颇有须。
盈盈公府步,冉冉府中趋。
坐中数千人,皆言夫婿殊。”

【注释】1.东南:指东方偏南。2.隅:方位、角落。我国在北半球,夏至以后日渐偏南,所以说日出东南隅。3.善蚕桑:很会养蚕采桑。4.青丝为笼系:用黑色的丝作篮子上的络绳。笼:篮子。系:缠绕篮子的绳子。5.笼钩:采桑用的钩子,行时可用来挑筐。6.倭堕髻:发髻名。其髻像云堆叠,歪在头部一侧。倭堕,叠韵字。7.明月:宝珠名。8.绮:浅黄色有花纹的丝织品。9.襦:短袄。10.捋:手握着东西,顺着向下移动。11.髭:嘴上边的胡子。12.著:戴。13.帩头:古代男子束发的头巾。14.坐:因为、由于。15.使君:汉代对太守、刺史的通称。16.五马:指使君所乘的五匹马拉的车。17.踟蹰:徘徊不前的样子。18.姝:美女。19.谢:这里是"请问"的意思。20.宁可:愿意。21.不:通假字,通"否"。22.置辞:同"致辞",即答语。23.一何:怎么这样。24.东方:指夫婿当官的地方。25.千余骑:指夫婿的随从。26.居上头:在前列。意思是地位高,受人尊重。27.何用:用什么标记。28.骊驹:黑色的马。29.络,指用网状物兜住。30.鹿卢剑:剑把用丝绦缠绕起来,像鹿卢的样子。鹿卢,即辘轳,井上汲水的用具。31.千万余:上千上万。32.小吏:太守府的小官。33.朝大夫:高等文官。34.侍中郎:出入宫禁的侍卫官。35.专城居：一城的长官。专：独占。36. 鬑鬑颇有须：胡须稀疏而长，须发疏薄的样子。白面有须，是古时候美男子的标准。颇：稍微。37. 盈盈：仪态端庄美好。38. 公府步：摆官派，踱方步。39. 冉冉：走路缓慢。

【串译】太阳从东方升起，照在我们秦家的楼房。秦家有位美丽善良的少女，本来叫罗敷。罗敷很会养蚕采桑，有一天在城南角采桑。用青丝做篮子上的络绳，用桂枝做篮子上的提柄。头上梳着倭堕髻，戴着宝珠做的耳环。浅黄色有花纹的丝绸做成下裙，紫色的绫子做成上身短袄。走路的人看见罗敷，放下担子捋着胡子注视她。年轻人看见罗敷，脱掉帽子整理仪容。耕地的人忘记了自己在耕地，锄地的人忘记了自己在锄地。回来后互相埋怨生气，只因为观看罗敷。太守乘车从南边来，拉车的五匹马停下来徘徊不前。太守派遣小吏过去，问这是谁家的美女。小吏回答："是秦家的美女，本名叫罗敷。"太守又问："罗敷年龄多大了？"小吏回答："二十岁还不足，十五岁略有多。"太守令小吏问罗敷，"愿意一起坐车吗？"罗敷上前回话："太守你多么愚蠢！太守你本来有妻子，罗敷我本来有丈夫。我丈夫在东方当官，随从人马一千多，他排列在最前头。凭什么识别我丈夫？骑白马后面跟随小黑马的那个大官就是，用青丝拴着马尾，马头上戴着金黄色的笼头；腰中佩着鹿卢剑，宝剑可值千万钱。十五岁在太守府做小吏，二十岁在朝廷上做大夫，三十岁做皇上的侍中郎，四十岁成为一城之主。他长得皮肤洁白，有疏朗略长的胡须。他轻缓地在府中迈着方步，从容地出入官府。太守聚会时在座的有几千人，都说我丈夫与众不同。"

【诵读提示】《陌上桑》是一篇立意严肃、笔调诙谐的著名乐府叙事诗，写了一个相对完整的故事。全诗可分三解。"解"为乐歌的段落，本诗的乐歌段落与歌词内容的段落大致相合。第一解从开始至“但坐观罗敷”，主要叙述罗敷的美貌。第二解从“使君从南来”至“罗敷自有夫”，写太守觊觎罗敷容姿，要跟她“共载”而归，遭到罗敷严词拒绝。第三解从“东方千余骑”至结束，写罗敷在太守面前夸赞自己的丈夫，用意在于彻底打消太守的邪念，并让他对自己轻佻的举止感到羞愧。

诵读时，首先应注意对女主人公罗敷、对行者见到罗敷以及罗敷夸赞自己丈夫的三大段描写，要做实实在在的夸饰。第二段主要是人物的语言，诵读时应注意“使君”和“罗敷”两个人物的不同口吻和语气。

知识链接

汉乐府民歌指汉时乐府官署所采制的诗歌。一部分是供执政者祭祀祖先神明使用的宗庙歌辞，性质与《诗经》中“颂”差不多；另一部分是采集民间流传的无主名的俗乐，世称乐府民歌。《乐府诗集》现存汉乐府民歌四十余篇，多为东汉时期作品，反映当时的社会现实与人民生活，用犀利的言辞表现爱恨情感，较为倾向现实主义风格。

汉乐府民歌是继《诗经》后古代民歌的又一次大汇集。其中女性题材占了重要位置。由杂言渐趋向五言，采用叙事写法，刻画人物细致入微，性格鲜明，故事情节完整，且能突出思想内涵，标志着五言诗体叙事诗现实主义风格发展成熟的新阶段。典型代表作有《陌上桑》《孔雀东南飞》，后者是我国古代最长的叙事诗，与《木兰诗》合称“乐府双璧”。

步出夏门行·观沧海

曹操

东临碣石，以观沧海。水何澹澹(dàn)，山岛竦峙(sǒng zhì)。

树木丛生，百草丰茂。秋风萧瑟，洪波涌起。

日月之行，若出其中；星汉灿烂，若出其里。

幸甚至哉！歌以咏志。

【注释】 1. 观沧海：汉代乐府诗一般无标题，此题是后人加的。2. 沧：暗绿色。3. 澹澹：水波动荡、浩荡平满的样子。4. 山岛：指碣石山。5. 竦峙：高峻挺拔的样子。6. 萧瑟：冷落的秋风声，没有生气的样子。7. 洪波：大波。8. 星汉：银河。9. 幸甚至哉：庆幸得很，好极了。幸：庆幸。至：极点。四首《步出夏门行》的后面都有这么两句。乐府诗原来是可以歌唱的，"幸甚至哉！歌以咏志"是合乐时加上的，是诗的附文，跟诗的内容没有联系。

【串译】 东征回归登上碣石山，正好来观赏这茫茫的渤海。海面被风吹拂得动荡不定，海边的山岛挺拔耸立。树林层层叠叠地生长着，野草长得丰满茂盛。萧瑟的秋风多么有力，滔天的巨浪腾空涌起。日月升沉如同从大海的怀抱中出入；银河灿烂的光辉，好像从大海的心窝里放射出来。真是幸运之极，作歌来表达我的志向吧。

【诵读提示】《步出夏门行》，又名《陇西行》，分《观沧海》《冬十月》《土不同》《龟虽寿》四章。"夏门"是洛阳北面西头的城门。

诗当作于建安十二年(207年),时曹操大破盘踞在东北部的乌桓族及袁绍的残余势力,统一了北方;八九月间,在归途中经过碣石山,有登临之举,写下此诗。

此诗的基调苍凉慷慨,历来被视为“建安风骨”的代表作。从字面看,海水、山岛、草木、秋风乃至日月星汉,全是眼前景物,这样纯写自然景物的诗歌,曹操以前还不曾有过,这首诗堪称中国山水诗的最早佳作。此诗写秋天大海,能一洗悲秋的感伤情调,写得沉雄健爽,气象壮阔,这与曹操的气度、品格乃至美学情趣都是紧密相关的。驾驭这样的“大诗”,诵读时务必应调适自己具备一种与曹操这样的政治家相适的胸怀和气度,上天入地,海阔天空,情高志远,大气磅礴,体现出诗的大境大情以及作者统揽天下的豪志。

步出夏门行·龟虽寿

曹操

神龟虽寿,犹有竟时;腾蛇乘雾,终为土灰。
老骥伏枥,志在千里;烈士暮年,壮心不已。
盈缩之期,不但在天;养怡之福,可得永年。
幸甚至哉!歌以咏志。

【注释】1.竟:尽,死亡。传说神龟能活三千年,但也有死亡的时候。2.腾蛇:传说一种能腾云驾雾的蛇。3.骥:好马。4.枥:马槽。5.烈士:指有雄心壮志的人。6.盈缩:长短。7.养怡:调养,保持乐观精神。怡:和悦、愉快。

【串译】神龟的寿命虽然十分长久，但也有生命终了的时候。腾蛇尽管能乘雾飞行，终究也会化为土灰。年老的千里马伏在马棚里，它的雄心壮志仍然是一日驰骋千里。有远大志向的人士到了晚年，奋发思进的雄心不会止息。人的寿命长短不只是由上天决定的；只要自己保养得好也可以益寿延年。真是幸运极了，作歌来表达我的志向吧。

【诵读提示】《龟虽寿》是《步出夏门行》最后一章，是一首极富哲理意味的咏怀诗。当是建安十三年一月作者五十四岁征伐乌桓、凯旋时写的。全诗基调昂扬慷慨，抒发了乐观自信、老当益壮、积极进取的豪壮之情。

全诗十四句，除末两句为与诗句内容无关的乐谱套语外，其余十二句每四句一节。一般的抒情诗都重在抒发感情，而这首诗却明显地具有哲理的味道，做到了感情和哲理互相交融，使哲理寓于形象当中。因此，诵读这首诗时，应通过具体的形象领悟到重要的人生哲理。

短歌行

曹操

对酒当歌，人生几何？譬如朝露，去日苦多。
慨当以慷，忧思难忘。何以解忧，唯有杜康。
青青子衿，悠悠我心。但为君故，沉吟至今。
呦(yōu)呦鹿鸣，食野之苹。我有嘉宾，鼓瑟吹笙。
明明如月，何时可掇(duō)？忧从中来，不可断绝。
越陌度阡，枉用相存。契阔谈宴，心念旧恩。

月明星稀，乌鹊南飞。绕树三匝，何枝可依？
山不厌高，海不厌深。周公吐哺(bǔ)，天下归心。

【串译】面对美酒应该高歌，人生短促日月如梭。好比那晨露转瞬即逝，失去的时日实在太多！席上歌声激昂慷慨，忧郁却长久地填满心窝。靠什么来排解忧愁？唯有狂饮杜康酒方可解脱。那穿着周代学士服装的学子们哟，你们令我朝思暮想。正是因为你们的缘故，我一直低唱着《子衿》。鹿群在阳光下呦呦地欢鸣，悠然自得啃食在绿坡上。一旦四方贤才光临舍下，我将奏瑟吹笙大宴宾朋。

那当空悬挂的皓月哟，运转着永不停止；我蓄之于怀的忧愤哟，突然喷涌而出汇成长河。仿佛感到远方宾客踏着田间小路，一个个屈驾前来投奔于我。彼此久别重逢谈心宴饮，争着将往日的情谊诉说。明月升起，星光闪烁，一群寻巢乌鹊向南飞去。绕树飞了三周，哪里才有它们栖身之所？高山不辞土石才见巍峨，大海不弃涓流才见壮阔。只有像周公那样礼待贤才，才能使天下人心都归向于我。

【诵读提示】《短歌行》属《相和歌·平调曲》，是按旧题写的新辞。乐府《相和歌·平调曲》除了《短歌行》还有《长歌行》。“长歌”“短歌”是指“歌声的长短”。现在所能见到最早的《短歌行》就是曹操所作。

这首《短歌行》的主题非常明确，就是希望有大量人才来为自己所用。全诗通过对时光易逝、贤才难得的再三咏叹，抒发了自己求贤若渴的感情，表现出统一天下的雄心壮志和自强不息的进取精神。诵读时，要表现出通过对时光易逝、贤才难得的再三咏叹，抒发自己求贤若渴的心情，表现出唯才是举、建功立业的宏图大愿。该诗在形式上已经严格对仗并分成了上下两个部分，吟诵得好会感到酣畅淋漓，荡气回肠。《观沧海》《龟虽寿》《短歌行》都是典型的四言诗，《观沧海》和《龟虽寿》在除了内容上有所变换外，形式上几乎如出一辙。掌握了一种方法，皆可推演驾驭。结句："幸甚至哉！歌以咏志。"诵读者应用一种匀长、稳健的气息慢速、抻长的拖腔收尾，尤其是"歌以"和"咏志"之间，可用"声断气续，声止情延"的技巧去把握。因为尾句是在感叹，在感怀，在抒志。草草收束，会损失掉诗的浓烈的韵味和绵长的余味。

知识链接

曹操（155—220），字孟德，小名阿瞒。沛国谯（今亳州）人。官至丞相，封魏王。其子曹丕称帝后，追尊武皇帝，史称魏武帝。曹操戎马倥偬一生，用兵灵活，长于选将用将，治军严整，体恤将士，赢得军心。好兵法，自着兵书十万余言。所著《孙子略解》开创整理注释《孙子》十三篇先河，丰富和发展了古代军事理论。其"兵以义动"的战争观，因事设奇、任势制胜的"诡诈论"，注重后勤保障和加强水军建设的远见颇受后世推重。

曹操喜用乐府旧题作诗，别出新意，写出语言质朴的民歌化的五言诗，并且成功创作一些四言诗，风格慷慨悲壮。《步出夏门行》是《乐府诗》旧题，以旧瓶装新酒。全诗共四章，抒发了宏伟的政治抱负，反映了汉末人民的苦难生活，气魄雄伟，慷慨悲壮。

七步诗

曹植

煮豆持作羹(gēng),漉(lù)豉(chǐ)以为汁。
萁向釜下燃,豆在釜中泣。
本是同根生,相煎何太急。

【注释】 1. 持:使用、用来。2. 羹:用肉或菜做成的糊状食物。3. 漉:过滤。4. 豉:一种用熟的黄豆/黑豆经发酵后制成的食品。5. 萁:豆类植物脱粒后剩下的茎,即豆茎。6. 釜:锅。7. 泣:小声哭。8. 相煎:互相残害。9. 何:何必。

【串译】 煮豆子是为了把残渣过滤出去,留下豆汁做羹。豆秸在锅下燃烧,豆子却在锅中哭泣。我们本是一奶同胞,你为什么那么急迫地加害于我呢?

【诵读提示】 此诗纯以比兴的手法出之,语言浅显,寓意明畅,毋庸多加阐释,只需于个别词句略加疏通,其意自明。作者取譬之妙,用语之巧,而且在刹那间脱口而出,实在令人叹为观止。"本是同根生,相煎何太急"千百年来已成为人们劝诫避免兄弟阋墙、自相残杀的普遍用语。

《七步诗》原为六句,后来《漫叟诗话》和《三国演义》精改为四句:本教材选择的是最早记录在《世说新语》中的版本。诵读时需注意表现"手足之情"和"袍泽之谊"。基调不能过于"悲愤",重在以浓浓的深情用情急中"闪"出的譬喻来"讲道理",重在"无奈之下"的"说服"。

知识链接

曹植(192—232)，字子建，曹操第三子。10岁余诵读诗文辞赋，深得曹操的宠信，几次想要立他为太子。然曹植行为放任，兄长曹丕则颇能矫情自饰，终于建安二十二年立曹丕为太子。建安二十五年曹操病逝，曹丕不久称帝。曹植的生活从此发生了根本性改变，从过着优游宴乐生活的贵公子，变成处处受限的对象，12年中曾被迁封多次，最后封地在陈郡，卒谥思，后人称之为“陈王”或“陈思王”。

诗歌是曹植文学活动的主要领域。前期诗，一类表现贵族公子的优游生活，一类反映他“生乎乱、长乎军”的时代感受。后期诗主要抒发在压制之下时而愤慨时而哀怨的心情，表现不甘被弃，希冀用世立功的愿望。今存比较完整的诗歌八十余首。曹植在五言诗创作上贡献尤大，把抒情和叙事有机地结合起来，使五言诗既能描写复杂的事态变化，又能表达曲折的心理感受，大大丰富了艺术功能。曹植作为建安文学的集大成者，在两晋南北朝时期被推尊到文章典范的地位。

北朝民歌·敕勒歌

敕勒川，阴山下。天似穹庐，笼盖四野。
天苍苍，野茫茫，风吹草低见(xiàn)牛羊。

【注释】1. 川：这里指平原。2. 敕勒川：因敕勒部落居住在这里而得名。3. 阴山：坐落在内蒙古高原，西起河套，东接内兴安岭，绵亘千里。4. 穹庐：游牧民族居住的帐篷，即“蒙古包”。5. 笼盖：笼罩。6. 野：指原野，古音念 yǎ，是为了押韵。7. 苍苍：深青色。8. 茫茫：广阔无边的样子。9. 见：同“现”，呈现，露出。

【串译】 敕勒川大草原，铺展在阴山脚下。天空就像巨大的帐篷，笼罩着辽阔的大草原。天空辽阔青青，草原茫茫无际，风吹过时，野草低伏，露出一群群的牛羊。

【诵读提示】 敕勒，我国古代北方少数民族之一，以游牧为生，主要居住在今蒙古草原南部、朔州一带。后裔融入了维吾尔族。《敕勒歌》约产生于北魏中期，是歌唱家乡、歌唱草原的牧歌。气势恢宏苍劲，意境辽阔悠远。前四句是对他们的生活环境的咏唱，将草原的背景衬托得十分雄伟。后三句是一幅壮阔无比、生机勃勃的草原全景图。在此诗的视界里，牧民的“家”无边无际，这种生活培养了草原上人们自由豪放的性格，也培养了壮丽的美感。

诵读这首诗要明显地表现出北朝民歌、草原牧民所特有的那种明朗豪爽的风格，境界要开阔，音调要雄壮，如能胸怀草原、意满天下就更到位了。这里表现的是“大我”和“大情”，于这样有限的字句尺寸之中放任想象和激情，在饱蘸激情的语势中，口气自然也就会大些。是的，在山、川、天、野的大境之下，一般是容不得你小里小气地去自我叨念、阐发一己之情的。诵读者用声用情的原则皆应与作品的基调、风格、内容相谐，无端的自我膨胀或随心所欲的倒用、错用、滥用都会伤及对作品的准确表达。

北朝民歌・木兰诗

唧唧复唧唧，木兰当户织，不闻机杼(zhù)声，唯闻女叹息。

问女何所思？问女何所忆？女亦无所思，女亦无所忆。

昨夜见军帖(tiě)，可汗(kè hán)大点兵，军书十二卷，卷卷有爷名。

阿爷无大儿，木兰无长兄，愿为市鞍马，从此替爷征。

东市买骏马，西市买鞍鞯(jiān)，南市买辔(pèi)头，北市买长鞭。

朝辞爷娘去，暮宿黄河边。

不闻爷娘唤女声，但闻黄河流水鸣溅(jiān)溅。

朝辞黄河去，暮宿黑山头。

不闻爷娘唤女声，但闻燕(yān)山胡骑(jì)鸣啾(jiū)啾。

万里赴戎机，关山度若飞。朔气传金柝(tuò)，寒光照铁衣。

将军百战死，壮士十年归。归来见天子，天子坐明堂。

策勋十二转(zhuǎn)，赏赐百千强。

可汗问所欲，“木兰不用尚书郎，愿驰明驼千里足，送儿还故乡。”

爷娘闻女来，出郭相扶将(jiāng)。阿姊闻妹来，当户理红妆。

小弟闻姊来，磨刀霍霍向猪羊。

开我东阁门，坐我西阁床。脱我战时袍，著(zhuó)我旧时裳(cháng)。

当窗理云鬓，对镜帖花黄。出门看火伴，火伴皆惊惶。

“同行十二年，不知木兰是女郎。”

雄兔脚扑朔，雌兔眼迷离。双兔傍地走，安能辨我是雄雌?

【注释】 1. 唧唧：叹息声。2. 机杼：织布机上的梭子。3. 军帖：征兵的文书、名册。4. 溅溅：流水声。5. 黑山：今呼和浩特东南的杀虎山。6. 燕山：今蒙古国境内的杭爱山。7. 啾啾：马鸣声。8. 戎：军事，战争。9. 关山：关口，山隘。10. 朔气：北方的寒气。11. 金柝：一种有柄的三脚铜锅，夜间用作报更的梆子。12. 明堂：明亮的朝堂。13. 策勋：记功劳。14. 转：音 zhuǎn，量词。指勋位的等级，勋位每升一级叫一转，十二转是说很多，并非实数。15. 郭：城外围着城的墙。16. 姊：姐姐。17. 著：穿。18. 帖：通“贴”。19. 花黄：古代妇女的一种面部装饰物。20. 火伴：古时一起打仗的人用同一个锅吃饭，后意译为同行的人。有时也作通假字“伙”。21. 扑朔：动弹。22. 迷离：眯着眼。23. 傍地走：并排跑。

【串译】 织布机唧唧地一声接一声地响着，木兰对着门户在织布。听不见机杼作响，只听见木兰在叹息。问木兰在叹息什么？问木兰在思念什么？（木兰回答道）我也没有想什么，也没有思念什么。昨天晚上我看见征兵文书，知道皇上在大规模征兵，那么多卷征兵文册，每一卷上都有父亲的名字。父亲没有大儿子，我没有兄长，我愿意为此去买马鞍和马匹，替代父亲去应征。在东西南北集市各个地方买来骏马、鞍鞯、辔头、长鞭等出征用的东西。早晨离开父母，晚上宿营在黄河边。听不见父母呼唤女儿的声音，只能听到黄河水流的哗哗声。早晨离开黄河上路，晚上到达黑山头。听不见父母呼唤女儿的声音，只能听到燕山胡兵战马啾啾的鸣叫声。不远万里奔赴战场，像飞一样地跨过一道道的关，越过一座座的山。北方的寒气中传来打更声，月光映照着战士们的铠甲。将士们身经百战，十年来有的战死沙场，有的胜利凯旋。归来后朝见天子，天子坐在殿堂论功行赏。记木兰立下十二道功勋，得到的赏赐千百金还有余。天子问木兰有什么要求，木兰回答道："木兰不愿做尚书郎，希望骑上千里马回故乡。"父母听说女儿回来了，互相搀扶着到城外迎接她。姐姐听说妹妹回来了，对着门户梳妆打扮起来。弟弟听说姐姐回来了，忙着霍霍地磨刀杀猪宰羊。打开我闺房东面的门，坐在我闺房西面的床上。脱去我打仗时穿的战袍，穿上我以前女孩子的衣裳。当着窗子整理漂亮的头发，对着镜子在鬓角上贴装饰物。走出去见同去出征的伙伴，伙伴们都很吃惊，说："我们同行十二年之久，竟然不知道木兰是女孩子。"据说，提着兔子耳朵悬在半空中时，雄兔两只前脚时时动弹、雌兔两只眼睛时常眯着，所以容易分辨。雄雌两兔一起并排在地上跑，怎能分辨得出哪个是雄兔哪个是雌兔呢？

【诵读提示】《木兰诗》又称乐府《鼓角横吹曲》，在艺术上突破了汉代杂言体民歌的狭小篇幅，形成了鸿篇巨制体式，对唐代七言歌行的发展起了示范性的推动作用。

这首诗叙述了一个完整的故事，极具现实主义风格。开篇采用的一问一答，在民歌中常见。除了"万里赴戎机"文字比较典雅外，其余都保留着民歌的形式和风格，连锁、问答、排比、重叠等形式的运用，都与民歌大致相同，而且语言丰富多彩，有朴素自然的口语，有姿致谐适的排比，也有新奇幽默的比喻，这都是当时文人的拟作中所没有的。

《木兰诗》一共换了七个韵，也可以说是七种曲子："唧唧复唧唧……女亦无所忆"；"西市买鞍鞯……但闻黄河流水鸣溅溅"；"暮宿黑山头……但闻燕山胡骑鸣啾啾"；"万里赴戎机……壮士十年归"；"天子坐明堂……不知木兰是女郎"；"雌兔眼迷离……安能辨我是雄雌？"句数比较参差，其中有七言、九言的间杂，诵读时应注意四个大块之间的转折及"韵味"和"节奏"的流畅与贯达，注意突现木兰的思虑、果决、认真、勇敢、淳朴、喜悦、风趣的英气、细腻及忠孝两全的特点。

知识链接

北朝民歌产生于黄河流域，作者主要是鲜卑人，也有氐、羌、汉人。主要是北魏以后用汉语记录的作品，大约是传入南朝后由乐府机关采集而收存的，主要收录在《乐府诗集》中，传世约六十多首。歌辞有的反映战争和北方人民的尚武精神(如《木兰诗》)，有的反映人民的疾苦，有的反映婚姻爱情生活，有的描写北方特有的风光景色(如《敕勒歌》)。内容丰富，语言质朴，风格豪放；形式上以五言四句为主，也有七言四句的七绝体和七言古体及杂言体，对唐代的诗歌的形成和发展有较大影响。

饮酒

陶渊明

结庐在人境，而无车马喧。
问君何能尔？心远地自偏。
采菊东篱下，悠然见南山。
山气日夕佳，飞鸟相与还。
此中有真意，欲辨已忘言。

【注释】1.《饮酒》共二十首，都是酒后偶然题咏。2.人境：人类聚居的地方。3.日夕：近黄昏的时候。4.末二句：《庄子·齐物论》："辨也者，有不辨也，大辨不言。"诗意是说从大自然的启示领会到真意，不可言说，也无待言说。

【串译】生活在人世间，却没有车马的喧嚣。问我为何能够如此，只要心在闹市之外，自然就觉得住的地方僻静了。在东篱之下采摘菊花，悠然间那远处的南山映入眼帘。夕阳中山气氤氲，景色美好，飞鸟也结着伴而归还。这其中蕴含着人生真义，欲要辨明，却忘记了怎样用语言来表达。

【诵读提示】这首诗大约写于作者归田后12年，主要表现隐居生活的情趣。陶渊明有一百二十多首诗歌，每一首都非常出色。可以说唐代以前很多题材的诗歌至唐才登上高峰，比如边塞诗、山水诗、送别诗等。唯独有一个非常特殊的现象就是田园诗是陶渊明开创的，并且由陶渊明把它推上了顶峰。唐代田园诗人如王维、孟浩然，宋代像范成大、杨万里所创作的田园诗都是在陶渊明田园诗的浓荫笼盖之下,所以说陶渊明的田园诗是中国文学史上一笔非常宝贵的财富。

《饮酒》大致可视为唐五言诗的先声。结构和节奏不复杂,诵读时基本上是“二三式”,但个中仍需添加些许变化和调整,似可安排某些句子作“二一二式”。若将“二三式”一贯到底,听来就过于格式化了。

归园田居·其一

陶渊明

少无适俗韵,性本爱丘山。
误落尘网中,一去三十年。
羁(jī)鸟恋旧林,池鱼思故渊。
开荒南野际,守拙(zhuō)归园田。
方(bàng)宅十余亩,草屋八九间。
榆柳荫后檐,桃李罗堂前。
暧(ài)暧远人村,依依墟里烟。
狗吠深巷中,鸡鸣桑树颠。
户庭无尘杂,虚室有余闲。
久在樊笼里,复得返自然。

【注释】1. 适俗:适应世俗。2. 韵:情调、风度。3. 尘网:尘世罗网,官府生活污浊而又拘束犹如网罗,这里指仕途。4. 三十年:当作“十三年”。陶渊明自太元十八年初仕为江州祭酒,到义熙元年辞彭泽令归田，恰好是十三个年头。5. 羁鸟：笼中之鸟。6. 池鱼：池塘之鱼。7. 南野：一本作南亩。8. 际：间。9. 守拙：守正不阿。史有“巧官”“拙官”之说，巧官即善于钻营，拙官即一些守正不阿的人。这里指自己不善于做官。10. 方：通“傍”。是说住宅周围有土地十余亩。11. 荫：荫蔽。12. 罗：罗列。13. 暧暧：日光昏暗朦胧的景象。14. 依依：轻柔的样子。15. 墟里：村落。16. 户庭：门庭。17. 尘杂：尘俗杂事。18. 虚室：静室。19. 樊：栅栏。20. 樊笼：蓄鸟工具，比喻仕途。21. 返自然：指归耕园田。

【串译】年少时就没有迎合世俗的本性，天性原本热爱山川田园。误陷人世罗网中，一去就是三十年。关在笼中的鸟儿依恋居住过的树林，养在池中的鱼儿思念生活过的深潭。到南边的原野里去开荒，固守愚拙，回乡过田园生活。住宅四周有十多亩地，茅草房有八九间。榆树、柳树遮掩着后檐，桃树、李树罗列在堂前。远远的村落依稀可见，炊烟随风轻柔地飘升。狗在深巷里叫，鸡在桑树顶鸣。门庭没有尘俗杂事烦扰，静室多有空闲时间。长久地困在笼子里面，总算又能够返回大自然了。

【诵读提示】405 年，陶渊明在江西彭泽做县令不过八十多天，便声称不愿“为五斗米向乡里小儿折腰”，挂印回家。从此结束了时隐时仕的生活，终老田园。归田后作《归园田居》诗一组，共五首，这是第一首。

此诗从人生境遇起句，到人生境遇收尾，中间从“开荒南野际”到“虚室有余闲”才是描述自己的理想中的村野自然景况。语气应是实——虚——实，中间有时空的转换，叙事风格与幻念中的镜像描写还是应有所区别的。结尾句“久在樊笼里，复得返自然”的表达要好似终于撒出一口气来，那么舒畅，那么痛快。

归园田居·其三

陶渊明

种豆南山下，草盛豆苗稀。
晨兴理荒秽(huì)，带月荷(hè)锄归。
道狭草木长，夕露沾我衣。
衣沾不足惜，但使愿无违。

【注释】 1. 晨兴：早起。2. 理：治理。3. 荒秽：杂草丛生。4. 带月：顶着月亮。5. 荷锄：扛着锄头。6. 道狭：道窄。7. 沾：沾湿。8. 但使：只要让。9. 愿无违：不违反自己的意愿。

【串译】 南山坡下有我的豆地，杂草丛生，豆苗长得很稀。清晨我下地松土除草，星月下我扛着锄头回家歇息。草木覆盖了狭窄的归路，夜露打湿了我的上衣。衣服湿了没有什么可惜的，只求这田园生活不违背自己的心愿。

【诵读提示】 此诗是描写陶渊明劳动生活的代表作。从表面上看，这首诗写的是田园劳作之乐，表现的是归隐山林的遁世思想；但把这首诗和其他的诗对比来看，作者的“愿”其实有特殊的内涵。虽写劳动，其主旨却并非写劳作之艰辛，而是表现一种审美情趣。这自然平淡的诗句融入全诗醇美的意境之中，使口语的平淡和诗意的醇美和谐地统一起来，形成陶诗平淡醇美的艺术特色。

诵读此诗要创造一种归隐后心情放松的愉悦及劳作的快乐。要扎扎实实地叙述，扎扎实实地描写，无浪漫之语态，也无矫情之神韵，用声质朴自然，用情深挚执着。

知识链接

陶渊明生于公元365年，名潜，浔阳柴桑（今江西九江）人。少年好学，知识渊博，诗、赋、文非常出色。少年时接受儒家用世思想，有“大济于苍生”的抱负。但由于政治黑暗，门阀制度排挤，无法施展政治抱负。他坚持高远的理想和志趣，不与世俗同流合污的孤高品格，成为后世正直文人的人生目标。41岁时，陶渊明毅然解职归田隐居。在归田后的20年中，他与劳动人民有了广泛接触，亲自参加农业劳动，思想感情发生很大变化，为创作田园诗提供了重要条件。

陶渊明流传下来的诗歌大约有一百二十余首，还有散文、辞赋多篇。其中田园诗是陶诗的重要部分，内容描写农村生活、田园风光和淳朴的风俗人情。这些田园诗抒发了作者对宁静闲逸生活的衷心喜爱，表现了作者淡泊旷达、安贫乐道的品格。他追求诗歌语言朴素明洁，平淡自然，使人感到像是从“胸中自然流出”，没有一点斧凿痕迹，为古典诗歌开辟了田园诗的新境地。同时，他还写了一些咏怀、咏史的篇章，通过对自己一生经历中的种种感受、体验和对历史的缅怀，寄托社会理想，对黑暗现实具有批判意义。与田园诗相比较，这类诗更富于政治性和现实性。

第二单元　唐代诗歌

(一)

教学目的与要求：要求学生能够规范熟练地诵读所有内容，并背诵：《送杜少府之任蜀川》《咏柳》《回乡偶书》《春江花月夜》《登幽州台歌》《望月怀远》《凉州词》《登鹳雀楼》《春晓》《过故人庄》《从军行》《出塞》《芙蓉楼送辛渐》《相思》《山居秋暝》《使至塞上》《送元二使安西》《九月九日忆山东兄弟》《静夜思》《送孟浩然之广陵》《客中作》《行路难》《将进酒》《赠汪伦》《望庐山瀑布》《早发白帝城》《黄鹤楼》《别董大》。

教学重点与难点：五言诗、七言诗的诵读格式和表达技巧。

从军行

杨炯

烽火照西京，心中自不平。
牙璋辞凤阙(què)，铁骑(jì)绕龙城。
雪暗凋旗画，风多杂鼓声。
宁为百夫长(zhǎng)，胜做一书生。

【注释】1.《从军行》:乐府旧题,属《相和歌辞·平调曲》,多以军旅战争之事为题材。2.烽火:古代边防报警的信号。从边境到内地,沿途高筑烽火台,有敌情就在台上点火示警。3.照西京:报警烽火已经照达西京(长安),表明敌情严重。4.不平:难以平静。5.牙璋:调兵的符牒。两块合成,朝廷和主帅各执其半。这里指代奉命出征的将帅。6.凤阙:汉武帝所建建章宫上有铜凤,故称凤阙。后来常用作帝王宫阙的泛称。7.铁骑:精锐的骑兵,指唐军。8.绕:围。9.龙城:汉时匈奴大会祭天之处,故址在今蒙古国鄂尔浑河东侧。这里泛指敌方要塞。10.凋:原意是草木枯败凋零,此指失去了鲜艳的色彩。11.百夫长:泛指下级武官。

【串译】报警的烽火传到了长安,壮士的心怀自然无法平静。调兵的符令刚出宫门,骑兵们就直捣龙城。大雪弥漫使军旗褪了颜色,狂风吹刮的声音中夹裹着鼓声。我宁可做一名百夫长去冲锋陷阵,也比一书生要强得多。

【诵读提示】这首诗描写了一个读书士子从军边塞、参加战斗的全过程。仅四十个字,既揭示出人物的心理活动,又渲染了环境气氛。能把如此丰富的内容浓缩在有限的篇幅里,可见作者的艺术功力。

这样一首描写金鼓杀伐之事的诗篇,却用具有严格规矩的律诗形式来写很不简单。律诗一般只要求中间两联对仗,这首诗除第一联外,三联皆对。不仅句与句对,而且同一句中也对,如"牙璋"对"凤阙","铁骑"对"龙城"。整齐的对仗使诗更有节奏和气势。诵读时应抓住这一特点,放宏大内容于尺牍之中,有约束但又尽可能地伸展开去,敢于表现,犹如"戴着镣铐跳舞"。最后如洪钟大吕一般的激情喷射,将"书生"换做"百夫长",振聋发聩,情绪抵达高点。攀升后的收煞是强势收尾,需注意前几句的铺垫和积累。如做得不够,结尾就会有"突兀"之嫌,有欠协调。

知识链接

杨炯(650—693),与王勃、卢照邻、骆宾王齐名,并称“初唐四杰”。以边塞征战诗著名,所作如《从军行》《出塞》等表现了为国立功的战斗精神,气势轩昂,风格豪放。所作《王勃集序》,对王勃改革当时淫靡文风的创作实践评价很高,反映了“四杰”有意识地改革当时文风的要求。今存诗33首,五律居多。杨炯与王勃、卢照邻共同反对宫体诗风,主张“骨气”“刚健”的文风。其诗也如“四杰”其他诗一样,在内容和艺术风格上以突破齐梁“宫体”诗风为特色,在诗歌发展史上起到承前启后的作用。

送杜少府之任蜀川

王勃

城阙(què)辅三秦,风烟望五津。
与君离别意,同是宦(huàn)游人。
海内存知己,天涯若比邻。
无为在歧路,儿女共沾巾。

【注释】1. 少府:当时对县尉的通称。2. 蜀川:在今四川崇庆县,一作“蜀州”,指川西岷江流域一带。3. 阙:古代皇宫门前两边的望楼。4. 城阙,指唐代首都长安的宫城。5. 三秦:秦朝灭亡后,项羽把秦地分成雍、塞、翟三个小国,称为“三秦”。这里指长安附近关中一带。6. 五津:指四川岷江的五个渡口:白华津、万里津、江首津、涉头津、江南津。7.宦:官宦,做官的意思。

【串译】古代三秦之地,拱护着长安的城垣宫阙。风烟滚滚,望不到蜀地岷江的五津。与你握手作别时,彼此间心心相印,你我都是远离故乡、出外做官之人。四海之内只要有了你做知己,不管在天涯海角都像是在一起。请别在分手的歧路上伤心痛哭,像那多情的少年男女,彼此泪落沾衣。

【诵读提示】送别诗,绝大部分是诉说难分难舍的心情,是忧愁悲苦的。而这首诗却只有少年进取精神,而无消极颓唐情绪,送别,也要送出朗朗之气,也要送出大丈夫之概,这就是此诗的可贵之处。

诗的整体节奏比较舒缓,第三联为高亢型渗入句,要求诵读者由中势起调,扎扎实实做好头两句,然后自"与君离别意"至"儿女共沾巾"六句一气呵成,声音逐渐走强,气势逐渐走高,情绪逐渐明朗。

知识链接

王勃(650—676),字子安,绛州龙门(今山西河津)人。与杨炯、卢照邻、骆宾王以诗文齐名,并称"王杨卢骆",亦称"初唐四杰"。才华早露,未成年即被赞为神童。乾封初年被沛王李贤征为侍读,两年后因戏为《檄英王鸡》文被高宗怒逐出府,随即出游巴蜀。咸亨三年其父受其累被贬为交趾令。上元二年或三年南下探亲,渡海溺水而死。王勃文学主张崇尚实用,对转变唐初以上官仪为代表的诗风起了很大作用。今存诗八十多首,赋和序、表、碑、颂等文九十多篇。

咏柳

贺知章

碧玉妆成一树高，万条垂下绿丝绦(tāo)。
不知细叶谁裁出，二月春风似剪刀。

【注释】1. 柳：柳树，落叶乔木或灌木，叶子狭长，种类很多。本诗描写的是垂柳。2. 碧玉：碧绿色的玉。这里用以比喻春天嫩绿的柳叶。3. 妆：装饰，打扮。4. 一树：满树。在中国古典诗文中，数量词并不一定表示确切的数量。下一句的“万”，也是表示很多的意思。5. 绦：用丝编成的绳带。6. 丝绦：形容一丝丝像丝带般的柳条。7. 裁：裁剪，用刀或剪子把片状物体分成若干部分。8. 二月：农历二月，正是仲春时节。9. 似：好像，如同。

【串译】满树装扮得像美女一样，千万枝柳条垂下，像绿色的丝带。知道这细嫩的柳叶是谁剪裁的吗？就是那像剪刀似的二月的春风啊！

【诵读提示】自古以来，文人常以杨柳为写春的主要题材。写春景曰“万树垂杨”，写春色曰“陌头杨柳”，或称春天为“柳条春”。柳树以它特有的温柔、轻盈、婆娑的婀娜风姿，为历代文人所喜爱，成为吟咏对象，并以此来寄托自己的感情。东晋著名诗人陶渊明爱柳成癖，在宅前种下了五株柳树，人称“五柳先生”。于是柳便成为文学作品中品行高洁的象征。

诵读此诗时，要学会在细柔轻盈的描绘中渗入赞美之情，语调不能太硬，声音不能太高，节奏不能太快，起伏不能太大。男生容易过刚、过硬，应提示他们，柔美的表达也是一种必须掌握的技巧，并不仅仅是女生的专利。

回乡偶书

贺知章

少小离家老大回，乡音无改鬓毛衰(cuī)。
儿童相见不相识，笑问客从何处来。

【注释】1. 少小离家：作者三十七岁中进士，此前就离开家乡。回乡时已年逾八十。2. 无改：没什么变化。3. 衰：疏落。“衰”一作“催”。4. 笑问：又作“借问”“却问”。

【串译】少年时离乡，到老了才回到家来，口音没改变，双鬓却已经斑白。儿童们看见了，都不认识我，笑着问：这客人您这是从哪里来？

【诵读提示】这是一首久客异乡、返回故里的感怀诗。本诗以白描的手法，将极平常的内容绘声绘色地表现出来。语言朴实无华，毫不雕琢，细品诗境，别有一番天地。全诗在有问无答中作结，哀婉备至，动人心弦。所写儿童问话的场面极富生活情趣，即使我们不为作者久客伤老之情所感染，却也不能不被这一饶有趣味的生活场景所打动。

请诵读者注意，该诗的意旨不在前两句，而在于后两句。后两句着重抒发了山河依旧、人事不同、人生易老、世事沧桑的感慨。与上首单纯的描景不同，这首诗诵读的字里行间应透发出作者对人生境遇的良多感悟，正由于添加了人文内容，才更加引起读者心灵的共鸣。

知识链接

贺知章(659—744),会稽人。少时即以绝句诗文见长,且书法品位颇高,尤擅草隶,“当世称重”。常与张旭、李白饮酒赋诗,时称“醉中八仙”。又与包融、张旭、张若虚等结为“吴中四士”。晚年放荡不羁,自称“四明狂客”。天宝三年,八十六岁时告老还乡。离开京师时,玄宗赐诗,皇太子及文武百官为其饯行。回乡后不久病卒。今尚存诗文录入《全唐诗》19首。

春江花月夜

张若虚

春江潮水连海平,海上明月共潮生。
滟滟随波千万里,何处春江无月明。
江流宛转绕芳甸,月照花林皆似霰(xiàn)。
空里流霜不觉飞,汀(tīng)上白沙看不见。
江天一色无纤尘,皎皎空中孤月轮。
江畔何人初见月?江月何年初照人?
人生代代无穷已,江月年年只相似。
不知江月待何人,但见长江送流水。
白云一片去悠悠,青枫浦上不胜愁。
谁家今夜扁舟子?何处相思明月楼?

可怜楼上月徘徊，应照离人妆镜台。
玉户帘中卷不去，捣衣砧(zhēn)上拂还(huán)来。
此时相望不相闻，愿逐月华流照君。
鸿雁长飞光不度，鱼龙潜跃水成文。
昨夜闲潭梦落花，可怜春半不还家。
江水流春去欲尽，江潭落月复西斜。
斜月沉沉藏海雾，碣石潇湘无限路。
不知乘月几人归，落月摇情满江树。

【注释】1.滟滟：波光闪动的光彩。2.芳甸：遍生花草的原野。3.霰：雪珠。4.流霜：古人以为霜和雪一样是从空中落下来的，所以叫流霜。这里比喻月光皎洁，所以不觉得有霜霰飞扬。5.汀：水中的空地。6.纤尘：微细的灰尘。7.月轮：月亮，因月圆时像车轮，故称月轮。8.穷已：穷尽。9.但见：只见、仅见。10.悠悠：渺茫、深远。11.青枫浦：泛指游子所在的地方。12.扁舟：孤舟。13.月徘徊：指月光移动。14.妆镜台：梳妆台。15.玉户：形容楼阁华丽，以玉石镶嵌。16.捣衣砧：捣衣石、捶布石。17.相闻：互通音信。18.逐：跟从。19.月华：月光。20.文：同纹。21.无限路：言离人相去很远。22.乘月：趁着月光。23.摇情：激荡情思，犹言牵情。

【串译】春天的江潮水势浩荡，与大海连成一片，一轮明月从海上升起，好像与潮水一起涌出来。月光照耀着春江，随着波浪闪耀千万里，什么地方的春江没有明亮的月光。江水曲曲折折地绕着花草丛生的原野流淌，月光照射着开遍鲜花的树林好像细密的雪珠在闪烁。月光像白霜一样从空中流下，感觉不到它的飞翔，照得看不见江畔的白沙。江水、天空成一色，没有些微灰尘,只有明亮的一轮孤月高悬空中。江边上什么人最初看见月亮,江上的月亮哪一年最初照耀着人?人生一代代地无穷无尽,只有江上的月亮一年年地总是相像。不知江上的月亮照耀着什么人,只见长江不断地输送着流水。游子像一片白云缓缓地离去,只剩下思妇站在离别的青枫浦不胜忧愁。哪家的游子今晚坐着小船在漂流?什么地方有人在明月照耀的楼上相思?可怜楼上不停移动的月光,应该照耀着离人的梳妆台。美好的闺房中的门帘卷不去月光,在捣衣石上拂去月光但它又来了。这时互相望着月亮可是互相听不到声音,我希望随着月光流去照耀着您。送信的大雁能够飞翔很远但不能随月光飞到您身边,送信的鱼龙潜游很远但不能游到您身边,只能在水面激起阵阵波纹。昨天晚上梦见花朵落在悠闲的水潭上,可怜春天过了一半还不能回家。江水流走春光,春光将要流尽,水潭上月亮晚晚落下如今又西斜。斜月慢慢下沉藏在海雾里,碣石与潇湘的离人距离无限遥远。不知有几人能乘着月光回家,只有那西落的月亮摇荡着离情洒满江边的树林。

【诵读提示】诗篇题目就令人心驰神往。春、江、花、月、夜,这五种事物集中体现了人生最动人的良辰美景,构成了诱人探寻的奇妙的艺术境界。作者融诗情、画意、哲理为一体,凭借对春江花月夜的描绘,尽情赞叹大自然的奇丽景色,讴歌人间纯洁的爱情,把对游子思妇的同情心扩大开来,与对人生哲理的追求、对宇宙奥秘的探索结合起来,从而汇成一种情、景、理水乳交融的幽美而邈远的意境。

全诗共三十六句,四句一换韵,共换九韵。随着韵脚的转换变化和平仄的交错运用,一唱三叹,前呼后应,既回环反复又层出不穷,音乐节奏感强烈而优美。这种语音与韵味的变化又切合着诗情的起伏,可谓声情与文情丝丝入扣,婉转谐美。《春江花月夜》凝固起来就是一个“美”字，作者铺造出了天地美、自然美、人生美、韵律美。诵读时，只有紧紧围绕这个“美”字，才能将文字与有声创作紧密结合起来。

知识链接

张若虚（约660—720），扬州人。与贺知章、张旭、包融并称为“吴中四士”。其诗在初唐诗风的转变中具有重要地位。但受六朝柔靡诗风影响，常露人生无常之感。诗作大部散佚，《全唐诗》仅存2首，其一为《春江花月夜》，乃千古绝唱，有“以孤篇压倒全唐”之誉。

登幽州台歌

陈子昂

前不见古人，后不见来者。
念天地之悠悠，独怆（chuàng）然而涕下。

【注释】1.幽州：古十二州之一，今北京市。2.悠悠：遥远。3.怆然：悲伤凄凉。4.涕：眼泪。

【串译】先代的圣君，我没见到过；后代的明主，也还看不到。想到宇宙无限遥远，深感人生短暂；独自凭吊，涕泪纵横，凄恻悲愁。

【诵读提示】此诗写作者登上幽州的蓟北楼远望，悲从中来，并以“山河依旧，人物不同”来抒发自己“生不逢时”的哀叹。

前两句是俯仰古今，写出时间的绵长；第三句登楼眺望，写空间的辽阔无限；第四句写作者孤单悲苦的心绪。句式长短参错，音节前紧后舒，抑扬变化，互相配合，大大增强了艺术感染力。

诵读这首诗，必须深刻感受并营造出一种苍凉悲壮的氛围，眼前仿佛展现出北方原野的苍茫广阔的图景，在这个巨大图景面前，兀立着一位胸怀大志却因报国无门而感到孤独悲伤的人物形象。前后、古今，高天、大地，宇宙、人生……多么宏阔的视野和胸襟啊，语势往大里"造"才是诵读此诗之精魄。此诗自"大""高""强""壮"开始上行，至"小""低""若""哀""悲""凄""恻"下行止句，中间的语词不多，但时空跨度却相当大，个中语词的变换转接应操控得宜，感发适度。

知识链接

陈子昂(661—702)，梓州人。年少就富于浪漫豪侠性格，因上《大周受命颂》受武则天赏识。敢于针砭时弊，不避权贵。曾随从武攸宜征伐契丹，痛感自己政治抱负和进步主张不能实现辞官返乡。后受武三思诬陷入狱，忧愤而死。

陈子昂在诗歌理论与创作上都表现出大胆创新精神。其诗标举汉魏风骨，强调风雅比兴，反对形式主义的齐梁诗风，是倡导唐诗革新的先驱。散文摒弃浮艳之风，反对骈文，独具清峻风格。

望月怀远

张九龄

海上生明月，天涯共此时。
情人怨遥夜，竟夕起相思。
灭烛怜光满，披衣觉露滋。
不堪盈手赠，还(huán)寝梦佳期。

【注释】1.怀远：怀念远方的亲人。2.怨遥夜：因离别而幽怨失眠，以至抱怨夜长。3.竟夕：一整夜。4.怜光满：爱惜满屋的月光。

【串译】一轮明月升起在海上，你我天各一方，共赏出海的月亮。有情人怨恨夜长，彻夜不眠地将你思念。灭掉烛灯，月光洒满屋子令人怜爱，披衣出得门来，露水沾湿了衣衫。不能手捧银光赠给你，还不如回床入梦乡，或许梦境中还能与你欢聚一堂。

【诵读提示】这是月夜怀人之作，起句高华浑融，情深意永，细腻入微。全诗以“望”“怀”着眼，把“月”和“远”作为抒情对象。所以诗中处处不离明月，句句不离怀远，把月写得那么柔情，把情写得那么沉着，情意是那么缠绵而不见感伤，语言自然浑成而不露痕迹。这种风格对以后的孟浩然、王维等诗人有着深远的影响。

此诗属低沉舒缓型节奏，诵读应紧扣住“怀”字，将主人公望月时思怀远人的情绪一览无余地抒发出来。请注意作者一连串的小动作和典型独白:“怜”“觉”“不堪盈手赠,还寝梦佳期”。如果能将此做得生趣盎然,就更平添生动了。

知识链接

张九龄(678—740),韶州人。宰相任上于河南屯田,引水种稻。时玄宗宠妃武惠妃谋废太子立己子,游说九龄,被其斥退。后李林甫进谗言,被玄宗罢知政事。不久又被贬为荆州长史。开元二十八年卒。张九龄的五言古诗以素练质朴的语言,寄托深远的人生慨望,对扫除唐初所沿袭的六朝绮靡诗风贡献尤大。

凉州词

王翰

葡萄美酒夜光杯,欲饮琵琶马上催。
醉卧沙场君莫笑,古来征战几人回。

【注解】夜光杯:采用优良的祁连山玉精雕细琢而成,用其斟酒,甘味香甜,日久不变,尤为月光下对饮,杯内明若水,似有奇异光彩,因而自古就有“酒泛夜光杯”的佳传。

【串译】新酿成的葡萄美酒盛满夜光杯,正想开怀畅饮,马上琵琶声频催。即使醉倒沙场,诸君也不要见笑,自古男儿出征,有几人活着回来?

【诵读提示】这首诗是咏边塞情景之名作,描摹了艰苦荒凉边塞上的一次盛宴，征人们开怀痛饮、尽情酣醉的场面。前两句言事，写将军战罢归营，设酒庆功。正欲开怀畅饮，琵琶弦音急促，催人出征。葡萄酒、夜光杯、琵琶声，都有着浓郁的边塞色彩和鲜明的军旅生活特征，作者借以渲染出塞外军营的特有情调，一开始就把读者引入了塞外古战场紧张而热烈的气氛中。美酒、玉杯、琵琶催发，激起征戍将士的无限感慨。诗的后两句转入言情：休笑战士醉卧沙场，自古以来远赴边庭征战的能有几人生还？“古来”句虽然用了夸张手法写出边陲战争的激烈残酷，但诗的基调仍然是雄壮高昂的，不仅表现出战士开朗、达观的性格，也抒发了他们把生死置之度外的坦荡胸怀。

诵读时应将头两句的写实与后两句的议论作必要的隔断，从内容上区别开来，使诵读的技巧和手段更加丰富多样，艺术性也更强。注意，“欲饮”与“琵琶”两词不要接得太紧，不要给人“欲饮琵琶”的印象，将“琵琶”与“马上催”接得紧些，更加符合“达意”的要求。

知识链接

王翰（约687—726），并州人。少年时豪健恃才，性格豪放，倜傥不羁。登进士第后仍每日以饮酒为事。由于诗坛重臣张说汲引，一批文人学士如张九龄、贺知章等常游其门，王翰也在其中，因此得与张九龄等名人交往。张说罢相后，王翰出为汝州长史，后又被贬为道州司马，未至道州而卒于途中。其诗感情奔放，词华流丽。《全唐诗》收诗14首。

登鹳雀楼

王之涣

白日依山尽,黄河入海流。
欲穷千里目,更上一层楼。

【注释】1.鹳雀楼:在今山西永济县,高三层,下临黄河,前对中条山,为历来览胜之地。传说鹳雀经常栖息于此。2.白日:太阳。3.依:依傍。4.穷:尽。5.欲穷:想要用尽,含有假设的意思。6.千里目:能看到很远很远地方的视力。

【诵读提示】全诗短短20个字,包含着作者向上进取的精神、高瞻远瞩的胸襟抱负,反映了盛唐时期人们昂扬向上的进取精神,也道明了站得高才看得远的人生哲理。诵读时请注意反映出诗作景别的变换、视野的变换、情怀的变换、胸襟的变换。头两句可在中势起调,雄实地行进,要表现出“壮美”和“阔达”;后两句根据内容要尽量往上“翻”着走,“欲穷千里目”要比头两句稍高稍强,“更上一层楼”要更高更强,尤其是“更”字要用足气力,要“死砸”“给足”,“上”字虽是去声,但在此不但不下行,而且还应有上行之势,“一层楼”三字要一个比一个高强,犹如拾级而上地向上攀登。惟其如此,才能表现出此诗的题旨。有些诵读者将“上”字读得很重,不善于在程度副词“更”字上表现,应向他们讲清楚。在强调重音时,程度副词往往就是关节点,如“更”“真”“太”“忒”等。此诗整体节奏应是舒缓型的,最后一句属于高亢型的。诵读此诗是个力气活儿,气息、共鸣、吐字诸环节都需配合得好，初学乍练，情声气往往达不到标准，但也必须有这个要求，“功到自然成”。带领初学者走上正确的创作道路，获得一种有效的创作思路或创作方法，比教给他们几个小技巧实在是重要得多。

凉州词

王之涣

黄河远上白云间，一片孤城万仞山。
羌笛何须怨杨柳，春风不度玉门关。

【注释】1. 仞：古代长度单位，一仞相当于七八尺。2. 羌笛：羌族的一种乐器，属横吹式管乐。3. 羌：古代少数民族，主要分布在甘、青、川一带。4. 玉门关：汉武帝置，因西域输入玉石取道于此而得名。故址在今敦煌西北小方盘城。六朝时移至今安西双塔堡。

【串译】澎湃的黄河远远望去好像奔流在白云之间，一座孤城矗立在高峻的山岭之间。羌笛何必要吹出折杨柳这哀怨的曲调？春风不愿度过玉门关。

【诵读提示】这首诗豪迈奔放，把我们带到祖国大西北的壮丽山川面前。诗中描写的西北边疆之美，是一种高远的美、粗犷的美，足以令人精神世界升华的美，使人感到自己力量存在的美。这种美使人立即感到历史和未来，立即感到永恒和无穷。最能表达这种美感的是诗的前两句：“黄河远上白云间，一片孤城万仞山。”水在流，云在飞，使人感到宇宙的脉搏与呼吸。稍稍将目光转移,作者看到了天地间别的景物。"一片孤城万仞山",城是"孤"的,是"一片",山则众多,高达万仞。山之高,更显出城之小,山之众,愈见其城之孤。通过这一对比描写,祖国西北边塞的雄奇广袤之美显现出来了。

这首诗是一幅西北边疆壮美风光的画卷,又是一首对出征将士满怀同情的怨歌,二者统一于短短的四句诗中,引人遐想,耐人寻味,使人对盛唐边塞有较全面深入的了解。全诗句句精彩,情景交融,妙绝千古。诵读时须强调后两句的字外之意。整首诗的起句不要太高,不能因为写到黄河就用"大势"起调。前两句只是铺垫,后两句才是作者要表达的真正意图,写黄河、山、天的辽阔和高远,是为了更有力地衬托戍守边塞将士们的思乡之情和凄苦生活,进而暗讽安居于繁华帝都的最高统治者对于远出玉门关戍守边境的士兵漠不关心的现实。句尾不要上挑,更不要发力,只有平实地拉开、抻住,才能表现出"话中带刺"的余味。

知识链接

王之涣(688—742),原籍晋阳,后迁居绛州。曾任冀州衡水主簿,因谤辞官,家居15年。晚年出任文安县尉,卒于官舍。为人慷慨有大略,善作边塞诗,与高适、王昌龄、崔国辅等唱和,名动一时。其边塞诗与王昌龄、高适等齐名。《全唐诗》存绝句6首,皆历代传诵名篇。

临洞庭湖赠张丞相

孟浩然

八月湖水平，涵虚混太清。
气蒸云梦泽，波撼岳阳城。
欲济无舟楫(jí)，端居耻圣明。
坐观垂钓者，徒有羡鱼情。

【注释】1. 张丞相，指张九龄。2. 虚、太清：均指天空。3. 云梦泽：古时云、梦为二泽，长江之南为梦泽，江北为云泽，后来大部分变干变淤成为平地，只剩洞庭湖，人们习惯称云梦泽。4. “欲济”二句：是以比喻的方式说想做官却苦无门路，无人引荐，但不做官又有辱圣明的时代。5. 羡鱼情：《淮南子·说林训》中记载：“临渊而羡鱼，不若归家织网。”这句仍是表示作者希望入仕，企盼有人引荐。

【串译】八月洞庭湖水盛涨与岸齐平，水天含混迷迷接连太空。云梦二泽水汽蒸腾白白茫茫，波涛汹涌似乎把岳阳城撼动。我想渡水苦于找不到船与桨，圣明时代闲居委实羞愧难容。闲坐观看别人辛勤垂钓，只能白白羡慕人家钓鱼成功。

【诵读提示】这是一首干谒诗。玄宗开元二十一年，作者西游长安想入政界，希望有人给予引荐。于是在入京应试前写了这首诗赠给丞相张九龄，只是为了保持一点身份才写得如此委婉，极力泯灭干谒的痕迹。

诗的前四句写洞庭湖壮丽的景象和磅礴的气势，后四句借此抒发自己的政治热情和希望。作为干谒诗，最重要的是要写得得体，称颂对方要有分寸，不失身份。措辞要不卑不亢，不露寒乞相，才是一等文字。诵读时也应充分玩味体察作者的字外之意，于不动声色之中将意思婉转地表达清楚。

春晓

孟浩然

春眠不觉晓，处处闻啼鸟。
夜来风雨声，花落知多少。

【串译】春天夜短，不知不觉地睡到了天大亮，醒来听见外面传来鸟儿欢快、婉转的歌声。想到昨夜刮风下雨的声音，不知在风雨飘摇中有多少花儿被摧残打落。

【诵读提示】这首诗描绘了一幅春天早晨绚丽的图景，抒发了作者热爱春天、珍惜春光的美好心情。首句第一字就点明季节，写春眠的香甜。在这温暖的春夜中，作者睡得真香，以至旭日临窗才甜梦初醒。此句流露出作者爱春的喜悦心情。次句写春景，鸟噪枝头，一派生机勃勃的景象。“闻啼鸟”即“闻鸟啼”，为了押韵，词序进行了适当的调整。第三、四句作者追忆昨晚的潇潇春雨，然后联想到春花被风吹雨打、落红遍地的景象。作者把爱春和惜春的情感寄托在对落花的叹息上。惜春也是爱春，喜悦是全诗的基调。

《春晓》既有优美的韵致，又有起伏跌宕的语句，所以诗味醇永。诵读时要刻意捕捉、体味一个“柔”字，一柔到底，句式、声音、行腔、感觉都要“柔”，表现出轻柔之中的喜悦之情。

过故人庄

孟浩然

故人具鸡黍(shǔ)，邀我至田家。
绿树村边合，青山郭外斜(xiá)。
开轩面场(cháng)圃(pǔ)，把酒话桑麻。
待到重阳日，还(huán)来就菊花。

【注释】1. 过：拜访。2. 具：准备。3. 场圃：农家小院。4. 就：赴，这里指欣赏。

【串译】老友备好黄米饭和烧鸡，邀我到他家做客。村子外一圈绿树环抱，郊外苍翠的小山包平斜着。推开窗户迎面是田地场圃，我们把酒对饮闲聊着耕作桑麻。等到九月重阳节那一天，再一次来品尝这菊花美酒。

【诵读提示】这首诗描写了农家恬静闲适的生活情景，兼写老朋友的情谊。诗由“邀”到“至”到“望”又到“约”一径写去，自然流畅。语言朴实无华，意境清新隽永。

这首诗用简洁的语言，平平地叙述，几乎没有一个夸张的句子，没有一个使人兴奋的词语。那么它的诗味究竟表现在哪里呢？诵读孟浩然的诗，应该透过它淡淡的外表，去体会内在的韵味——实在、朴实。诗风如此，诵读也应如此。说事与张情是此诗的两只触角，把事说得清楚而浑实了，把情张扬得满而不溢，此诗的氛围就可以挥发而出了。此诗的诵读节奏应属轻快型。

知识链接

孟浩然(689—740),襄州人。与王维并称为“王孟”,以写田园山水诗为主。早年应进士不第,曾在太学赋诗,名动公卿。后张九龄为荆州长史,招致幕府,不久仍返故居。二十八年因纵情宴饮,疾发逝世。孟诗绝大部分为五言短篇,多写山水田园和隐居的逸兴以及羁旅行役的心情。其作品标志着唐诗经过四杰和陈子昂等人的努力达到了成熟的境地,已经形成了盛唐诗歌浑融完整的艺术风格。再往后发展,就是李白、王维、杜甫那种在浑融完整的前提下,既有文采又有深刻的意境乃至宏伟气魄的诗篇了。李杜等人并不照搬孟诗形式上的“淡”,但孟诗在“淡”中所包含的深厚、隽永、朴实、自然等素质却被他们汲取并且向前发展了。

次北固山下

王湾

客路青山外,行舟绿水前。
潮平两岸阔,风正一帆悬。
海日生残夜,江春入旧年。
乡书何处达,归雁洛阳边。

【注释】1.次:路途中停宿。2.北固山:在今镇江北,三面临水，倚长江而立。3. 客路：旅途。4. 青山：北固山。5. 前：向前航行。6. 平：潮水涨得与岸齐平。7. 风正：风顺而和。8. 悬：挂。9. 海日：太阳从海上升起。10. 残夜：夜色已残，指天将破晓。11. 旧年：过去的一年。

【串译】路过苍碧的北固山下，船儿泛着湛蓝的江水向前。春潮正涨，两岸江面显得更加开阔，顺风行船，船帆端端正正地高悬着。一轮红日已经冲破残夜从海上升起，旧年尚未逝去，江边已有春风的信息。寄去的家书不知寄到哪里？请归去的大雁把信带到洛阳吧。

【诵读提示】这是首在长江上旅行时写的感悟诗。首联“客路青山外，行舟绿水前”，山青了，水绿了，天气暖和了。漂流他乡的游子已经踏上远在青山之外的路途，载着归客的行舟也开始行进在绿如绵绵蓝草的江水之上。作者以平实之笔开篇，犹如画家作画前在纸上铺设的底色，为抒情言志创设出收缩自如的挥洒空间。诵读时应考虑到旅途所致这个因素，不必做过浓的炫示。颔联“潮平两岸阔，风正一帆悬”，积雪已慢慢融化，因汇集了千山万壑雪化之水，长江的水量逐渐大了起来，江面因之愈发宽广，再加上江中央一片船帆高高挂起，使得长江两岸的距离愈显阔大。渐渐上涨的江水与恰到好处的江风吹拂，二者相合才有这“风正一帆悬”。诵读时应勾勒出壮美的大江行船图。颈联“海日生残夜，江春入旧年”，北固山是扬子江的中段，早起的作者举目东望，只见江天一色，一轮红日从东方江海相接的地平线上慢慢升起，回眸西探，却见西边天幕上的夜色尚未完全褪去。春天已按捺不住自己的脚步，悄悄渡江北上走进了旧年。诵读时如果强调了“生”和“入”两字，就把一个昼夜更替的壮观景象与新旧相接的时光荏苒描绘得传神入化，开辟出了自由想象的无限空间。如果说颔联是从景物入手，以形式之美引发颈联,那么颈联则是从天人感应拓展,以胸怀之美照应颔联。尾联“乡书何处达,归雁洛阳边”,作者看着眼前的“平潮”“悬帆”“海日”“江春”,不由得萌发出一个美好的想法:我写上一封书信让那北归的鸿雁捎给洛阳的家人,让他们也知道我此时此地的心情吧。尾联不仅与首联相照应,也使诗中客观景物全都着上了人的感情色彩,原本自然之景物也就有了人的灵性,向人们诉说着作者心中的美好感觉和愿望。尾联以怀乡作结,融入更多的人的因素,比单纯的写景之作更感人,表达时注意情感的积蓄。

知识链接

王湾(693—751),洛阳人。公元712年中进士,次年出游吴地,由洛阳沿运河南下瓜州,后乘舟东渡大江抵京口接着东行去苏州。

从军行

王昌龄

青海长云暗雪山,孤城遥望玉门关。
黄沙百战穿金甲,不破楼兰终不还。

【注释】1.青海:指青海湖。2.穿:磨破。3.金甲:铠甲的美称。4.楼兰:汉代西域国名,借指敌人。

【串译】青海湖上乌云密布,连绵雪山一片黯淡。边塞古城,玉门雄关,远隔千里,遥遥相望。守边将士,身经百战,铠甲磨穿，壮志不灭，不打败进犯之敌，誓不返家乡。

【诵读提示】这首诗写士子从戎、征战边庭的过程和心情，表达了国家有事、匹夫有责的使命感和建功立业的豪迈情怀。上一句把战斗之艰苦、战事之频繁写得越突出，这一句便越显得铿锵有力、掷地有声。

一、二句境界阔大，感情悲壮，含蕴丰富，三、四句之间有明显转折，两句形成鲜明对照。“黄沙”句尽管写出了战争的艰苦，但给人的实际感受是雄壮有力，而不是低沉伤感的。因此，末句并非嗟叹归家无日，而是在深深意识到战争的艰苦、长期的基础上所发出的更坚定、更深沉的誓言。盛唐优秀边塞诗的一个重要思想特色就是在抒写戍边将士的豪情壮志的同时并不回避战争的艰苦，本篇就是一个显例。

由于此诗描写的是边塞战事，所以诵读时的基调应当大气豪迈、雄壮铿锵。

出塞

王昌龄

秦时明月汉时关，万里长征人未还。
但使龙城飞将在，不教胡马度阴山。

【注释】1. 出塞：是乐府旧题，属《横吹曲》辞。2. 秦时：秦月汉关为互文，意思是说秦汉以来就设关备胡，月照关塞的景象秦汉时就是如此。3. 龙城飞将：应为卢城飞将，威震卢城的飞将指李广。4. 阴山：昆仑山北支，在今内蒙古南境，起自河套西北，横贯绥远、察哈尔及热河北部，是古代抵御北方侵扰的天然屏障。

【串译】秦汉以来，明月就是这样地照耀着边关，但是离家万里的将士却没能回还。假若有李广这样的大将军立马横刀在阵前，一定不会让敌人的铁蹄踏过阴山。

【诵读提示】这首诗悲壮而不凄凉，慷慨而不浅露，被称为唐人七绝压卷之作。诗的意境雄浑，格调昂扬，语言凝练明快。诗只有短短四行，通过对边疆景物和征人心理的描绘，表现的内容是丰富而复杂的。这里既有对久戍士卒的浓厚同情和结束这种边防不固局面的愿望，又流露出对朝廷不能选贤任能的不满，同时又以大局为重，认识到战争的正义性，发出了“不教胡马度阴山”的誓言，洋溢着爱国激情。作者并没有对边塞风光进行细致的描绘，只是选取了征戍生活中的一个典型画面来揭示士卒的内心世界。景物描写只是用来刻画人物思想感情的一种手段，汉关秦月，无不是融情入景，浸透了人物的感情色彩。

《出塞》与《从军行》相比，主要特点是加入了历史的因素，诸如汉关秦月、龙城飞将的运用，使得此诗更具“时”“空”的厚度和深度。诵读时必须在情感中渗入“史”的感觉，思绪从遥远的古代一路走来，吐字要实，情感要丰厚。自汉至唐，几百年来的边塞烽火长燃、征人不还，重在表现诗的开阔意境，纵横古今的气魄。

芙蓉楼送辛渐

王昌龄

寒雨连江夜入吴，平明送客楚山孤。

洛阳亲友如相问，一片冰心在玉壶。

【注释】1. 芙蓉楼：原址在今镇江西北。2. 楚山：古时吴、楚两地相接，镇江一带也称楚地，故其附近的山也可叫楚山。3. 玉壶：指月亮。

【串译】凄冷的烟雨连夜洒遍吴地江天，清晨送走你，连楚山也感到了孤独离愁。洛阳亲友若是问起我来，就说我依然冰心玉壶，信念无改。

【诵读提示】这首送别诗淡写朋友的离情别绪，重写作者自己的高风亮节。首两句苍茫的江雨和孤峙的楚山，烘托送别时的孤寂之情；后两句自比冰壶，表达自己开朗的胸怀和坚强性格。诵读时表现作者冰清玉洁的高远性情的部分是最后一句，应浓墨重彩地给予凸显，给足分量。

知识链接

王昌龄（698—约756），京兆万年人，世称"王江宁"或"王龙标"。安史之乱起，避乱回乡，为濠州刺史闾丘晓所杀。作者是盛唐享有盛誉的诗人，与当时的著名诗人都有交游，孟浩然、李白、岑参、常建等都存有赠他的诗篇。其诗以边塞、闺情宫怨和送别三类居多。边塞诗或抒发建功立业的雄心壮志，充满杀敌卫国热情；或描写长期征战怀乡思亲的"边愁"，流露对统治阶级的不满，当时就有"诗家夫子王江宁"之称。著有《王昌龄集》。

相思

王维

红豆生南国，春来发几枝。
愿君多采撷(xié)，此物最相思。

【注释】红豆：又叫相思子，结出的籽像豌豆而稍扁，鲜红色，人们都将它当作是爱情的象征。

【串译】红豆产于岭南，春天来了，长得叶茂枝繁。愿你多多采摘它，因为它最能包涵和体现情思。

【诵读提示】诗的起句因物起兴，语虽单纯却富于想象；接着以设问寄语，意味深长地寄托情思；第三句暗示珍重友谊，表面似乎嘱人相思，背面却深寓自身相思之重；最后一语双关，既切中题意又关合情思，妙笔生花，婉曲动人。

诵读的节奏应为舒缓型，在语态中洋溢出少年的热情和青春的气息，满腹情思始终未曾直接表白，句句话却不离红豆，争取把相思之情表达得入木三分。将红豆塑造好了，相思之意自然也就发透出来了。“最相思”是全诗的高点，点题之词，须提高调门，加重语势，强力推进，到“相思”的“思”字则延长字节长度，拖长音，以渐远渐弱作结。

终南别业

王维

中岁颇好道，晚家南山陲。
兴来每独往，胜事空自知。
行到水穷处，坐看云起时。
偶然值林叟，谈笑无还期。

【注释】1.中岁：中年。2.道：指佛理。3.晚家：安家。4.南山：终南山。5.陲：边缘，旁边。6.胜事：美好的事。7.值：遇见。8.叟：老翁。

【串译】中年后厌恶尘俗喧嚣，信奉佛教，晚年定居安家在南山边陲。兴致来了就独自一人前往欣赏这美丽的景色，这种美好的事只能自得其乐。随意而行，不知不觉竟走到流水的尽头，于是索性就地坐下来，看那悠闲无心的云彩自由地漂游。偶然遇见看护山林的一位老者，就与他谈论山野趣事，相与流连，竟忘记了回去的时间。

【诵读提示】此诗描写了隐居终南山之闲适怡乐，随遇而安之情。第一联叙述自己中年以后就厌恶世俗而信奉佛教。第二联写作者的兴致和欣赏美景时的乐趣。第三联写心境闲适，随意而行，自由自在。最后一联进一步写出悠然自得的心情。这首诗把退隐后自得其乐的闲适情趣写得有声有色，惟妙惟肖。作者晚年虽官至尚书右丞，但时政局变化反复，他早已看到仕途的艰险，便想超脱这个烦扰的尘世。他吃斋奉佛，悠闲自在，大约四十岁后就开始过着亦官亦隐的生活。

诵读这首诗,应表达出作者那种自得其乐的闲适情趣。闲适之“趣”、怡然之“乐”、情怀之“超达”当是此诗之“魂”。

山居秋暝

王维

空山新雨后,天气晚来秋。
明月松间照,清泉石上流。
竹喧归浣女,莲动下渔舟。
随意春芳歇,王孙自可留。

【注释】1. 暝:日落,夜晚。2. 空山:幽静的山。3. 新:刚刚。4. 竹喧:竹林中笑语喧哗,也指竹子枝叶相碰发出的声音。这里指洗衣姑娘的欢笑声。5. 浣:洗。6. 莲动:溪中莲花动荡,知是渔船沿水下行。7. 随意:尽管,虽然。8. 歇:凋谢。9. 王孙:原指贵族子弟,后来也泛指隐居的人,此处指作者本人。10. 留:居。

【串译】青山翠谷在一阵新雨过后,越发显得幽静,夜幕下,凉风习习,更令人感到秋意渐浓。明月照映着松林,泉水从石上流过。竹林中传来洗衣少女们的欢声笑语,莲叶浮动,那是顺流而下的渔船。尽管春天的芬芳早已逝去,我陶醉在这美妙的秋色中,依然向往长住。

【诵读提示】诗的首联:山是空空的,很容易让人想到空旷、静谧。傍晚时分,一切都迷蒙起来,淅淅沥沥的秋雨过后更是一片清冷的秋意,为全诗定下了恬淡、清新的感情基调,同时暗点了时间、地点。颔联："月"是入声，"照"是去声。声调由低敛而趋向高放，与月光逐渐铺洒松林的景况相容。下句前四字全为齿音，末尾"流"字是舌音，发音由细碎而圆转，让人仿佛听到了月光照射下的清澈的泉水流经石上的潺潺之声。颈联：从上联的所见之景写到所闻之景。先是闻到竹林中传来的阵阵欢声笑语，再带出浣纱女子归来的情景；莲叶翻滚，传来渔舟荡水之声，原来是渔人乘着月夜去捕鱼。从不同侧面写出了山村居民淳厚、朴实、勤劳的品质。这种不见其人先闻其声的写法符合当时的生活实际，也陡增了诗的情趣和意味，激发了读者的兴趣和联想。这种以动写静的写法，更衬出山林的"空"和"静"。清人王国维说得好"一切景语皆情语"，作者笔下的景色如此清幽、明净、静寂，正是作者内心世界的外化。诗的尾联则是作者意在表明自己的人生志趣和追求。

该诗是作者写秋色写得最出色的一首，诵读时注意体现从明月照、清泉流的"静"和"幽"到浣纱女阵阵笑声、莲动渔舟的"动""闹"之间转场的衔接和过渡，加强对比和渲染，将山间秋色之美做足，以达到人留芳处、常享秋色的愿望。

使至塞上

王维

单车欲问边，属国过居延。
征蓬出汉塞，归雁入胡天。
大漠孤烟直，长河落日圆。
萧关逢候骑(jì)，都(dū)护在燕然。

【注释】1. 单车:轻车独行。2. 问边:慰问边防。3. 居延:地名,汉代称居延泽,唐代称居延海,在今内蒙古额济纳旗北境。4. 征蓬:随风飘飞的蓬草,此处为作者自喻。5. 归雁:因季节是夏天,雁北飞,故称“归雁入胡天”。6. 大漠:此处是指凉州之北的沙漠。7. 长河:今石羊河,流经凉州以北沙漠。8. 候骑:侦察兵。9. 都护:唐朝在西北置安西、安北等六大都护府,负责辖区一切事务。10. 燕然:今蒙古国杭爱山。《后汉书·窦宪传》:宪率军大破单于军,“遂登燕然山,去塞三千余里,刻石勒功,纪汉威德,令班固作铭。”此两句意谓在途中遇到候骑,得知主帅破敌后尚在前线未归。

【串译】轻车简从出使到边疆,途中经过属国居延。像蓬草飘出汉塞,像归燕飞入胡天。大漠里飞烟直上,黄河边落日正圆。走到萧关恰逢候骑,都护正在燕然前线。

【诵读提示】这是一首纪行诗。作者身负朝廷使命前往边塞宣慰,察访军情,此诗即记述这次出使途中所见所感。作者怀着一丝落寞的心情问边关事、写边塞景,不见伤怀,却见雄壮。

首联、颔联、尾联都要“叙”,颈联要“描”,要“抒”。“叙”中有“抒”,“抒”中带“叙”,“叙”“抒”结合当是此诗写作的特点,也是诵读的基点。由于有“边关”“战事”,所以声音可以放得沉实些,带些“壮”和“雄”的味道。朗读时应把握凝重型的节奏。

汉江临眺

王维

楚塞三湘接，荆门九派通。
江流天地外，山色有无中。
郡邑浮前浦，波澜动远空。
襄阳好风日，留醉与山翁。

【注释】1. 汉江：即汉水。发源于陕西宁强，经湖北至汉阳入长江。2. 临眺：登高望远。一作"临泛"，临流泛舟之意。3. 楚塞：指襄阳一带的汉水，因其在古楚国之北境，故称。4. 三湘：湘水合漓水称漓湘，合蒸水称蒸湘，合潇水称潇湘，故又称三湘。此当泛指洞庭湖南北流域。5. 荆门：今湖北荆门。6. 山翁：晋代将军山简，曾守襄阳。这里借指当时襄阳的地方长官。

【串译】汉水流经楚塞又折入三湘，荆门汇合九派支流与长江相通。汉水浩瀚，好像流到天地之外，山色朦胧，远在虚无缥缈之中。沿江的郡邑恰似浮在水面之上，水天相接的边际，波涛激荡滚动。襄阳的风景确实叫人陶醉赞叹，我愿留在此地，陪伴常醉的山翁。

【诵读提示】《汉江临眺》是作者融画入诗的力作。诵读时心中要有山水画界，布局、线条、水墨、色彩皆应在胸，点、线、面的安排上也要有个大概。站在汉江边高处极目远眺，楚与三湘怎么接？荆州与九派如何通？江水怎会流于天地之外？山色为什么会时有时无、时浓时淡？前浦如何浮着郡邑？远空如何涌动着波澜？这一切都想清楚了，才可以说成竹在胸了，也才有资格落实到具体语句中去开始有声创作了。诗像画，画像诗，诗画的高度结合给诵读增添了难度，但也给有声语言的创作提供了更加丰满宏阔的空间，利用视觉镜像先看得到，转而想得到，最后诵得出，三维交叉互动，对于诵读者无疑是更复杂更细腻更见功力的表现。经常训练，益处多多。

送元二使安西

王维

渭城朝雨浥(yì)轻尘，客舍青青柳色新。
劝君更尽一杯酒，西出阳关无故人。

【注释】1.元二：作者的友人。古人常以兄弟排行称呼，类似现在的“元老二”。2.使：出使。3.安西：安西都护府，在今新疆库车。4.渭城：秦置咸阳县，汉代改称渭城县，唐时属京兆府咸阳县辖区，在今陕西咸阳。唐代从长安往西去的多在渭城送别。5.浥：润湿。6.客舍：指为客人设宴送别的地方。7.更：再。8.阳关：汉朝设置的边关名，故址在今甘肃敦煌西南，古代跟玉门关同是出塞必经关口，因在玉门之南故称阳关。9.故人：老朋友。

【串译】渭城的晨雨湿润了地上的沙土，驿站旁的柳枝在雨后分外清新。劝好友再饮完一杯醇香的美酒，只因您西出阳关就没有交情深厚的老朋友了！

【诵读提示】古来写离情别绪的诗人，笔下的景物也往往成为有情之物，代人伤心，为人垂泪。但这场深情的离别却不见黯然神伤，相反倒是透露出一种轻快而富于希望的情调。“轻尘”“青青”“新”等词语，声韵轻柔明快给人格外的清爽和欣慰，从清朗的天宇到洁净的道路，从青青的客舍到翠绿的杨柳，真真构成了一幅色调清新明朗的图景。作者高超地运用了逆挽（即叙事题材的“倒叙”）的写作手法，借助于时空的转换，将国家的安危、战争的残酷、朋友的情谊、人生的苦短紧紧地糅合在一起，情景交融，产生了令人震撼的艺术感染力。作者清楚地了解战争的无情，也深知友人的远征可谓九死一生，更明白此次分离或许就意味着永别。但他依然为友人祝福，期待着友人能平安归来。“劝君更尽一杯酒”，这酒中不仅浸透了作者对友人的一片深挚情谊，更饱含着他对国家和平安宁的美好祝愿，这正是“阳关曲”千百年来久唱不衰的魅力之所在。

诵读此诗的精要是：浓缩了人生凉热境况的别而不伤，别而更新。“劝君更尽一杯酒”中的“酒”字，调值 214 的轨迹要饱满圆润，到 4 度后再平直向前伸展一些，味道会表现得更足。“更尽一杯酒”的“更”字比“一”字要高强一些，有些初学诵读者强调“一”字，道理不够充分。

九月九日忆山东兄弟

王维

独在异乡为异客，每逢佳节倍思亲。

遥知兄弟登高处，遍插茱萸（zhū yú）少一人。

【注释】1. 异乡：他乡。2. 为：做。3. 异客：陌生的客人。4. 倍思亲：加倍思念亲人。5. 遥知：在遥远的地方想象着的意思。6. 登高：古代重阳节要登高，饮菊花酒。7. 茱萸：一种有香味的植物。古人认为九月九日登高时佩带茱萸，可以避邪。

【串译】独自流落他乡，成为异地之客，每逢佳节良辰就倍加思念眷亲。遥想今日重阳，兄弟们又在登高，他们佩带着茱萸，发觉少了我一人。

【诵读提示】诗写作者一人客居在外，重阳佳节时更加思念家乡和亲人。作者家居蒲州，在华山之东，所以题称“忆山东兄弟”。写这首诗时他正在长安谋取功名。繁华的帝都对当时热衷仕进的年轻士子虽有很大吸引力，但对一个少年游子来说毕竟是举目无亲的“异乡”，而且越是繁华热闹，在茫茫人海中的游子就越显得孤孑无亲。诗本来是写自己想念兄弟的，可是并不直说自己如何想，偏说想象着兄弟们登高都在想念他，这就加深了诗的感情，读来更加感人。

诵读时，“佳节之时”的“亲情之念”应是贯穿始终的主线。

知识链接

王维（约701—761），字摩诘，原籍太原。安史之乱为叛军所俘，授以伪职。长安、洛阳收复后被降职，后升为尚书右丞。王维诗明净清新，精美雅致，李杜之外，自成一家。心向佛门，虽为朝廷命官，却常隐居蓝田，过着亦官亦隐的生活。王维又是杰出的画家，擅画人物、丛竹、山水，还通晓音乐，善以乐理、画理、禅理融入诗歌创作中。苏轼谓其“诗中有画，画中有诗”，是唐代山水田园诗派的著名代表。

渡荆门送别

李白

渡远荆门外，来从楚国游。
山随平野尽，江入大荒流。
月下飞天镜，云生结海楼。
仍怜故乡水，万里送行舟。

【注释】荆门，在今湖北宜都西北长江南岸，隔江与虎牙山对峙，战国时属于楚国。

【串译】我乘舟渡江来到遥远的荆门外，来到战国时期楚国的境内游览。高山渐渐隐去平野慢慢舒展开，江水一片仿佛流进广阔的莽原。波中月影宛如天上飞来的明镜，空中彩云结成绮丽的海市蜃楼。但我还是更爱恋故乡的滔滔江水，它奔流不息陪伴着我万里行舟。

【诵读提示】诵读此诗我们透过作者对大自然景象的细致观察和欣赏，能体会到年轻的李白刚刚走向社会的那种积极进取的精神以及兴致勃勃的无穷活力。尤其是“山随平野尽，江入大荒流”两句，逼真地描写出作者乘船穿过三峡，崇山峻岭逐渐消失在广阔的原野上；汹涌澎湃的长江随着山势的消失，在一望无际的平原上缓缓东流……作者就是用这种白描的笔触，淡淡的色彩，描绘出一幅真实的山水画卷。像这样的诗句并无多少人文社会因素在里面，掌握住两点就行：1. 前三联是写景，2. 最后一联是怀恋故乡。

静夜思

李白

床前明月光，疑是地上霜。
举头望明月，低头思故乡。

【注释】1. 静夜思：在静静的夜晚所引起的思念。2. 疑：怀疑，以为。3. 举头：抬头。

【串译】那透过窗户映照在床前的月光，起初以为是一层层的白霜。仰首看那空中的一轮明月，不由得低下头来沉思，愈加想念自己的故乡。

【诵读提示】此诗写作时间应为唐玄宗开元十四年(726年)，作者时年26岁，写作地点当是扬州旅舍。本诗写的是在寂静的月夜思念家乡的感受。一个独处他乡的人，白天奔波忙碌倒还能冲淡离愁，然而一到夜深人静的时候，心头就难免泛起阵阵思念故乡的波澜，更何况是月色如霜的秋夜。

诵读时起句不要太高太猛，要缓缓地将诗的内容运起、拉开，作品的分量全在结句"低头思故乡"，一个"思"字给人们留下丰富的想象：那家乡的父老兄弟、亲朋好友，那家乡的一山一水、一草一木，那逝去的年华与往事……无不在思念之中。一个"思"字所包含的内容实在太丰富了，把"思"做到位了，就能掀起无穷的韵味，引人荡漾起漫无边际的遐思与联想。

送孟浩然之广陵

李白

故人西辞黄鹤楼，烟花三月下扬州。

孤帆远影碧空尽，唯见长江天际流。

【注释】1.之：往。2.广陵：扬州。3.烟花：指暮春浓艳的景色。4.碧空尽：指船消失在蓝天与水相接的地方。5.唯见：只见。

【串译】老朋友从西边辞别黄鹤楼，在百花盛开的三月到繁华的扬州。孤独的帆船、远去的影子在蔚蓝的天空里消失了，只看到长江水仍在向天边奔流。

【诵读提示】这首送别诗写于开元十六年。前两句直接叙事，点明送别的地点、时间和故人东去之地，后两句写作者伫立江边送别。寥寥十四个字，生动地勾画出作者目送行舟、江边怅惘的形象。这首送别诗既不同于王勃《送杜少府之任蜀川》那种少年阳刚的离别，也不同于王维《渭城曲》那种深情体贴的离别，它是一种充满诗意的离别。之所以如此，是因为这是两位风流潇洒的诗人的离别，还因为这次离别跟一个繁华的时代、繁华的季节、繁华的地区相联系，在愉快的分手中还带着作者的向往，这就使得这次离别有着无比的诗意。

诵读此诗使人顿然生成“神远”的艺术魅力。轻盈、洒脱、文气、放达，当是此诗的基本色彩。

客中作

李白

兰陵美酒郁金香,玉碗盛来琥珀(pò)光。
但使主人能醉客,不知何处是他乡。

【注释】1. 客中:指旅居他乡。2. 兰陵:今山东苍山兰陵镇。3. 郁金:一种香草,用以浸酒后呈金黄色。4. 但使:只要。

【串译】兰陵出产的美酒透着醇浓的郁金香的芬芳,盛在玉碗里犹如琥珀般晶莹。只要主人同我一道尽兴畅饮,一醉方休,哪管这里是故乡还是异乡呢!

【诵读提示】诵读此诗对饮酒的赞美应是主旋律,语气和语势不妨灵秀轻盈一点。前两句是对美酒和酒杯的生动描写,为的是衬托后两句饮酒的畅美。诵读时应充分表现出作者豪放不羁的个性,也可从一个侧面反映出盛唐时期的时代气氛。

行路难

李白

金樽清酒斗十千,玉盘珍馐(xiū)直万钱。
停杯投箸(zhù)不能食,拔剑四顾心茫然。
欲渡黄河冰塞川,将登太行雪满山。
闲来垂钓碧溪上,忽复乘舟梦日边。

行路难！行路难！多歧路，今安在？
长风破浪会有时，直挂云帆济沧海。

【注释】1. 樽：古代盛酒的器具。2. 斗十千：形容酒价昂贵。3. 珍馐：珍贵的菜肴。4. 直：通“值”，价值。5. 箸：筷子。6. 闲来垂钓：传说吕尚（姜太公）未遇周文王时，曾一度垂钓于磻溪（今陕西宝鸡东南）。7. 忽复乘舟梦日边：像做梦乘船经过日边。相传伊尹在受商汤聘请前，梦见自己乘船经过日月之旁。吕尚和伊尹都曾辅佐帝王建立不朽功业，作者借此表明对自己的政治前途仍存极大的希望。

【串译】金杯盛清酒一斗可值十千元，玉盘装着珍贵菜肴可值万元。吃不下去只得停下酒杯，放下筷子，抽出宝剑，环顾四周，心中一片茫然。想渡过黄河又被冰封了河道，准备登太行山又积雪满山。闲时学太公在碧溪上钓鱼，忽然又像伊尹梦见乘船经过太阳的旁边。行路难啊，行路难！岔路多啊，如今身在何处？总会有个时候能乘长风破万里浪，高挂着风帆渡过茫茫大海到达彼岸。

【诵读提示】742 年（天宝元年），作者奉诏入京，担任翰林供奉。可是入京后却未被玄宗重用，还受到权臣的谗毁排挤。两年后被变相撵出了长安。李白被逼出京，朋友们都来为他饯行，求仕无望的他深感仕路的艰难，满怀愤慨写下了此篇。

诗中跌宕起伏的感情、跳跃式的思维以及高昂的气势，具有独特的艺术魅力，成为后人称颂的千古名篇。

这首诗一共十四句，八十二个字，在七言歌行中只能算是短篇，但它跳荡纵横，具有长篇的气势格局。其重要的原因之一就在于它百步九折地揭示了作者感情的激荡起伏、复杂变化。一开头,“金樽美酒”“玉盘珍馐”让人感觉似乎是一个欢乐的宴会,但紧接着“停杯投箸”“拔剑四顾”就显示了感情波涛的强烈冲击。中间四句,刚刚慨叹“冰塞川”“雪满山”,又恍然神游千载之上,仿佛看到了吕尚、伊尹由微贱而忽然得到重用。作者心理上的失望与希望、抑郁与追求急遽变化交替。“行路难,行路难,多歧路,今安在?”四句节奏短促、跳跃,完全是急切不安状态下的内心独白,传达出进退失据而又要继续探索追求的复杂心理。结尾二句境界顿开,唱出了高昂乐观的调子,相信自己的理想抱负总有实现的一天。通过这样层层叠叠的感情起伏变化,既充分显示了黑暗污浊的政治现实对作者的宏大理想抱负的阻遏,反映了由此而引起的作者内心的强烈苦闷、愤郁和不平,又突出表现了作者的倔强、自信和对理想的执着追求,展示了作者力图从苦闷中挣脱出来的强大精神力量。

《行路难》内容复杂,情绪多端,诵读起来难度大些。但只要对以上四种转折变化控制得宜,将最后“明朗”“自信”的境界顿开、高昂乐观的人生大志充分展现出来,也可以有所作为。

将进酒

李白

君不见黄河之水天上来,奔流到海不复回。
君不见高堂明镜悲白发,朝如青丝暮成雪。
人生得意须尽欢,莫使金樽空对月。
天生我材必有用,千金散尽还复来。
烹羊宰牛且为乐,会须一饮三百杯。

岑夫子，丹丘生，将(qiāng)进酒，杯莫停。
与君歌一曲，请君为我倾耳听。
钟鼓馔(zhuàn)玉不足贵，但愿长醉不复醒。
古来圣贤皆寂寞，唯有饮者留其名。
陈王昔时宴平乐，斗酒十千恣(zì)欢谑(xuè)。
主人何为言少钱，径须沽取对君酌。
五花马，千金裘，
呼儿将出换美酒，与尔同销万古愁。

【注释】1.将：请。2.樽：古代盛酒的器具。3.会须：应当。4.岑夫子：岑勋。5.丹丘生：元丹丘。岑、丹均为李白朋友。6.陈王：三国时魏国曹植，曾被封为陈王。

【串译】你难道没看见这汹涌奔腾的黄河水，有如从天上倾泻而来？它滚滚东去，奔向大海，永远也不会回还。你难道没看见，在高堂上对着明镜，深沉悲叹那一头白发？早晨还是满头青丝，傍晚却变成了白雪。人生得意之时，理应尽享欢乐，切莫让金杯空对着明月。既然老天造就了我这栋梁之材，就一定会有用武之地，即使散尽了千两黄金也会重新得到。烹羊宰牛姑且尽情享乐，今日相逢，我们真要干他三百杯。岑夫子，丹丘生，请快喝酒，不要停，我为你们唱一首歌，请你们侧耳为我细细听。这钟鼓乐中的美食生活不值得珍惜，但愿永远沉醉不再清醒。自古以来那些圣贤无不感到寂寞，唯有寄情美酒的人才能留下美名。曹植过去曾在平乐观大摆酒宴，即使一斗酒价值十千也在所不惜，恣意畅饮。主人啊，你为何说钱已经不够，快快去买酒来让我们喝个够。牵来五花马，取出千金裘，统统用来换美酒，让我们共同来消融这无穷无尽的万古长愁！

【诵读提示】置酒会友,乃人生快事,又恰值怀才不遇之际,于是乎对酒吟诗,挥洒个淋漓尽致。作者的情感与文思在这一刻如同狂风暴雨势不可当,又如江河入海一泻千里。时光流逝,如江河入海一去无回;人生苦短,看朝暮间青丝白雪;生命的渺小似乎是个无法挽救的悲剧,能够解忧的唯有金樽美酒。这便是李白式的悲哀:悲而能壮,哀而不伤,极愤慨而又极豪放。其表是在感叹人生易老,其里则在感叹怀才不遇。理想的破灭是黑暗的社会造成的,作者无力改变,于是就把冲天的激愤之情化做豪放的行乐之举,发泄不满,排遣忧愁,反抗现实。李白咏酒的诗篇极能表现他的个性,这类诗在长安放还以后思想内容更为深沉,艺术表现更为成熟。全篇大起大落,诗情忽翕忽张,由悲转喜、转狂放、转激愤,再转狂放,最后归结于"万古愁"回应篇首。

诵读时应充分考虑到此诗结构体式上的复杂和多变性。"君不见黄河之水天上来,奔流到海不复回。君不见高堂明镜悲白发,朝如青丝暮成雪"是其一,完全一样的重复。一开句就用"黄河之水天上来"大开,气势、豪情皆呈饱足之势。两个"君不见"之后都可安排一个停顿和气口,语态由开始的朗然转为悲慨。"人生得意须尽欢,莫使金樽空对月。天生我材必有用,千金散尽还复来。烹羊宰牛且为乐,会须一饮三百杯"是其二,语态转喜。六小句当按七律诗处理即可。"岑夫子,丹丘生,将进酒,杯莫停。与君歌一曲,请君为我倾耳听"是其三,可视为中间过渡段,交代清楚就行。接着又是"钟鼓馔玉不足贵,但愿长醉不复醒。古来圣贤皆寂寞,唯有饮者留其名。陈王昔时宴平乐,斗酒十千恣欢谑"六小句的七言,抒发的是作者心里要讲的话,即对于人生、对于喝酒的态度,要表现出狂放和激愤。最后五句"主人何为言少钱,径须沽取对君酌。五花马,千金裘,呼儿将出换美酒,与尔同销万古愁"是作者与酒家掌柜的对话。酒到兴头应该啥都不顾了，良马、裘衣皆可拿出来换酒喝！诗情又再度转为狂放，最后这五句可以如大江奔涌般地一气贯达，至“万古愁”达到气势、音高、音强的顶峰，在最强音顿收，甚至可以将一腔情绪一泻如注地尽情爆呼宣泄，成为“爆点”。这也是诵读诗作的收尾方法之一。但是我们所要训练的所谓“诵读”能力，基本上是介于平述与朗诵之间的一种带有情感的规范性朗读，与舞台上带表演的朗诵还是有区别的。《将进酒》的结尾究竟能够做到什么程度，不宜对诵读者做强行硬性的规定，情绪能够放达一些，强度深度浓度表现得更淋漓酣畅一些也是值得鼓励的。

赠汪伦

李白

李白乘舟将欲行，忽闻岸上踏歌声。
桃花潭水深千尺，不及汪伦送我情。

【注释】1.踏歌：一边唱歌，一边用脚踏地打着拍子。2.桃花潭：在今安徽泾县西南。

【串译】李白坐上小船刚要启程，忽然听到岸上传来告别的歌声。桃花潭水纵然深有千尺，也比不过汪伦送别我的一片真情。

【诵读提示】这是一首著名的送别诗。首先描绘作者乘舟欲行时，汪伦踏歌赶来送行的情景，十分朴素地表达出一位朋友对作者朴实、真诚的情感。后两句信手拈来，先用“深千尺”赞美桃花潭水的深湛，紧接“不及”两个字笔锋一转，用比较的手法把无形的情谊化为有形的千尺潭水,形象地表达了汪伦对自己那份真挚深厚的友情。

诵读这首诗应于质朴平实之中显出情真意切、朴质深厚的情感。咬字应扎实些,行腔切勿华丽。前两句叙事,后两句议论。议论以叙事生,叙事是议论之缘由,两者之间关系转换得要合情合理,水到渠成。

望庐山瀑布

李白

日照香炉生紫烟,遥看瀑布挂前川。
飞流直下三千尺,疑是银河落九天。

【注释】 1.庐山:在江西九江南。2.香炉:香炉峰,在庐山西北,因形似香炉、山上经常笼罩着云烟得名。3.紫烟:山上水汽在阳光照射下形成的紫色烟雾。4.瀑布挂前川:瀑布像是一条巨大的白练高挂在前面的山川。5.九天:古代传说天有九重,九天是天的最高层。

【串译】 庐山雄伟峭拔的香炉峰,在日光照耀下紫气蒸腾,烟雾缭绕,远看瀑布就像一条白链高挂在前边江面上。它那迅疾而下三千尺的气势,叫人怀疑是银河从九天之上泻落下来了。

【诵读提示】 这是一首气势磅礴的山水诗。诗中描写了庐山香炉峰瀑布的壮丽景色,反映出作者对祖国大好河山的热爱。

这首诗夸张而又自然,新奇而又真切,从而振起全篇,使得整个形象变得更为丰富多彩,雄奇瑰丽,既给人留下了深刻的印象，又给人以想象的余地。诵读时，应在高亢型节奏中显示出李白那种“万里一泻，末势犹壮”的艺术风格，但也要有所节制，设若过高、过强，也会或多或少地影响到浪漫、跳脱的气韵。

早发白帝城

李白

朝辞白帝彩云间，千里江陵一日还。
两岸猿声啼不住，轻舟已过万重山。

【注释】1. 白帝城：在今重庆奉节东瞿塘峡口。2. 彩云间：因白帝城在白帝山上，地势高耸，从山下江中仰望仿佛耸入云间。3. 江陵：今湖北江陵。从白帝城到江陵约一千二百里，其间包括七百里三峡。

【串译】清晨告别白云之间的白帝城，千里外的江陵一日就能到达。江两岸的猿在不停地啼叫着，轻快的小舟已驶过万重青山。

【诵读提示】这是一首传诵千古的七言绝句。758 年春，李白因参加永王李璘幕府事被牵连，流放夜郎（今贵州西部），行至白帝城才得赦免。在返回江陵途中写下了这首诗，抒发了自己愉悦的心情。首句写作者回想，点出开船的时间是早晨，地点是白帝城。彩云缭绕与作者遇赦的喜悦之情十分和谐。次句写作者的意愿，形容船行之速，千里江陵只要一天即可到达。作者用夸张的手法，抒发了“归心似箭”的心情。三、四句形象地描绘轻舟快驶的情形，先写猿声，继写轻舟，用一个“已”字把“啼不住”和“过万重山”联结起来，借猿声回响衬托轻舟的快捷。作者急欲东归的心情洋溢于诗的明快节奏之中。全诗写景抒情，写的是轻捷明快之景，抒的是轻快愉悦之情，达到了情景交融的地步。

《望庐山瀑布》《早发白帝城》两首七绝的风格差不多。前诗是气势磅礴的山水诗，描写了庐山香炉峰瀑布的壮丽景色，反映出作者对祖国大好河山的热爱。诵读时应着力点染“挂”“直下”“落”几个被赋予生命力的动词，带动起整首诗的飞扬跃动。后诗写得流丽飘逸，惊世骇俗，又不假雕琢，随心所欲，浑然天成。其实作者是把遇赦回江陵时愉快的心情和江山之壮丽多姿、顺水行舟之流畅轻快融为一体来表达的。这些情境内涵使得诗的美感更为丰富。驾驭这两首诗，情绪和声音都需从中高中强起句，自始至终都应于中高位运行，表现出作者心态的“轻快”“舒盈”“飞达”“畅朗”。

知识链接

李白(701—762)，字太白，号“青莲居士”。祖籍陇西成纪，出生在中亚碎叶城(今吉尔吉斯斯坦境内)商人家庭。5岁时厥人入侵碎叶，举家东迁至绵州昌隆(今四川江油)青莲乡。从小聪颖过人，刻苦读书。一生出三峡，入湖北，游洞庭，登庐山，下扬州，走中原，访东鲁，进山西……遍访名胜古迹，为诗篇创作提供了数不尽的素材。天宝元年，唐玄宗召见并委以翰林供奉，专门在宫廷里写作诗文。后离开朝廷开始漫游和创作，写下了许多脍炙人口、千古传颂的诗篇。晚年因参加永王李璘的幕府蒙冤入狱，流放途中遇赦返回。宝应元年中秋一病不起，在瑟瑟寒风中凄凉地离开人间。

李白诗歌现存九百九十多首，豪迈奔放，别具一格。尽管有的也隐含人生如梦、纵酒狂欢的颓丧情绪，但不满于社会和政治的黑暗，追求心身自由和解放的昂扬向上的精神当是其诗篇的主旋律。李白是中国文学史上最伟大的诗人之一，与杜甫并称“李杜”，对后代的诗歌创作产生了深远的影响。

黄鹤楼

崔颢

昔人已乘黄鹤去，此地空余黄鹤楼。
黄鹤一去不复返，白云千载空悠悠。
晴川历历汉阳树，芳草萋萋鹦鹉洲。
日暮乡关何处是，烟波江上使人愁。

【注释】 1. 黄鹤楼：旧址在今武昌桥头黄鹤矶上，背靠蛇山，俯瞰长江。2. 昔人：传说中的仙人。3. 晴川：指白日照耀下的汉江。4. 鹦鹉洲：位于汉阳东南二里长江中，后渐被江水冲没。东汉末年，黄祖杀祢衡而埋于洲上，祢衡曾作《鹦鹉赋》，后人因此称该洲为鹦鹉洲。

【串译】 过去的仙人已经驾着黄鹤飞走了，这里只留下一座空荡荡的黄鹤楼。黄鹤一去再也没有回来，千百年来只看见悠悠的白云。阳光照耀下的汉阳树木清晰可见，鹦鹉洲上有一片碧绿的芳草覆盖。天色已晚，眺望远方，故乡在哪儿呢？眼前只见一片雾霭笼罩江面，给人带来深深的愁绪。

【诵读提示】黄鹤楼是中国四大名楼之一。历代写黄鹤楼的诗很多,但崔颢的一首七律人称最佳。《唐诗三百首》把这首诗列为七律诗中的第一首。这首诗以丰富的想象力将读者引入远古,又回到现实,种种情思和自然景色交融在一起,写得意境开阔,气魄宏大,风景如画,情真意切,不能不令人叹为观止。前人有"文以气为主"之说,此诗前四句看似随口说出,但一气旋转,顺势而下,绝无半点滞碍。"黄鹤"二字再三出现,是律诗格律上之大忌,但作者好像忘记了是在写七律。试看:首联的五、六字同出"黄鹤",第三句几乎全用仄声,第四句又用"空悠悠"这样的三平调煞尾,亦不顾什么对仗,用的全是古体诗的句法。在这里,作者以诗的立意为要,所以才写出这样七律中罕见的高唱入云的诗句。此诗前半部分用散调变格,后半首就整饬归正,实写楼中所见所感,描写从楼上眺望汉阳城、鹦鹉洲的芳草绿树并由此而引起的乡愁,这是先放后收。倘只放不收,一味不拘常规,那就不是七律,而是七古了。此诗前后似成两截,其实文势是从头一直贯注到底的,中间只不过是换了一口气罢了。这种似断实续的连接,从律诗的起承转合来看也符合章法。正由于此诗艺术上出神入化,取得了极大成功,所以被人们推崇为题黄鹤楼的绝唱。

此诗是标准的七言律诗体,诵读节奏类型为凝重型。前两联应将想象、声音、情感"放"出去,着眼于"历史行进演替"的人事变换,语中或可夹杂些"沧桑"感,语势飘忽伸展一些也无妨。后两联面对眼前的实景,语势要"收"些,"汉阳树""鹦鹉洲"登黄鹤楼眼及之物,虽然也算不得近景,但与前面的"历史"毕竟还有很大的时空间隔,所以用扎实的声势将它们"叼"出来为好。末联以写烟波江上日暮怀归之情作结,诵读时也须注意"思乡情之愁"的贯注。

知识链接

崔颢(704—754),汴州(开封)人。唐玄宗开元十一年进士。才思敏捷,长于写诗,系盛唐诗人。《旧唐书·文苑传》将其与王昌龄、高适、孟浩然并提,但宦海浮沉,终不得志。历史记述不多。

别董大

高适

千里黄云白日曛(xūn),北风吹雁雪纷纷。
莫愁前路无知己,天下谁人不识君。

【注释】1.董大:唐玄宗时的琴客董庭兰,在兄弟中排行第一,故称"董大"。2.曛:昏暗。3.君:指董大。

【串译】千里黄云遮天蔽日天色昏昏,北风吹着归雁大雪纷纷。不必担心前路茫茫没有知己,普天之下有谁不认识你啊?

【诵读提示】这首送别诗的送别对象是著名琴师董庭兰。高适以开朗的胸襟、豪迈的语调把临别赠言表述得激昂慷慨,鼓舞人心。前两句用白描手法写眼前之景:北风呼啸,黄沙千里,遮天蔽日,到处都是灰蒙蒙的一片。大雪纷纷扬扬地飘落,群雁排着整齐的队形向南飞去。作者就是在这荒寒壮阔的环境中送别这位身怀绝技却又无人赏识的音乐家。后两句是对朋友的劝慰:此去你不要担心遇不到知己,天下哪个不知道你董庭兰啊!话说得多么响亮,多么有力,于慰藉中充满信心和力量,激励朋友抖擞精神去奋斗、去拼搏。在唐人赠别诗篇中,那些凄清缠绵、低回流连的作品固然感人至深,但另外一种慷慨悲歌、发自肺腑的诗作却又以它的真诚情谊、坚强信念为灞桥柳色与渭城风雨涂上了另一种豪放健美的色彩。高适的《别董大》便是后一种风格。

诵读时一张口就要从中高中强起句,前两句的白描写景,写的是壮景,语态不可太柔绵。后两句是此诗的重点,要于自信开阔的语境中有力地鼓舞友人出行,语气要坚毅、豪壮,蓬勃昂扬。

知识链接

高适(706—765)沧州人。与岑参并称"高岑"。笔力雄健,气势奔放,洋溢着盛唐时期所特有的奋发进取、蓬勃向上的时代精神。少孤贫,爱交游,有游侠之风,并以建功立业自期。早年曾游历长安,后到过蓟门、卢龙一带,寻求进身之路都没有成功。曾与李白、杜甫结交。

(二)

教学目的与要求:要求学生能够规范熟练地诵读所有内容,并背诵:《逢雪宿芙蓉山主人》《望岳》《春望》《江南逢李龟年》《春夜喜雨》《蜀相》《闻官军收河南河北》《绝句》《登高》《旅夜书怀》《枫桥夜泊》《滁州西涧》《塞下曲·其二》《游子吟》《题都城南庄》《乌衣巷》《竹枝词》《秋词》《浪淘沙》《再游玄都观》《酬乐天扬州初逢席上见赠》。

教学重点与难点:五言诗、七言诗的诵读格式和表达技巧。

题破山寺后禅院

常建

清晨入古寺，初日照高林。
曲径通幽处，禅房花木深。
山光悦鸟性，潭影空人心。
万籁此俱寂，惟闻钟磬音。

【注释】1. 禅房：僧侣的住房。2. 万籁：各种声响。

【串译】清晨漫步走进古寺，初升的太阳照耀着高耸的丛林。一条曲折小路通向幽静的远方，那里是被花木浓荫覆盖着的禅房。山光明净引得鸟儿欢悦地歌唱，深潭倒影更使人觉得心境的空灵。万物一片沉寂，只听到那悠悠钟磬的回声。

【诵读提示】本诗抒写清晨游寺后禅院的观感，笔调古朴，描写省净，兴象深微，意境浑融，艺术上相当完整，是盛唐山水诗中独具一格的名篇。首联“清晨入古寺，初日照高林”，勾勒出清晨时分后禅房四周的环境，为远景。为下文的近景刻画打下了基础。颔联“曲径通幽处，禅房花木深”，点出题中“后禅院”三字，描写通向后禅院曲深的小路和景色的幽静迷人。僧房深藏在花木丛中，香气馥郁。这一联的美不仅体现在写景的准确传神上，而且表现在思想内涵的深邃上。佛教提倡六根清净，无欲无求，苦修苦行，而后禅院却花木繁茂，清香扑鼻，由此含蓄地表现出僧侣们内心对美的热烈向往和执着追求。

诵读时应围绕对古寺后禅房所独有的静趣的描写舒展声

音,柔缓行腔,一“静”到底。

知识链接

常建(708—765),开元十五年与王昌龄同榜进士,仕宦不得意,来往山水名胜,后移家隐居鄂渚。诗以田园、山水为主要题材,风格接近王、孟一派。善于运用凝练简洁的笔触,表达出清寂幽邃的意境。这类诗中往往流露出淡泊襟怀。著有《常建集》。

逢雪宿芙蓉山主人

刘长卿

日暮苍山远,天寒白屋贫。
柴门闻犬吠,风雪夜归人。

【注释】1.芙蓉山:地名。2.苍山:青山。3.白屋:贫家的住所。房顶用白茅覆盖或木材不加油漆叫白屋。4.犬吠:狗叫。

【串译】暮色苍茫,更觉前行山路遥远。天寒地冻,倍觉投宿人家清贫。忽然听得柴门狗叫,应是主人风雪夜归来。

【诵读提示】这首诗叙写作者在一个风雪的冬日远游芙蓉山,夜间投宿到一户贫农家的情景。关于“归”的理解,历来有所不同。一种意见认为“归”是来到,在迷漫风雪中忽然找到投宿处,如“宾至如归”一般。另一种意见是芙蓉山主人风雪夜归。关键是立足点在哪里。前者,是在“白屋”外,在风雪途中;后者,在“白屋”内，或前两句在屋外，后两句在屋内。

诵读时应着意于风雪夜归图的描画，画面有远有近，有静有动，还应注意气氛和情节的调节。基本运用低沉性节奏，“柴门闻犬吠”还应渗入些许紧张型、紧凑型的因素，为下句做铺垫。“犬吠”字应稍强用力，突出“吠”字，去声高起，半降而收。“风雪”要加以渲染，重度、抻长，拉开、荡起。“夜”字应深沉表述，“归人”要趋稳。

知识链接

刘长卿(709—780)，宣城人。玄宗天宝进士。肃宗至德间任监察御史，后贬岭南南巴尉，再后旅居江浙。代宗时历任转运使判官，被诬再贬睦州司马、随州刺史，世称刘随州。诗以五七言近体为主，尤工五言。五律简练浑括，于深密中见清秀。

望岳

杜甫

岱宗夫(fú)如何？齐鲁青未了。
造化钟神秀，阴阳割昏晓。
荡胸生层云，决眦(zì)入归鸟。
会当凌绝顶，一览众山小。

【注释】1. 岱宗：泰山别名，五岳之首。2. 钟：赋予、集中。

3.决:裂开。4.凌:跃上。

【串译】巍峨的泰山,到底如何雄伟?走出齐鲁,依然可见那青青的峰顶。神奇自然汇聚了千种美景,山南山北分隔出清晨和黄昏。层层白云,荡涤胸中沟壑;翩翩归鸟,飞入赏景眼圈。定要登上泰山顶峰,俯瞰群山,豪情满怀。

【诵读提示】诗以"望"入题,赞叹东岳,讴歌造化,以抒雄心壮志。首联写泰山的高峻伟大,先写对它的仰慕,再写它横跨齐鲁两地的壮伟。颈联写近望,描述所见泰山的神奇秀丽和分割日夜的巍峨形象。颔联写遥望,见山中云气层出不穷,心胸为之荡涤。尾联写望岳而生登临峰顶之意愿,表达了作者敢于攀登之雄心,显示出坚韧不拔的性格和远大的政治抱负。

诵读时请注意:全诗没写一个"望"字,但句句写向岳而望。距离自远而近,时间从朝至暮,并由望岳悬想将来的登岳。首句"岱宗夫如何?"写乍一望见泰山时,高兴得不知怎样形容才好的那种揣摩劲和惊叹仰慕之情,传神之至。"夫如何",就是到底怎么样呢?"夫"字在古文中通常是用于句首的虚字,这里把它融入诗句中,是个新创。"夫"字,虽无实在意义,却少它不得,所谓"传神写照,正在阿堵中"。"岱宗夫如何?"要问出去,句式往上走。"齐鲁青未了"的语势往下行,是经过一番揣摩后得出的答案。自问自答,应有问山人的语态。它不是抽象地说泰山高,而是别出心裁地写出自己的体验——在古代齐鲁两大国的国境外还能望见远远横亘在那里的泰山,以距离之远来烘托泰山之高。泰山之南为鲁,泰山之北为齐,所以这一句描写出地理特点,其他山岳不能挪用。"造化钟神秀,阴阳割昏晓"两句,写近望中所见泰山的神奇秀丽和巍峨高大的形象,是上句"青未了"的注脚。"钟"字将大自然写得有了情。山前向日的一面为"阳",山后背日的一面为"阴",由于山高,天色的一昏一晓判割于山的阴阳面，所以说“割昏晓”。“割”本是个普通字，但用在这里，确是“奇险”。由此可见，作者那种“语不惊人死不休”的创作作风在青年时期就已养成。“荡胸生层云，决眦入归鸟”两句是写细望。见山中云气层出不穷，故心胸亦为之荡漾；因长时间目不转睛地望着，故感到眼眶有似决裂。“归鸟”是投林还巢的鸟，可知时已薄暮，作者还在望，蕴藏着作者对祖国河山的热爱。“会当凌绝顶，一览众山小”，这最后两句写由望岳而产生的登岳的意愿。“会当”是唐人口语，意即“一定要”。诵读这两句富有启发性和象征意义的诗句应尽情表现出作者不怕困难、敢于攀登绝顶、俯视一切的雄心和气概。诵读的语势逐渐走高，至此推向高巅，在壮势之中结篇。

春望

杜甫

国破山河在，城春草木深。
感时花溅泪，恨别鸟惊心。
烽火连三月，家书抵万金。
白头搔更短，浑欲不胜簪(zān)。

【注释】1. 春望：春天来了，作者登高远望。因国家破碎，人民流离失所，即使是春天，作者也只能落泪惊心。2. 国破：指唐朝首都长安被安禄山军队占领。3. 城春草木深：人民都逃难去了，长安城里人烟稀少。时逢春天，长安城里草木深密，一片萧条。4. 感时花溅泪，恨别鸟惊心：因感叹国事的艰难，就连看见鲜花都要伤心落泪、怨恨离别,就连看见天上的鸟飞过都要胆战心惊(替亲人担忧)。5. 烽火:古时报警的烟火,此处指战争。6. 三月:言时间很长,非确数。7. 浑:简直。8. 不胜簪:因头发短少,连簪子也插不上。

【串译】长安沦陷,国家破碎,只有山河依旧;春天来了,人烟稀少的长安城里草木茂密。感伤国事,不禁涕泪四溅,鸟鸣惊心,徒增离愁别恨。连绵的战火已经延续了半年多,家书难得,一封抵得上万两黄金。愁绪缠绕,搔头思考,白发稀疏,简直插不上簪了。

【诵读提示】755 年 11 月,安禄山在范阳发动兵变,次年 6 月攻进长安,唐玄宗仓皇出逃西蜀。诗篇集中抒发了作者伤悼国家残破、眷念亲人离散生死不知,"感时"与"恨别"交织的满腔愁情。全诗以"望"字贯穿始终。诗题"春望",就是望春。作者面对大地回春的自然季节而触景生情,企盼国家恢复安定繁荣的局面。作者把家愁同国忧交织起来,深刻地表现了正直知识分子的个人命运与国家民族的命运休戚相关,具有高度的概括性和典型意义,显现出"沉郁顿挫"的精神实质。最后两句堪称神来之笔,寥寥十个字使一位愁绪满怀的白发老人的形象兀立在读者眼前。作者望春并没有得到任何快慰,却为"感时""恨别"所困,终致烦躁不安,频频抓挠头发。尽管作者这时才四十五岁,但因终日愁情熬煎,头发愈来愈少,简直连簪子也插不上了。从章法上看这一联是把前面分别抒写的"感时""恨别"两种感情统一起来,收结全篇。作者选用搔发这一下意识动作,把满腔的愁情变成了可见可感的生动形象,很自然地引导读者进入诗的意境,产生共鸣。

这首诗反映了作者热爱国家、眷念家人的美好情操,意脉贯通而不平直,情景兼具而不游离,感情强烈而不浅露,内容丰富而不芜杂，格律严谨而不板滞，将仄起仄落的五律正格写得铿然作响，气度浑灏。本篇的诵读节奏应呈凝重型，行腔用调沿着深沉、感怀、悲愁的路线行走，照应着整篇基调，一般不能突破应有的框架，这也是诵读的基本要求。不能因字、因词而损害大意。

江南逢李龟年

杜甫

岐王宅里寻常见，崔九堂前几度闻。
正是江南好风景，落花时节又逢君。

【注解】1.李龟年：唐代著名音乐家，曾受唐玄宗赏识，后流落江南。2.岐王：唐玄宗的弟弟李隆范，被封为岐王，以好学爱才著称。3.崔九：崔涤，当时担任殿中监。

【串译】当年在岐王宅里，常常见到你的演出；在崔九堂前，也曾多次听到你的演唱，欣赏到你的艺术。眼下正是江南暮春的落花时节，没想到能在这时巧遇你这位老相识。

【诵读提示】安史之乱后，作者漂泊到江南一带，与同样流落到江南的宫廷歌唱家李龟年重逢。回忆起在岐王和崔九的府第频繁相见和听歌的情景感慨万千。如今在这江南风景美好的时候遇见了，可惜已是落花时节。国家衰败，作者年老且多病，李龟年流落江南，真是流水落花春去也啊。

《江南逢李龟年》是杜甫绝句中最有情韵、最富含蕴的一篇。全诗只二十八字，却包含着丰富的时代生活内容。从岐王宅里、崔九堂前的“闻”歌，到落花江南的重“逢”，“闻”“逢”之间联结着四十年的时代沧桑、人生巨变。全诗的基调是“感伤”,尽管诗中没有一笔正面涉及时世和身世,但诵读者如果透过作者的追忆感喟,让听者从中感受到给唐代社会物质财富和文化繁荣带来浩劫的那场大动乱的阴影,以及它给人们造成的巨大灾难和心灵创伤的话,创作就算成功了。诵读一开始就是恍如回忆的语态,似有“念叨”的意思。

石壕吏

杜甫

暮投石壕村,有吏夜捉人。
老翁逾(yú)墙走,老妇出门看。
吏呼一何怒,妇啼一何苦。
听妇前致词,三男邺城戍。
一男附书至,二男新战死。
存者且偷生,死者长已矣。
室中更无人,唯有乳下孙。
有孙母未去,出入无完裙。
老妪(yù)力虽衰,请从吏夜归。
急应河阳役,犹得备晨炊。
夜久语声绝,如闻泣幽咽(yè)。
天明登前途,独与老翁别。

【注释】1. 石壕村:今河南陕县石壕村。2. 逾墙走:翻墙逃走。3. 邺城:今河南安阳。4. 邺城戍:攻打邺城去了(因当时叛军在邺城)。5. 一男附书至,二男新战死:一个儿子托人捎信来说,另外两个儿子最近阵亡了。6. 出入无完裙:进进出出没有完整的衣服。7. 老妪:老妇。8. 河阳:今河南孟县西,当时郭子仪守河阳。

【串译】傍晚投宿石壕村,官史夜里来捉人。老翁翻墙逃走,老妇出门来应对。官吏喊声那样凶,老妇啼哭那样苦。听到老妇上前说:“我三个儿子都去参加邺城之战。一个儿子捎信说,两个最近刚战死。活着的人暂且偷生,死了的人已永远逝去。家中再也没有人丁了,只有个吃奶的小孙子。因为有小孙子,儿媳妇就没有去服役,进进出出没有一条完好的裙子。我虽然身体衰弱,请允许我跟你走吧。赶紧应付河阳的劳役,还赶得上做早炊。”夜深了,话音已经消失,好像听到有人低声抽咽。天亮后我继续赶路,只能与逃走回来的老翁作别。

【诵读提示】唐肃宗乾元二年春,郭子仪等九节度使各率所部围安庆绪于邺城,由于指挥不统一,为安庆绪所败,六十万大军溃于邺城。朝廷紧急征兵拉夫。这时杜甫正从洛阳回华州,途中亲见而作组诗《新安吏》《石壕吏》《潼关吏》《新婚别》《垂老别》《无家别》,后人简称为“三吏”“三别”。

作者投宿石壕村,正碰上官吏捉人充军。诗歌用素描的手法,清晰地再现了这次亲身见闻。叙而不议是此类诗的特点。作者的感情融汇在平实的叙述之中,耐人寻味。“吏呼一何怒”与“妇啼一何苦”的对比令人惊心,而老妇的陈辞更是催人泪下。就是这样一位老妇,竟然还是被带走了。此诗呜咽悲凉,情致凄绝。诵读时,注意在“悲惨”“无奈”之中体现出“哀惨”和对命运的无力抗争。

茅屋为秋风所破歌

杜甫

八月秋高风怒号，卷我屋上三重茅。茅飞渡江洒江郊，高者挂罥(juàn)长林梢，下者飘转沉塘坳(ào)。南村群童欺我老无力，忍能对面为盗贼，公然抱茅入竹去。唇焦口燥呼不得，归来倚杖自叹息。俄顷风定云墨色，秋天漠漠向昏黑。布衾(qīn)多年冷似铁，娇儿恶卧踏里裂。床头屋漏无干处，雨脚如麻未断绝。自经丧乱少睡眠，长夜沾湿何由彻！安得广厦千万间，大庇天下寒士俱欢颜，风雨不动安如山？呜呼！何时眼前突兀见此屋，吾庐独破受冻死亦足。

【注释】1. 挂罥：悬挂，缠绕。2. 坳：低洼之处。3. 俄顷：一会儿，顷刻之间。4. 忍能：竟能忍心这样干。5. 漠漠：阴沉迷蒙。6. 雨脚如麻：形容漏进屋子里的雨水密集。7. 丧乱：指安史之乱。8. 何由彻：怎样才能熬到天亮呢？9. 大庇：全部遮盖、保护起来。10. 寒士：本指贫寒的读书人，这里泛指贫穷的人们。

【串译】八月秋深，狂风怒号，卷走我屋顶上多层茅草。茅草乱飞，渡过江面，散落在对岸江边。飞得高的悬挂在高高的树梢，飞得低的飘洒沉落到低洼的水塘。南村的一群儿童欺负我年老无力，居然忍心当面抢东西。毫无顾忌地抱着茅草跑进竹林，我喊得唇焦口燥也没用，只好回来，拄着拐杖自己叹息。一会儿风停了，乌云黑得像墨，深秋的天色灰蒙蒙的，渐渐黑下来。

布被盖了多年像铁板似的冷硬,孩子睡相不好把被子蹬破了。屋顶漏雨,床头没有一点干的地方,线条一般的雨点下个没完。自战乱以来睡眠很少,长夜床湿,怎能挨到天亮!怎么才能得到千万间宽敞高大的房子,普遍地庇护天下间贫寒的人们,让他们个个都开颜欢笑,房子不为风雨所动摇,安稳得像山一样?唉!什么时候眼前出现这样高耸的房屋,即使唯独我的茅屋被吹破,自己受冻而死也甘心!

【诵读提示】唐肃宗乾元二年,关中地区闹饥荒,民不聊生。这年秋天作者弃官到现在的甘肃天水,又辗转到四川。在亲友的帮助下,于成都西郊浣花溪畔建起了一座草堂,过上暂时安定的生活。但是这种表面上的安逸掩饰不住贫穷,更不能冲淡他那一贯的忧国忧民情怀。上元二年秋天,一场暴风雨袭击了他的茅屋,再一次把他从浪漫的隐居生活中敲醒,让他面对现实的忧思,于是写下了此诗。

诗以描述开篇,完全是写实的手法。先写秋风的威力,再写自己无可奈何的情状。面对大自然的暴力,作者表现得较为平静,但面对顽童的"趁风打劫",却真动了肝火,如实地写出了自己的失态,是那样率真。与其说他是在和孩子们生气,不如说他是在和自己生气。他恨自己老迈年高,生活无依,一事无成,于国于家都没什么用了。也许还深责自己和小孩子一般计较。总之,焦灼之后转为沉静,渐而苦苦地思索。多年的贫困,多年的流离失所,他甚至买不起一床被子,而就是那床冰冷似铁的被子也让睡觉不老实的孩子蹬破了。满屋漏雨没有干爽的地方,可是秋雨仍然不管不顾地下个不停。这是怎样的生活啊!长夜漫漫,只有自己独自思索。突然,作者从沉思中振作起来,发出了"安得广厦千万间,大庇天下寒士俱欢颜"的呼喊。这时,理想战胜了现实,意志战胜了叹息。虽然他现在缺少"风雨不动安如山”的住所,但如果这样的房屋能够温暖天下寒士,他宁可独守茅屋,受冻而死。这是怎样的一种情怀呢?这是一种饱览民生疾苦、体察人间冷暖的济世情怀。

这是一首歌行体的古诗,诵读时应注意连续的韵脚变换体现了“歌”的特点,单行散句乃至长短句的错落搭配,又体现了“行”的动感。正因为有了现实的触动,有了内心的渴望,诗句才能这样不假修饰,从胸臆中自然涌现。诵读此诗要先叙事,后议论、抒情,既要表现作者贫穷甚至恼羞成怒的窘状,也要表达作者博大宽广的胸怀。声音不必声嘶力竭,也不能过度自我张扬,诚挚地发出肺腑之言即可。

春夜喜雨

杜甫

好雨知时节,当春乃发生。
随风潜入夜,润物细无声。
野径云俱黑,江船火独明。
晓看红湿处,花重(zhòng)锦官城。

【注释】1. 好雨:指春雨,及时雨。2. 乃:就。3. 发生:催发植物生长,萌发生长。4. 潜:暗暗地,静悄悄地。5. 润物:雨水滋养植物。6. 野径:田野间小路。7. 俱:全,都。8. 江船:江面上的渔船。9. 独:独自,只有。10. 晓:早晨。11. 红湿处:指带有雨水红花的地方。12. 花重:花沾上雨水变得沉重。13. 锦官城:今成都。三国蜀汉管理织锦之官驻此,故名。

【串译】好雨是懂得时节的，当春天万物生长时就随即降临。细雨随着春风悄悄地在夜里来到，默默地滋润万物，没有一点声响。雨夜中野外黑茫茫的，只有江船上灯火独自明亮。早晨起来看看带有雨水的红花，锦官城里的繁花沾上雨水开得更艳、更浓。

【诵读提示】此诗是作者于上元二年春天在成都浣花溪畔草堂时所写的，是描绘春夜雨景、表现喜悦心情的名作。盼望“好雨”，喜爱“好雨”，题目中的那个“喜”字在诗里虽然没有露面，但“喜”意都从罅缝里迸透。

诵读此诗语气里要洋溢出这个“喜”字，咬字可轻盈些，力度可柔媚些。如能生发出一种对春的欣喜若狂而又小心翼翼地好像生怕不小心惊吓了春意，怕春意又溜走了似的情怀和语态，就是更高一层的功力了。

戏为六绝句·其二

杜甫

王杨卢骆当时体，轻薄为文哂(shěn)未休。
尔曹身与名俱灭，不废江河万古流。

【注释】1.王杨卢骆：王勃、杨炯、卢照邻、骆宾王，时人称之为“初唐四杰”。2.当时体：意谓四杰诗文的体裁和风格在当时自成一体。3.轻薄：肤浅轻薄者。4.哂：讥笑。5.尔曹：你们。不客气的称呼，犹言“尔等”。6.不废：不影响。

【串译】王杨卢骆开创了一代诗词的风格和体裁，浅薄的评论者对此的讥笑无止无休。待你辈的一切都化为灰土之后,也丝毫不影响他们的诗文万古流传。

【诵读提示】作者主张认真学习前人的优秀文学传统,同时代人也应互相取长补短。他信奉传统的诗教观念,认为《诗经》的风和雅是典范。《戏说六绝句》作于上元二年,前三首评论作家,后三首揭示论诗宗旨。其精神前后贯通,互相联系,是一个不可分割的整体。这六首小诗实质上是诗歌创作实践经验的总结,是诗论的总纲,它关系到唐诗发展的一系列重大理论问题。在这类小诗里发这样的大议论,是前所未有的。作者即事见义,如地涌泉,寓严正笔意于轻松幽默之中,娓娓而谈,庄谐杂出。

与其他杜诗不同,这首小诗是以绝句形式以诗论诗,全是议论表态文字,所以诵读的发音、语气、节奏都应按照议论的口吻表达,理性的色彩应浓烈些。语势不用过于夸张,但须有力量。

蜀相

杜甫

丞相祠堂何处寻,锦官城外柏森森。
映阶碧草自春色,隔叶黄鹂空好(hǎo)音。
三顾频烦天下计,两朝开济老臣心。
出师未捷身先死,长使英雄泪满襟。

【注解】1.蜀相:三国时蜀国丞相诸葛亮。2.锦官城:成都。3.映阶碧草自春色:碧草照映台阶呈现自然的春色。4.自:空。5.隔叶黄鹂空好音:树上的黄鹂隔着枝叶空对着婉转鸣唱。

6. 三顾:指刘备三顾茅庐。7. 频:频频。8. 烦:频繁。9. 两朝:刘备、刘禅父子两朝。10. 开济:指帮助刘备开国和辅佐刘禅继位。

【串译】何处去寻找诸葛亮的祠堂?就在成都城外柏树茂密的地方。碧草照映着台阶,呈现出自然春色,树上黄鹂隔枝空对,婉转鸣唱着。先主曾三顾茅庐拜访丞相定计天下,丞相辅佐两朝君主忠诚满腔。可惜出师伐魏未捷而病亡军中,常常使得历代英雄对此涕泪满裳。

【诵读提示】这是一首咏史诗,诗里既有尊蜀的正统观念,又有才困时艰的感慨。前半部分写祠堂的景色。首联自问自答,写祠堂的所在。颔联写祠堂的荒凉,字里行间寄寓感物思人的情怀。颈联写诸葛亮的雄才大略("天下计")与忠心报国("老臣心")。末联叹惜他壮志未酬身先死的结局,引得无数英雄、事业未竟者的共鸣。

诵读时的基调应是沉郁壮实、悲慨苍劲的,基本节奏动型是凝重的。歌颂武侯的才智和功业及壮志未酬,是因了时下再也没有这样的雄才大略之人了,进而表达悲时的愁虑和感伤。通篇的基调是哀婉感叹,诗意的高点在最后两句:"出师未捷身先死,长使英雄泪满襟。"每每诵读于此,都会感人肺腑,催人泪下。

闻官军收河南河北

杜甫

剑外忽传收蓟(jì)北,初闻涕泪满衣裳(cháng)。
却看妻子愁何在,漫卷诗书喜欲狂。
白日放歌须纵酒,青春作伴好还乡!

即从巴峡穿巫峡，便下襄阳向洛阳。

【注释】1.官军：唐朝军队。2.收：收复。3.剑外：剑门关以北。剑门关——位于剑阁县城北30公里处，享有“剑门天下险”之誉，俗称“天下第一关”。4.蓟北：蓟州以北，今河北北部一带，叛军老巢。5.涕泪：眼泪。6.却看：回过头来看。7.妻子：妻子和儿女。8.愁何在：不再愁。9.漫卷：随便、胡乱卷起。10.青春：绿色的春天。11.作伴：陪伴我。

【串译】剑门关北，忽然传来收复蓟北的消息，初听到，惊喜得涕泪交流，沾湿了衣裳。回头再看妻子和孩子，平日的忧愁已不知跑到何处去了，胡乱地卷起诗书高兴得几乎要发狂。白日里我要放声歌唱，纵情畅饮，美好的春景正好伴着我返回故乡。我们要立即动身，从巴峡乘船穿过巫峡，顺流直下到达襄阳，再一路北上，直奔洛阳。

【诵读提示】安史之乱给国家和人民带来巨大的灾难，宝应元年冬，唐军收复了洛阳、郑州和汴州，叛军首领兵败自杀。当这一天终于来临时，作者竟激动得悲喜交加，喜极而泣。诵读的基本节奏为轻快型。前四句由“忽传”到“初闻”，再到“却看”“漫卷”，几个连续动作把惊喜的心情描绘得淋漓尽致。后四句通过想象，尽力描写“喜欲狂”时的激动心情：不但要高歌痛饮，而且恨不得乘着大好春光马上回到家乡，这从他一口气列出的四个地名就能看出他的心早已沿着这一路线飞走了！

“剑外忽传收蓟北”，语句的起势迅猛高亢，可以恰切地表现出捷报的突然。多年漂泊“剑外”，艰苦备尝。如今“忽传收蓟北”，惊喜的洪流一下子冲开了郁积已久的情感闸门，喷薄而出，涛翻浪涌。“涕泪满衣裳”则以形传神，表现突然传来的捷报在

“初闻”的一刹那所激发的感情波涛，这是喜极而悲、悲喜交集的逼真表现。第二联以转作承，落脚于“喜欲狂”，这是惊喜的情感洪流涌起的更高洪峰。“却看妻子”与“漫卷诗书”，这两个连续性的动作带有一定的因果关系。多年笼罩全家的愁云已不知跑到哪儿去了，亲人们都不再是愁眉苦脸，而是笑逐颜开，喜气洋洋。亲人的喜增加了自己的喜，再也无心伏案了，随手卷起诗书，大家同享胜利的欢乐。“白日放歌须纵酒，青春作伴好还乡”一联，是对“喜欲狂”的进一步抒写。“青春”指春季，春天已经来临，在鸟语花香中与妻子儿女们“作伴”，正好“还乡”。想到这里，又怎能不“喜欲狂”！尾联写“青春作伴好还乡”的狂想鼓翼而飞，身在梓州，而弹指之间，心已回到故乡。惊喜的感情洪流于洪峰迭起之后卷起连天高潮，全诗也至此结束。

诵读时须抓住“快”的特点，将快意和喜悦尽情地宣泄出来。

绝句

杜甫

两个黄鹂(lí)鸣翠柳，一行白鹭上青天。
窗含西岭千秋雪，门泊东吴万里船。

【注释】1. 翠柳：翠绿的柳树。2. 西岭：指岷山，在成都西面。3. 东吴：江苏一带，古代吴国地。

【串译】两只黄鹂在翠绿的柳树间婉转地歌唱，一队整齐的白鹭直冲向蔚蓝的天空。我坐在窗前，可以望见西岭上堆积着终年不化的积雪，门前停泊着来自万里外的东吴的船只。

【诵读提示】这首诗是广德二年春，作者重返成都后在草堂中写的。这段生活比较安定，心情也比较愉快，因此能够用闲适的心情去欣赏草堂附近的景色，写出流传千古的名篇。

全诗四句，两两相对，刚好组成两副对子，写的景色远近交错，形成一个完整的、辽阔的、有声有色的画面。这一四句皆对、一句一景的七言绝句，大量使用了表示颜色的形容词，犹如一幅绚丽生动的彩画，如黄鹂、翠柳、白鹭、青天等，显示出春天景色的明朗秀丽。色调淡雅和谐，图像有动有静，视角由近及远，再由远及近，整个画面给人以既细腻又开阔的感受。

本诗诵读的节奏是轻快型，应重在怀着轻松愉悦的心情在连续推进的画卷里上、下、远、近地“描”春。

登高

杜甫

风急天高猿啸哀，渚(zhǔ)清沙白鸟飞回(huái)。
无边落木萧萧下，不尽长江滚滚来。
万里悲秋常作客，百年多病独登台。
艰难苦恨繁霜鬓，潦倒新停浊酒杯。

【注释】1.啸哀：指猿的叫声凄厉。2.渚：水中的小块陆地。3.鸟飞回：鸟在急风中飞舞盘旋。“回”字因韵脚押韵(怀来辙)的需要，可读作 huái。4.落木：指秋天飘落的树叶。5.万里：指远离故乡。6.常作客：长期漂泊他乡。7.百年：一生。8.艰难：兼指国运和自身命运。9.繁霜鬓：形容白发多，如鬓边着霜雪。

繁，这里作动词，增多。10.潦倒：衰颓，失意。这里指衰老多病，志不得伸。11.新停：刚刚停止。

【串译】风急天高猿猴啼叫得十分悲哀，水清沙白的河洲上鸟儿在盘旋。无边无际的树木萧萧地飘下落叶，望不到头的长江水滚滚奔腾而来。悲对秋景感慨漂泊常年为客，一生疾病缠身今日独上高台。历尽艰难苦恨白发长满了双鬓，穷困潦倒偏又暂停了浇愁的酒杯。

【诵读提示】本诗通过登高所见秋江景色，倾诉了作者长年漂泊、老病孤愁的复杂感情，被人推重为“杜集七言律诗第一”和“古今七言律诗之冠”。

这首诗的首联和颔联写景，颈联和尾联写自己的身世及抒怀。写景是为了抒怀，抒怀是由写景入题和铺垫的。有一点必须强调：作者写自己漂泊流荡、艰难潦倒的身世，并非一逞私己之快，而是与国家、人民的命运息息相关的。作者心怀家国、兼济苍生，其诗也往往闪烁着高度的现实主义的辉芒。诵读杜诗必须深入体会这种胸襟和人格，并与之达成思想上、品格上、心境上的共鸣。

登岳阳楼

杜甫

昔闻洞庭水，今上岳阳楼。
吴楚东南坼(chè)，乾坤日夜浮。
亲朋无一字，老病有孤舟。
戎马关山北，凭轩涕泗流。

【注释】1.坼:裂开。2.乾坤日夜浮:日月星辰和大地昼夜都飘浮在洞庭湖上。3.字:指书信。4.老病:时年五十七岁,身患肺病,右耳已聋。5.有孤舟:唯有孤舟一叶飘零无定。6.戎马:指战事。这年秋冬吐蕃又侵扰陇右、关中一带。7.关山:泛指关隘山川。8.轩:楼殿前檐下有栏杆的平台。凭轩,倚着楼窗。9.涕泗流:眼泪止不住地流淌。涕泗,眼泪和鼻涕。

【串译】很早就听说过洞庭湖,今日登上岳阳楼。大湖浩瀚像把吴楚东南隔开,日月星辰昼夜都漂浮在洞庭湖上。漂泊江湖,没有收到亲朋故旧的一封书信,年老多病,只有孤零零的一只船伴随自己。北方边关战事又起,凭窗遥望,胸怀家国,涕泪交流。

【诵读提示】本诗为大历三年,作者携家眷自夔州出峡后暮冬流寓岳州时所作。首联即揭示登楼的题旨,写自己夙愿终偿的欣喜之情。颔联极度夸张地写出登楼所见,从壮阔无比的景物中可以窥见作者绝不因身世的漂泊就意气消沉,这正是"诗圣"的可敬佩之处。颈联:杜甫年五十有七,耳聋肩麻,多病缠身,阖家又在水漂泊,故曰"老病有孤舟"。尾联:戎马关山北,是年吐蕃入侵。

古今之人大凡登岳阳楼都必抒怀抱。这首诗的颈联和尾联就是登楼抒怀,壮志未酬身已老,对人生世事的感慨在登楼后尽情表达。诵读此诗的后半部分,语气里应满带遗憾、悲凉、凄婉之意。杜甫是伟大的现实主义作家,诵读杜诗不能不注意到这一点。"无一字""有孤舟""涕泗流"九个字将无奈之老境表现得十分充分,朗诵时不仅要表现出杜甫孤寂凄凉的身世,同时也应反映出他对亲人的怀念和对国事深深的忧思。如此,才能表现杜诗成就之高。

旅夜书怀

杜甫

细草微风岸，危樯独夜舟。

星垂平野阔，月涌大江流。

名岂文章著，官因老病休。

飘飘何所似？天地一沙鸥。

【注释】1.危樯：高高的桅杆。2.独夜舟：孤零零的一只船在江上过夜。3.平野阔：原野显得格外广阔。4.著：著名。5.飘飘：随处漂泊，无依无靠。6.沙鸥：水鸟名。

【串译】微风吹拂着江岸的细草，立着桅杆的小船在夜里孤独地停泊着。星星垂在天边，平野显得宽阔，月光随波涌动，大江滚滚东流。我难道是因为文章而著名吗？年老病多也应该休官了。自己到处漂泊像个什么呢？就像天地间的一只孤零零的沙鸥。

【诵读提示】“细草微风岸，危樯独夜舟”。微风习习，江岸细草如丝，一只竖有高桅的小船，孤零零地行驶在江上。首联点明地点、时间和环境，烘托出一种凄凉孤寂的氛围，这也是孤独感伤之情的外化。“星垂平野阔，月涌大江流”。星星垂挂在远天，显出平野的辽阔；月光涌动在水面，大江在汹涌奔流。与上一联的近景相比，这一联写的是远景，上句写岸上，下句写江中，构成阔大雄伟的境界，有一种宇宙苍茫无穷之感。置身其间的细草、孤舟，该是何等渺小，由此可见孤独凄怆之情。“名岂文章著，官因老病休”。此联表面上是自我解嘲，实质上是抒发愤慨。

此时作者确实是既老且病，但他的休官却主要不是因为这些，而是由于不被任用。“飘飘何所似？天地一沙鸥”。作者自叹身世飘零，无论是身后之名还是生前之功业，似乎都游离于他。当这种悲愤交集的情感外化投射在一只飘零于茫茫天地之间的沙鸥时，晚年飘零、孤独、寂寥的形象便由此铸就了。

纵观全诗，始终有景又始终满含复杂的情感。景的序列随着感情的逐步展开而自然地呈现，并且最终借助景将感情的抒发推向高潮。大致说来，诗的前半重点写“旅夜”之景，后半主要是“书怀”。不过，前半写景状物已经融注了主观意念，后半抒怀感慨也有自然景物的烘托。全诗意境雄浑。将“细草”“孤舟”“沙鸥”这些景象放置于无垠的星空平野之间，使景物之间的这种对比，烘托出一个独立于天地之间的飘零形象，衬托出深沉凝重的孤独感。

诵读此诗，首颔联应创造出一种旅途月夜景色的意境；颈尾联应描述当前的身境，进而抒发漂泊生活孤独凄凉的苦闷心情。

知识链接

杜甫(712—770)，字子美，生于巩县，因曾居长安城南少陵，故自称“少陵野老”，世称“杜少陵”。35岁前读书与游历。天宝年间到长安，困顿了十年才获得小职。安史之乱始，流亡颠沛为叛军所俘；脱险后授官左拾遗。乾元二年弃官西行，最后定居成都。一度在剑南节度使严武幕中任检校工部员外郎，故又有“杜工部”之称。晚年举家东迁，途中留滞夔州二年，又漂泊鄂、湘一带，贫病而卒。作者生活在唐朝由盛转衰的历史时期，其诗多涉及社会动荡、政治黑暗、人民疾苦，被誉为“诗史”。其人忧国忧民，人格高尚，诗艺精湛，被奉为“诗圣”。

杜甫是中国文学史上伟大的现实主义诗人，其诗深刻地反映了唐朝由兴盛走向衰亡时期的社会面貌，具有丰富的社会内容、鲜明的时代色彩和强烈的政治倾向。其诗激荡着热爱祖国、热爱人民的炽烈情感和不惜自我牺牲的崇高精神。作者善于运用古典诗歌的许多体制并加以发展，是新乐府诗体的开路人。五七古长篇，亦诗亦史，展开铺叙，又着力于全篇的回旋往复，标志着我国诗歌艺术的高度成就。作者在五七律上也表现出显著的创造性，积累了关于声律、对仗、炼字炼句等完整的艺术经验，使这一体裁达到完全成熟的阶段。作者诗风多变，但总体来看可以概括为沉郁顿挫，沉郁是指文章的深沉蕴蓄，顿挫则是指感情的抑扬曲折，语气、音节的跌宕摇曳。有《杜工部集》传世。

白雪歌送武判官归京

岑参

北风卷地白草折，胡天八月即飞雪。
忽如一夜春风来，千树万树梨花开。
散入珠帘湿罗幕，狐裘不暖锦衾(qīn)薄。
将军角弓不得控，都护铁衣冷难着(zhuó)。
瀚海阑干百丈冰，愁云惨淡万里凝。
中军置酒饮(yìn)归客，胡琴琵琶与羌笛。
纷纷暮雪下辕门，风掣(chè)红旗冻不翻。
轮台东门送君去，去时雪满天山路。

山回路转不见君,雪上空留马行处。

【注释】1.武判官:唐代节度使委任的协助判处公事的幕僚,是节度使、观察使一类的僚属。2.白草:西北一种牧草,晒干后变白。3.胡天:塞北的天空。4.梨花:春天开放,花作白色。5.珠帘:以珠子穿缀成的挂帘。6.罗幕:用丝织品做的幕帐。7.狐裘:狐皮袍子。8.锦衾:锦缎做的被子。9.角弓:用兽角装饰的硬弓。10.不得控:天太冷而冻得拉不开弓。控,拉开。11.都护:镇守边镇的长官,此为泛指,与上文的"将军"是互文。12.铁衣:铠甲。13.瀚海:沙漠。14.阑干:纵横交错的样子。15.惨淡:昏暗无光。16.中军:古时分兵为中、左、右三军,中军为主帅的营帐。17.饮归客:宴饮回去的人,指武判官。饮,动词,宴饮。18.掣:拉,扯。19.冻不翻:旗被风往一个方向吹,给人以冻住之感。20.满:铺满。形容词活用为动词。

【串译】北风席卷大地,白草都被刮断了,塞北的天空八月就飞起大雪。忽然好像一夜春风吹来,千树万树的梨花斗艳盛开了。雪花飘散进入珠帘,沾湿了罗幕,穿上狐裘都感觉不到温暖,织锦做的被子也觉得单薄。连将军和都护都拉不开弓,都觉得铁衣太寒冷,难以穿上。在大沙漠上纵横交错着百丈厚的坚冰,愁云暗淡无光,在万里长空凝聚着。军中主帅在营帐里摆设酒宴,给回去的客人饯行,胡琴琵琶与羌笛奏出热烈欢快的乐曲。傍晚,纷纷大雪飘落在辕门外,红旗被冰雪冻硬,强劲的北风也无法让它飘动。在轮台东门外送您离去,离去的时候大雪铺满了天山的道路。山岭迂回,道路折转,看不见您的身影,雪地上只留下一行马匹走过的蹄印。

【诵读提示】此诗是一首咏雪送人之作。天宝十三载,岑参再度出塞，充任安西节度使的判官。诗中写的是军幕中的和平生活。一开始写塞外八月飞雪的奇景，出人意表地用千树万树梨花作比喻，给人蓬勃浓郁的无边春意的感觉。以下写军营的奇寒，写冰天雪地的背景，写饯别宴会上的急管繁弦，处处都在刻画异乡的浪漫气氛，也显示出客中送别的复杂心情。最后写归骑在雪满天山的路上渐行渐远地留下蹄印，更交织着惜别和思乡的心情。

此诗把依依送别的诗写得如此奇丽豪放，诵读时就应体现岑参于艰苦边塞环境中的浪漫乐观的本色。远景应表达得舒展，近景应表达得细腻，语气遒劲苍凉，沉得住，撒得开，声音的高低强弱、浓淡明暗得体自如。

知识链接

岑参（715—770），江陵人。30岁举进士，授兵曹参军。前后两次在边塞生活六年，罢官后客死成都。其诗题材除一般感叹身世、赠答朋友外，出塞以前还曾写了不少山水诗。自出塞后，在鞍马风尘的战斗生活里，诗境空前开阔，雄奇瑰丽的浪漫色彩成为他边塞诗的主要风格。岑参的诗歌以慷慨报国的英雄气概和不畏艰苦的乐观精神为其基本特征，与高适一致。所不同的是他更多地描写边塞生活的丰富多彩，而缺乏高适诗中那种对士卒的同情。这主要是因为他的出身和早年经历和高适不同。他最擅长七言歌行，有时两句一转，有时三句、四句一转，不断奔腾跳跃，处处形象丰满。

枫桥夜泊

张继

月落乌啼霜满天，江枫渔火对愁眠。
姑苏城外寒山寺，夜半钟声到客船。

【注释】1. 枫桥：在今苏州阊门外。2. 江枫：水边枫树。3. 渔火：渔船上的灯火。4. 愁眠：因愁而未能入睡。5. 姑苏：苏州别称，因城西南有姑苏山而得名。6. 寒山寺：始建于南朝梁代。相传因唐僧人寒山、拾得住此得名。

【串译】月落时伴着几声乌鸦的啼叫，天空好像笼着一层薄薄的秋霜，水边枫树伴着渔火点点，只剩下我独自对愁而眠。姑苏城外那寒山古寺，半夜里悠扬的钟声传到了我乘坐的客船。

【诵读提示】一个秋天的夜晚，诗人泊舟于苏州城外的枫桥。江南水乡秋夜幽美的景色，吸引着这位深怀旅愁的客子，使他领略到一种情味隽永的诗意美。这首诗的前两句意象密集：落月、啼乌、满天霜、江枫、渔火、不眠人，造成一种意韵浓郁的审美情境。后两句意象疏宕：城、寺、船、钟声，是一种空灵旷远的意境。此诗最具神韵的是后两句，寒山寺的夜半钟声不但衬托出夜的宁静，更在重重地撞击着那颗孤寂的心灵，让人感到时空的永恒和寂寞，产生出有关人生和历史的无边遐想。这种动静结合的意境创造，最为典型地传达了中国诗歌艺术的韵味。

诵读的节奏为低沉型，应以一“愁”字统起，在“愁”中融进“静”“空”“远”“谧”“深”等概念，注意意境和氛围的培养和创造，句式、声音、节奏均须合于基调的安排，尤其是结句“夜半钟声到客船”的“到客船”三字，要分别拉长、拖住，继续伸展下去，是为了更好地表现钟声由远及近传送过来的声脉上的延续，因为钟声并非只是专为传到“客船”的，传到“客船”后，并未歇止，还在继续向远方伸展着，越来越远，越来越小，直至消失在人的听觉里。这种伸展式的弱控制是一种高难度技巧，可以将诗的意境、美感、味道及诗外之韵推向极致。

知识链接

张继（约756年前后在世），襄州人。天宝十二年进士。宝应元年政府军收复长安、洛阳，从此弃笔从戎。大历末年上任盐铁判官仅一年多即病逝于任上。有诗集《张祠部诗集》流传后世。

滁州西涧

韦应物

独怜幽草涧边生，上有黄鹂深树鸣。
春潮带雨晚来急，野渡无人舟自横。

【注解】1. 滁州：今安徽滁州市。2. 西涧：在滁县城西，俗称上马河。3. 幽草：幽谷里的小草。

【串译】我唯爱生长在涧边的幽草，涧上有黄鹂在深林中啼叫。春潮伴着夜雨急急地涌来，渡口无人，船只随着波浪横漂。

【诵读提示】此诗首二句写春景,表明诗人爱幽草而轻黄鹂,以喻乐守节而嫉高媚;后二句写带雨春潮之急和水急舟横的景象,蕴含一种不在其位不得其用的无可奈何之忧伤。幽草安贫守节,黄鹂居高媚时,其喻仕宦世态,寓意显然,清楚显豁地表露出恬淡的胸襟。中唐前期,诗人洁身自好,关心民生疾苦,为政治弊败而忧虑,为百姓生活贫困而内疚,有志改革而无力,思欲归隐而不能,进退两为难,只好不进不退,任其自然。其实,此诗正是抒发这样的矛盾无奈的处境和心情。思欲归隐,故独怜幽草;无所作为,恰同水急舟横。

诵读的节奏为舒缓型,用气应适中,咬字力度不能过强,音调也不能过高,于"幽幽"之中表现出"悠悠"之态。

知识链接

韦应物(737—约789),长安人。15岁起为玄宗近侍。安史之乱玄宗奔蜀,流落失职,始立志读书。代宗时先后为洛阳丞、滁州、江州、苏州刺史。山水田园诗派诗人,后人每以"王孟韦柳"并称。其山水诗景致优美,感受深细,清新自然而饶有生意。韦诗各体俱长,以五古成就最高,以学陶渊明为主,在山水写景方面受谢灵运、谢朓影响较深。

塞下曲·其二

卢纶

林暗草惊风,将军夜引弓。

平明寻白羽,没(mò)在石棱中。

【注释】草惊风:风吹草丛,以为有猛兽潜伏。

【串译】林深草密,忽然刮来一阵疾风,疑是猛虎,将军于夜色中搭箭引弓。天明寻找那白羽装饰的箭杆,发现整个箭头深嵌入一块大石缝中了。

【诵读提示】《塞下曲》为汉乐府旧题,属《横吹曲辞》,内容多写边塞征战。卢纶虽为中唐诗人,其边塞诗却依旧有盛唐气象,雄壮豪放,字里行间充溢着英雄气概。《塞下曲》共六首,分别写发号施令、射猎破敌、奏凯庆功等军营生活。此为组诗的第二首,取材自《史记·李将军列传》。据载,汉代名将李广猿臂善射,在任右北平太守时有这样一次富于戏剧性的经历:“广出猎,见草中石,以为虎而射之。中石没镞,视之石也。因复更射之,终不能复入石矣。”“林暗草惊风”,着一“惊”字,不仅令人自然联想到林中有虎,渲染出一片紧张异常的气氛,而且也暗示将军是何等警惕,为下文“引弓”作了铺垫。次句写射,但不言“射”而言“引弓”,这不仅是因为诗要押韵的缘故,而且因为“引”是“发”的准备动作,这样写能启示读者从中想象、体味将军临险是何等镇定自若、从容不迫。后两句写“没石饮羽”的奇迹,把时间推迟到翌日清晨,将军搜寻猎物,发现中箭者并非猛虎而是蹲石,令人读之始而惊异,既而嗟叹,原来箭杆尾部装置着白色羽毛的箭,竟入石三分。这样写不仅更为曲折,而且富于戏剧性。“石棱”为石的突起部分,箭头要钻入殊不可想象。神话般的夸张为诗歌形象涂上一层浪漫色彩,读来特别尽情、够味。

诵读时要制造出一种紧张气氛,在林深草密人与虎的较量中,虎是强者,加之风吹草惊,其境况该是多么令人惊悸。一、二句语速不见得快,关键是内心要“悬吊”,语态要“陡紧”。第三句可带过,第四句咬字力度加大,语感添硬,与铁镞入石相应,以表现将军的刚强与无畏。

塞下曲·其三

卢纶

月黑雁飞高，单于夜遁逃。
欲将(jiàng)轻骑(jì)逐，大雪满弓刀。

【注释】1. 单于：敌军首领。2. 遁逃：逃跑。3. 将：带领。4. 轻骑：轻装快速的骑兵。5. 逐：追击。

【串译】夜静月黑雁群飞得很高，单于趁黑夜悄悄地逃窜。将军正要带领轻骑兵去追赶，大雪纷飞落满了身上的弓和刀。

【诵读提示】这是《塞下曲》组诗的第三首。一、二句写敌军的溃退。“月黑”，无光也。“雁飞高”，无声也。“夜遁逃”，敌人已经全线崩溃了。尽管有夜色掩护，敌人的行动还是被我军察觉了。三、四句写我军准备追击的情形，表现了将士们威武的气概。诗人很善于捕捉形象、捕捉时机，不仅能抓住具有典型意义的形象，而且能把它放到最富有艺术效果的时刻加以表现。“欲将轻骑逐，大雪满弓刀”，这并不是战斗的高潮，而是迫近高潮的时刻。这个时刻犹如箭在弦上，将发未发，更能引起读者的联想和想象。

诵读时应通过诗中典型的情节表现特定环境下将士们的勇武和英气，语气硬朗刚直，尤其是后两句，“大雪满弓刀”，是张开的结尾，应赋予更多没有言说的内容，语势往上掀起、延伸，给人以神往和想象。

知识链接

卢纶(748—800)，代宗大历初曾数度应举都未及第。贞元时在河中节度使军幕中任元帅府判官。军营生活使其军旅边塞的诗作风格雄浑，情调慷慨。

游子吟

孟郊

慈母手中线，游子身上衣。
临行密密缝，意恐迟迟归。
谁言寸草心，报得三春晖。

【注释】1.游子：出门远游的人。2.意恐：担心。3.寸草：比喻非常微小。4.三春：春季的三个月。旧称农历正月为孟春，二月为仲春，三月为季春。5.晖：阳光。

【串译】慈祥的母亲手里把着针线，为将要远游的孩子赶制新衣。临行前她忙着缝得严严实实，是担心孩子此去难得回归。谁能说孩子小草般的那点孝心，可以报答春晖般慈母的恩惠？

【诵读提示】诗的开头两句，所写的物是线与衣，然而却点出了母子相依为命的骨肉之情。中间两句集中写慈母的动作和意态，表现了母亲对儿子的深笃之情。最后两句是前四句的升华，以通俗形象的比喻，寄托赤子炽烈的情怀，对于春日般的母爱，小草似的儿女，怎能报答于万一呢？全诗无华丽的辞藻，亦无巧琢雕饰，于清新流畅、淳朴素淡的语言中，饱含着浓郁醇美的诗味,情真意切。深挚的母爱,无时无刻不在沐浴着儿女们。这是一首母爱的赞歌。

在宦途失意的境况下,作者饱尝世态炎凉,穷愁终身,故愈觉亲情之可贵。此诗清新流畅,于淳朴素淡中见其浓郁醇美。“母性”“母子情”“母爱”是此诗的诗魂。诵读的语调不可激越高达,应于娓娓讲述之中温婉地道出母爱的至情。

登科后

孟郊

昔日龌龊不足夸,今朝放荡思无涯。
春风得意马蹄疾,一日看尽长安花。

【注释】1. 龌龊:指处境不如意和思想上的拘谨局促。2. 放荡:自由自在,无所拘束。

【串译】以往生活的困顿与内心的局促再不值一提了,今朝金榜题名,心里真有说不尽的畅快。春花烂漫的长安道上,马蹄格外轻疾,一日之间已把长安城的繁花看遍。

【诵读提示】这首诗因为给后人留下了“春风得意”与“走马看花”两个成语而为人们熟知。作者46岁那年进士及第,自以为从此可以别开生面、风云际会、龙腾虎跃一番了,满心按捺不住得意欣喜之情,便化成了这首别具一格的小诗。诗一开头就直抒自己的心情。曾两次落第,这次竟然高中鹄的,颇出意料,就仿佛是从苦海中一下子被超度出来,登上了欢乐的峰顶。他四蹄生风了,“春风得意马蹄疾,一日看尽长安花”,活灵活现地描绘出作者神采飞扬的得意之态，酣畅淋漓地抒发了他心花怒放的得意之情。这两句神妙之处在于情与景会，意到笔到，将策马奔驰于春花烂漫的长安道上的得意情景描绘得生动鲜明。同时，诗句还具有象征意味："春风"，既是自然界的春风，也是皇恩的象征；"得意"，既指心情上称心如意，也指进士及第之事。诗句的思想艺术容量较大，明朗畅达而又别有情韵。

诵读"春风得意马蹄疾，一日看尽长安花"时，应有一种无限得意的骄态流露，甚至可以表现得"放纵"一些也不为过。

知识链接

孟郊(751—814)，字东野。早年屡次科举不得中，46岁进士及第，50岁时得溧阳县尉卑微之职。元和九年得暴疾而死。一生窘困潦倒，自然不把小小芝麻官放在心上，放情于山水吟咏，公务则有所废弛，县令就只给他半俸。

题都城南庄

崔护

去年今日此门中，人面桃花相映红。
人面不知何处去，桃花依旧笑春风。

【注释】1.都：国都长安。2.人面：一个姑娘的脸。第三句中"人面"指代姑娘。3.笑：形容桃花盛开的样子。

【串译】去年的今天，就在这扇门中，那美丽的面庞和盛开的桃花互相映衬,分外艳丽绯红。今年的今天,那含羞的面庞不知去了哪里,只有桃花依旧,笑盈盈地盛开在这和煦的春风中。

【诵读提示】诗的开头两句是追忆。第一句"去年今日此门中",点出时间和地点,写得非常具体,足见这个时间和地点在作者心中留下了多么深刻难忘的记忆。第二句是写人。春风中的桃花是何等艳丽,而"人面"竟能"映"得桃花分外红艳,则"人面"之美可以想见;再者,本来已经很美的"人面",在红艳艳的桃花映照之下显得更加青春美貌、风韵袭人。一个耀眼的"红"字,强烈地渲染出这种相映生色的景象和气氛。三、四两句写今年今日。去年今天,有同有异,有续有断。同者、续者,桃花依旧;异者、断者,人面不见。这就产生了愈见其同,愈感其异,愈觉其续,愈伤其断之情。正是这种相互交织、相互影响的心情,越发加剧了眼前的惆怅与寂寞。

诵读时对人物复杂、变异的心思、心态、心境的转换和把握当是关键。时可"愁",时可"无奈",亦可"惋惜",但却不必悲哀和凄凉。分寸感的拿捏有时可成为诗文诵读时的生命。

知识链接

崔护,博陵人。贞元十二年登第,终岭南节度使。诗风精练婉丽,语极清新。诗六首,皆是佳作,尤以《题都城南庄》流传最广,脍炙人口。

左迁至蓝关示侄孙湘

韩愈

一封朝(zhāo)奏九重天，夕贬潮州路八千。
欲为圣明除弊事，肯将衰朽惜残年！
云横秦岭家何在？雪拥蓝关马不前。
知汝远来应有意，好收吾骨瘴(zhàng)江边。

【注释】1. 左迁：降职。2. 蓝关：在蓝田县南。3. 湘：韩愈之侄，任大理丞。4. 一封：指一封奏章，即《论佛骨表》。5. 九重天：古称天有九层，第九层最高，此指朝廷、皇帝。6. 八千：潮州州治潮阳距长安八千里。7. 瘴江：指岭南瘴气弥漫的江流。

【串译】一篇《论佛骨表》早晨上奏给皇帝，晚上就被贬官到八千里外的潮州。本来想为皇帝清除危害社会的事情，就不会顾惜我衰朽的残年余日。云彩横出于秦岭，我的家在哪里？雪漫蓝田关，连我骑的马都不往前走。知道你远道赶来送我的深厚情意，准备好到瘴江边收拾我的骸骨吧。

【诵读提示】元和十四年，法门寺护国真身塔内藏有释迦文佛指骨一节，宪宗派宦官迎入宫廷供奉，韩愈上《论佛骨表》谏阻，因此由刑部侍郎贬为潮州刺史。《论佛骨表》是一篇正气凛然的名文。此诗和此文珠联璧合，相得益彰，具有深刻的社会意义。诗的前两联写"左迁"，一气贯注，浑灏流转。"贬"的原因是"奏"，"奏"的本意是为国"除弊"，可见"贬"非其罪。然而"朝奏"而"夕贬"，处罚何其迅急。一贬就贬到"八千"里以外，处罚又何其严厉。第三句理直气壮地声言“欲为圣明除弊事”,表明并未因受严贬而有丝毫怨心,其刚正不屈的风骨宛然如见。颈联上下句各含两个子句,前面的子句写眼前景,后面的子句即景抒情。“云横秦岭”,遮天蔽日,回顾长安,不知“家何在”?“雪拥蓝关”,前路险艰,严令限期赶到贬所,怎奈“马不前”。这一联景阔情悲,蕴涵深广,遂成千古名句。原是抱着必死的决心上表言事的,如今自料此去必死,故对韩湘安排后事,以“好收吾骨”作结。在章法上又照应第二联,故语虽悲酸却悲中有壮,表现了“为除弊事”而“不惜残年”的坚强意志。

诵读此诗应表现出诗的沉郁顿挫,苍凉悲壮、大气盘旋的气度,大丈夫即便是被贬至八千里之外,也要留气节在胸。“悲中有壮”应是诵读此诗的要旨。

知识链接

韩愈(768—824),字退之。河南河阳人,郡望昌黎,世称“韩昌黎”。谥号“文”,又称“韩文公”。在文学成就上同柳宗元齐名,称为“韩柳”,是唐代古文运动的倡导者,世盛称其“文起八代之衰”、“唐宋八大家之首”。

唐宋八大家是指唐宋两代八位散文大家的并称,即韩愈、柳宗元、欧阳修、苏洵、苏轼、苏辙、王安石、曾巩。此八人在古文运动中贡献最大。

乌衣巷

刘禹锡

朱雀桥边野草花，乌衣巷口夕阳斜。
旧时王谢堂前燕，飞入寻常百姓家。

【注释】1. 乌衣巷：在今南京文德桥南岸，是三国东吴时的禁军驻地。由于当时禁军身着黑色军服，故称乌衣巷。东晋时王导、谢安两大家族都居住在此。入唐后沦为废墟。2. 朱雀桥：今江苏江宁，横跨淮河。

【串译】朱雀桥边长满了野草花，乌衣巷口正是夕阳西斜。晋代时王导、谢安两家的堂前紫燕，而今已飞入寻常百姓之家。

【诵读提示】这是一首怀古诗，是《金陵五题》的第二首。凭吊东晋时南京秦淮河上朱雀桥和南岸乌衣巷的繁华鼎盛，而今野草丛生，荒凉残照。感慨沧海桑田，人生多变。诗以燕栖旧巢唤起人们想象，含而不露；以“野草花”“夕阳斜”涂抹背景，美而不俗。语虽极浅，味却无限，有一种蕴藉含蓄之美，使人读起来余味无穷。作者不仅是个大诗人，还是一个大画家。笔触所到之处，不是平铺直叙的直白议论，而是一幅幅生动的图画。虽然史传上并无画作的记载，但此诗分明就是一幅用诗的语言精心营造的沧桑历史的变迁图。

诵读时应于这幅图景中，捕捉作者对历史变迁不可抗拒的深切感叹和对唐代中叶日趋衰微现实的深深忧虑。“史”感的大面积深切贯注，才能充分表现出对历史的追怀与思索。

竹枝词

刘禹锡

杨柳青青江水平，闻郎江上唱歌声。
东边日出西边雨，道是无晴却有晴。

【串译】江边青青的杨柳，水面十分平静，忽然听到江岸上情郎唱歌的声音。东边出着太阳，西边还下着雨，说是没有晴天吧，却还有晴的地方。

【诵读提示】这是一首用民歌体写的恋歌。借眼前景，用谐音双关语含蓄地表现了少女微妙的感情。第一句写景，是她眼前所见。江边杨柳，垂拂青条；江中流水，平如镜面。第二句写她耳中所闻。在这样动人情思的环境中，她忽然听到了江边传来的歌声。多么熟悉啊！一飘到耳里，就知道是谁唱的了。第三、四句接写她听到这熟悉的歌声之后的心理活动。这首《竹枝词》充分反映了当时巴蜀地区的风俗民情和特有的自然风景，为读者勾勒了一幅巴蜀风俗民情图。

诵读应于中高处起调，一张口就要透发出一股清新之气。清新、轻盈当是诵读表达的基调和主色彩，“晴”与“情”的谐声也应当用语气刻意表现。

秋词

刘禹锡

自古逢秋悲寂寥，我言秋日胜春朝(zhāo)。
晴空一鹤排云上，便引诗情到碧霄。

【注释】1. 自古：从古以来。2. 逢：遇到。3. 寂寥：空旷无声，这里指景象凄凉。4. 春朝：初春。5. 排：推开。6. 碧霄：蓝蓝的天空。

【串译】自古以来人们都说秋天是悲凉的，我却认为秋天要胜过春天。晴空万里，一只仙鹤凌云飞起，使我的诗兴到了蓝天之上。

【诵读提示】自宋玉《九辩》中留下“悲哉，秋之为气也”的名句后，悲，就成了秋的一种色调，一种情绪。然而，《秋词》开篇，即以议论起笔，否定了前人悲秋的观念，表现出一种激越向上的诗情。“我言”说出了作者的自信，“胜春朝”就是对于秋景最为充分的认可。这种认可绝非仅仅是一时的感性冲动，而是融入了对秋天更高层次的理性思考。“晴空一鹤排云上，便引诗情到碧霄”，作者抓住秋天“一鹤凌云”这一别致的景观描绘，展现了秋高气爽、万里晴空、白云漂浮的开阔景象。也许，作者是以“鹤”自喻，这里有哲理的意蕴，也有艺术的魅力，发人深省，耐人吟咏。这首诗给予读者的不仅仅是秋天的生机和素色，更多的是一种高扬的气概和高尚的情操。

诵读这样的诗，洋溢在我们心头的绝非什么悲凉的气息，我们可以随着“诗情”和想象的翅膀,天马行空般驰骋于碧空之上。于是,鹤飞之冲霄,诗情之旷远,“实”和“虚”便融合在了一起,所获得的全然是一种励志冶情的美的感受。行腔用句应努力做到气势雄浑,意境壮丽,融情、景、理于一炉,表现出作者的高扬精神和开阔胸襟,唱出非同凡响的秋歌。

浪淘沙

刘禹锡

莫道谗言如浪深,莫言迁客似沙沉。
千淘万漉虽辛苦,吹尽狂沙始到金。

【注释】1. 迁客:遭受贬谪客居他乡的人。2. 淘、漉:过滤。

【串译】不要说流言飞语如同恶流浊浪一样深,不要说被贬谪之人好像泥沙一样永远不能翻身。淘金要千万遍地淘洗过滤,虽然辛苦,但只有淘尽了泥沙才会露出闪亮的黄金。

【诵读提示】作者屡遭贬谪,坎坷备历,但斗志不衰,精神乐观,胸怀旷达,气概豪迈。在边远的贬所虽然历经千辛万苦,但最终能显示出自己不是无用的废沙而是光亮的黄金。诗句通过具体形象,概括了从自我经历获得的深刻感受,坚信被谗言所害的人终有一天会真相大白,洗清罪名。后两句也可以用来比喻做学问要精心筛选,去其糟粕才能取其精华。诵读此诗应充满自信。

再游玄都观

刘禹锡

百亩庭中半是苔(tái),桃花净尽菜花开。
种桃道士归何处？前度刘郎今又来。

【注释】1.百亩庭中:指玄都观百亩大的观园。2.苔:青苔。3.净尽:净,空无所有。尽,完。4.种桃道士:暗指当初打击王叔文、贬斥作者的权贵们。

【串译】玄都观庭院中一半长满了青苔,桃花已经荡然无存,只有菜花在开放。那些种桃的道士如今哪里去了？前次看题诗的我——刘禹锡今天又回来了啊!

【诵读提示】作者因写了看花诗讽刺权贵而被贬,一直过了十四年才被召回长安。这十四年中,皇帝由宪宗、穆宗、敬宗到文宗换了四个,人事变迁很大,政治斗争仍在继续。作者写这首诗是有意重提旧事,向打击他的权贵挑战,表示决不因为屡遭报复就屈服妥协。就其所寄托的意思看,桃花比喻新贵,种桃道士则指打击当时革新运动的当权者。这些人经过二十多年有的死了,有的失势了,因而被他们提拔起来的新贵也就让位于另外一些人,正如“桃花净尽菜花开”一样。而桃花之所以净尽,则正是“种桃道士归何处”的结果。这也就是俗话说的“树倒猢狲散”。而这时我这个被排挤的人却又回来了,难道是那些人所能预料到的吗？对于扼杀那次政治革新的政敌,作者在这里投以轻蔑的嘲笑,从而显示了自己的不屈和乐观,显示了他将继续战斗下去。

诵读时请注意:这首诗是以比拟的方法对当时的人物和事件加以讽刺,除了寄托的意思之外,还体现了一个独立而完整的意象,应在语态中有所体现。

酬乐天扬州初逢席上见赠

刘禹锡

巴山楚水凄凉地,二十三年弃置身。
怀旧空吟闻笛赋,到乡翻似烂柯人。
沉舟侧畔千帆过,病树前头万木春。
今日听君歌一曲,暂凭杯酒长精神。

【注释】1.酬:酬答。2.乐天:白居易,字乐天。3.巴山楚水:四川和两湖一带。4.二十三年:永贞革新失败后,作者被贬官前后共二十三年。5.弃置:抛弃。6.闻笛赋:魏晋时期文学家向秀为怀念故友嵇康和吕安所作《思旧赋》,向秀经过旧庐时闻邻人笛音,不禁忆起嵇康之死及其死前弹琴的模样,字里行间直陈直叙,除了对故友的思念外,对当时黑暗政治难以明言的悲愤也流露其中。作者借用这个典故怀念已死去的王叔文、柳宗元等人。7.烂柯人:传说晋人王质进山砍柴,看见两个童子下棋。片刻,童子问王质为何不走,王质才惊悟过来,见斧柄已经腐烂。回到家乡已历百年,无人相识。此处借这个故事表达世事沧桑、人事全非、暮年返乡恍如隔世的心情。8.歌一曲:指白居易作的《醉赠刘二十八使君》一诗。

【串译】在巴山楚水这些凄凉的地方，度过了二十三年沦落的光阴。怀念故友吟诵的闻笛小赋，久谪归来感到已非旧时光景。沉船的旁边正有千艘船驶过，病树的前头却也是万木争春。今天听了你为我吟诵的诗篇，暂且借这一杯美酒振奋精神。

【诵读提示】这首酬答诗，接过白诗的话头，着重抒写特定环境中自己的感情。白居易的赠诗中，对作者的遭遇无限感慨，因为白诗的末尾说到二十三年，所以在本诗的开头就说："巴山楚水凄凉地，二十三年弃置身。"一来一往，显出朋友之间推心置腹的亲密关系。接着，作者很自然地发出感慨："怀旧空吟闻笛赋，到乡翻似烂柯人。"此番回来恍如隔世，觉得人事全非，不再是旧日的光景了。用王质烂柯的典故，既暗示了自己贬谪时间长久，又表现了世态的变迁以及回归之后生疏而怅惘的心情。"沉舟侧畔千帆过，病树前头万木春。"作者以沉舟、病树自喻，虽然感到惆怅，却又相当达观。沉舟侧畔，有千帆竞发；病树前头，正万木皆春。二十三年的贬谪生活并没有使他消沉颓唐，他这棵病树仍然要重添精神，迎上春光。因为这两句诗形象生动，至今仍常常被人引用，并赋予它以新的意义，说明新事物必将取代旧事物。正因为"沉舟"这一联诗突然振起，一变前面伤感低沉的情调，尾联便顺势而写道："今日听君歌一曲，暂凭杯酒长精神。"点明了酬答白居易的题意。在朋友的热情关怀下，作者表示要振作起来，重新投入到生活中去，表现出坚韧不拔的意志。

《酬乐天扬州初逢席上见赠》的诗魂是乐观、豁达、自信、振奋。前两联节奏呈低沉型，后两联呈舒缓型。"沉舟侧畔千帆过，病树前头万木春"这两句成就了刘禹锡诗的高点，诵读的气势由此开始趋强，一气贯穿到底。"长"字由"酒"托起，逐渐上抬、扬升；"神"字因处在句尾押韵，非但不能做轻声处理，反而还须稍重、扬收。

知识链接

刘禹锡(772—842),彭城人。政治上主张革新,曾和柳宗元等参加永贞政治革新的王叔文集团。失败后被贬为郎州司马、连州刺史,晚年任太子宾客。822年到三峡创作了《竹枝词九首并序》《竹枝词二首》。这十一首竹枝词汲取了巴人竹枝歌舞的精华,反映了进步的思想,具有新鲜活泼、健康开朗的显著特色。诗作精练含蓄,能以清新的语言表达自己对人生或历史的深刻理解,因而被白居易誉为"诗豪"。

(三)

教学目的与要求:要求学生能够规范熟练地诵读所有内容,并背诵:《赋得古原草送别》《忆江南》《悯农》《江雪》《清明》《过华清宫》《泊秦淮》《山行》《赤壁》《寄扬州韩绰判官》《乐游原》《夜雨寄北》《无题·其一》《无题·其二》《锦瑟》《题菊花》《不第后赋菊》。

教学重点与难点:五言诗、七言诗的诵读格式和表达技巧。

赋得古原草送别

白居易

离离原上草,一岁一枯荣。
野火烧不尽,春风吹又生。
远芳侵古道,晴翠接荒城。
又送王孙去,萋萋满别情。

【注释】1.赋得:写得了诗,写出了诗。2.离离:历历,分明的样子。形容野草茂盛,长长下垂的叶子随风摇摆的样子。3.远芳:蔓延到远方的野草。4.侵:侵占,覆盖。5.晴翠:晴朗阳光下一片青翠的野草。6.荒城:荒凉、破损的城镇。7.王孙:贵族子孙、公子,这里指朋友。8.萋萋:野草茂盛的样子。

【串译】古原上的野草长得很旺,每年一次枯干,一次繁盛。野火也无法将它烧尽,春风一吹它又重新生长出来。伸向远方的野草覆盖了古老的道路,晴朗阳光下的碧草通向荒凉的城镇。又送走了亲密的朋友,这离别之情如绵绵的野草,盈满了胸怀。

【诵读提示】此诗作于贞元三年,是应考习作,作者当时16岁。按科考规矩,凡指定、限定的诗题,题目前必须加"赋得"二字,与咏物诗相类似。此诗通过对古原野草的描绘,抒发送别友人时的依依惜别之情。首句"离离原上草",紧紧扣住题目"古原草"三字,并用叠字"离离"描写春草的茂盛。第二句"一岁一枯荣",写出古原上野草秋枯春荣、岁岁循环、生生不已的规律。古原草的特性就是具有顽强的生命力,斩不尽锄不绝,只要残存一点根须来年就能重新发芽,很快蔓延原野。如果说三、四句是承"古原草"而重在写草,那么五、六句则把重点落在"古原",以引出"送别"题意。用"侵""接"二字继"又生",更写出一种蔓延扩展之势,再一次突出那生存竞争之强者——野草的形象。大地回春,芳草芊芊的古原景象如此迷人,而送别在这样的背景发生该是多么令人惆怅,又是多么富于诗意。萋萋芳草增加了送别的愁情,似乎每一片草叶都饱含着别情。这是多么意味深长的结尾呀!诗到此点明"送别",结清题意,关合全篇,把"古原——草——送别"连在一起。

诵读时请注意:"古原草"送别,与花前柳下别、长亭别、江中别虽然都是送别,但还是有所区别的。"古原草送别"主要不是别人或别情,而是重意于野草生命力的旺盛顽强和新生,以这种原草的绵绵不绝来表达友人之间情谊的长久和芬芳。语气不浪漫,但须坚毅、坚实。

长相思

白居易

汴(biàn)水流,泗水流,流到瓜州古渡头,吴山点点愁。
思悠悠,恨悠悠,恨到归时方始休,明月人倚(yǐ)楼。

【注释】1. 汴水:源于河南,东南流入安徽宿县、泗县,与泗水合流入淮河。2. 泗水:源于曲阜,经徐州与汴水合流入淮河。3. 瓜州:在今江苏扬州南面。4. 吴山:泛指江南群山。5. 悠悠:深长。

【串译】汴水长流啊,泗水长流啊,流到长江古老的渡口,江南的群山在默默点头,频频含羞,凝聚着无限哀愁。思念啊,怨恨啊,哪儿是尽头,除非你归来才会罢休,一轮皓月当空照,让我俩紧紧偎傍,倚楼望月。

【诵读提示】这首词写一位女子倚楼怀人。在朦胧的月色下,映入她眼帘的山容水态都充满了哀愁。前三句的诵读注意三个“流”字,这三个“流”字写出水的蜿蜒曲折,也酿造成低回缠绵的情韵。下面两个“悠悠”,增添了愁思的绵长,可在语气方面做些文章。全词是以“恨”写“爱”,用浅易流畅的语言、和谐的音律表现人物的复杂感情。特别是那一派流泻的月光更烘托出哀怨忧伤的气氛,增强了艺术感染力,显示出这首小词言简意富、词浅味深的特点。

【断句顿挫建议】汴水/流，泗水/流，流到/瓜州/古渡头，//吴山/点点愁。///思/悠悠，/恨/悠悠，/恨到/归时/方始休，//明月/人/倚楼。[①]

卖炭翁

白居易

卖炭翁，伐薪烧炭南山中。
满面尘灰烟火色，两鬓苍苍十指黑。
卖炭得钱何所营，身上衣裳(cháng)口中食。
可怜身上衣正单，心忧炭贱愿天寒。
夜来城上一尺雪，晓驾炭车辗冰辙。
牛困人饥日已高，市南门外泥中歇。
翩翩两骑(jì)来是谁，黄衣使者白衫儿(ní)。
手把文书口称敕(chì)，回车叱(chì)牛牵向北。
一车炭，千余斤，官使驱将(jiāng)惜不得。
半匹红纱一丈绫，系(jì)向牛头充炭直。

【注释】1. 伐薪：砍柴。2. 冰辙：冰冻的道路。3. 黄衣使者白衫儿：一个是穿黄衣的太监，一个是穿白衫的太监的爪牙。

---

① “/”表示短暂的停歇或顿挫，可断可不断，即便是停歇或顿挫也应是声音的似断非断，气息和情绪、意境不可断；“//”表示必须停歇或顿挫；“///”表示意思的转折或大气口的安排。本教材下同。

“儿”字的繁体字为“兒”,古时通“齯(ní)”字,指老年人脱旧齿后又生新齿。所以此诗里的这个“儿”字可读为 ní。4. 口称敕:说是奉了皇帝的命令出来采办货物。

【串译】有位卖炭的老头,在终南山砍柴烧炭。满脸灰尘显出被烟熏火烤的颜色,两鬓头发灰白,十个手指乌黑。卖炭得到钱做什么用?为了身上穿的衣裳和嘴里吃的食物。数九寒天可怜身上穿的衣服很单薄,但是担忧炭的价钱便宜,还是希望天气更寒冷。夜里城外下了一尺厚的大雪,清晨,老翁驾着炭车轧着冰冻的车辙赶路。牛疲乏了,人也饿了,太阳已经升得很高了,老翁就在集市南门外泥泞中休息。两位骑马的人轻快地赶来,他们是谁?是穿黄衣服的太监和穿白衣服的差役。他们手里拿着公文,嘴里说是皇帝的命令,然后拉转车头,吆喝着赶着牛车就往北面去。一车炭,一千多斤,宫市使者们硬是要赶走,老翁舍不得却也没办法。宫市使者们将半匹红绡和一丈绫朝牛头上一挂,算是当作炭的价钱。

【诵读提示】此诗描写一个卖炭老人谋生的困苦,揭露了唐代“宫市”的罪恶,对朝廷官吏肆意掠夺劳动人民果实的罪行予以有力鞭笞。诗一开头就把我们带到京城长安附近的终南山上,“卖炭翁,伐薪烧炭南山中”,烧炭的老翁连一寸土地也没有,全部赖以为生的东西只不过是一把斧头、一挂牛车,再加上十个被烟火熏黑的手指头。“卖炭得钱何所营?身上衣裳口中食”,老人仅仅希望有吃有穿,维持一种最低的生活。木炭,本是供人取暖的东西,这老人辛辛苦苦地砍了柴、烧了炭,给别人带来了温暖,可是自己身上的衣服却单薄得可怜。衣服单薄总该盼望天气暖和吧?不,恰恰相反,被生活所迫的老人“心忧炭贱愿天寒”,宁肯忍受加倍的寒冷也愿能多卖一点炭钱。这种矛盾深刻地表现出卖炭翁悲惨的处境。“夜来城上一尺雪,晓驾炭车辗冰辙”，寒冷的天气果然来到了。一清早他就套上车，踏着冰冻的道路到长安市上卖炭。从终南山到长安城，一路上他想了些什么呢？作者没有告诉我们，但是可以想象出来，他一定是满怀着希望，因为这一车炭直接关系着他今后的生活。这里我们觉得自己和这位老人更亲近了，迫不及待地想要知道这车炭究竟能不能卖上一个公道的价钱。可是作者并没有马上告诉我们结果，而是让卖炭翁歇下来，喘一口气然后写道：“翩翩两骑来是谁？黄衣使者白衫儿。”来的人装模作样，说是奉了皇帝的命令出来采办货物，也不管卖炭翁同意不同意，赶上炭车往北就走，一个卖炭的老人能有什么办法呢！“一车炭，千余斤，官使驱将惜不得”，千余斤炭不知道要几千斤柴才烧得出，而这几千斤柴又不知道要多少天才砍得来。不难想象，这孤苦的老人在尘灰里、在烟火旁边受了多少熬煎。可是这一切所换到的是什么呢？“半匹红纱一丈绫，系向牛头充炭直”。他们夺走的不只是一车炭，而是夺走了老人生活的希望，剥夺了他生活的权利。《卖炭翁》直接描写了下层老百姓的生存状态，对皇宫官府的无理敲诈盘剥做了最辛辣的揭斥。

诵读应做两个层次的隔断，其一，自开句至“市南门外泥中歇”，单独写卖炭老翁天寒地冻中卖炭营生的辛苦。其二，“翩翩两骑来是谁”至结尾，是此诗的焦点，也是高潮所在，在矛盾冲突的高潮中戛然而止，更含蓄有力，引人深思。重点应放在后面，用语态表现之。

【断句顿挫建议】卖炭翁，/伐薪/烧炭/南山中。//满面尘灰/烟火色，/两鬓苍苍/十指黑。//卖炭得钱/何所营，/身上衣裳/口中食。//可怜/身上衣正单，/心忧炭贱/愿天寒。//夜来/城上一尺雪，/晓驾炭车/辗冰辙。/牛困/人饥/日已高，/市南门外/泥中/歇。///翩翩两骑/来是谁，/黄衣使者/白衫儿。/手把文书/口称敕,/回车/叱牛/牵向北。///一车炭,/千余斤,/官使驱将/惜不得。///半匹红纱/一丈绫,/系向牛头/充/炭直。

琵琶行(节选)

白居易

诗序:元和十年,予左迁九江郡司马。明年秋,送客湓浦口,闻舟中夜弹琵琶者,听其音,铮铮然有京都声。问其人,本长安倡女。尝学琵琶于穆、曹二善才,年长色衰,委身为贾人妇。遂命酒,使快弹数曲。曲罢悯然,自叙少小时欢乐事,今漂沦憔悴,转徙于江湖间。予出官二年,恬然自安,感斯人言,是夕始觉有迁谪意。因为长句,歌以赠之,凡六百一十六言,命曰《琵琶行》。

浔阳江头夜送客,枫叶荻花秋瑟瑟。主人下马客在船,举酒欲饮无管弦。醉不成欢惨将别,别时茫茫江浸月。忽闻水上琵琶声,主人忘归客不发。寻声暗问弹者谁,琵琶声停欲语迟。移船相近邀相见,添酒回灯重开宴。千呼万唤始出来,犹抱琵琶半遮面。转轴拨弦三两声,未成曲调先有情。弦弦掩抑声声思,似诉平生不得志。低眉信手续续弹,说尽心中无限事。轻拢慢捻抹复挑,初为霓裳(cháng)后六(lù)幺(yāo)。大弦嘈嘈如急雨,小弦切切如私语。嘈嘈切

切错杂弹，大珠小珠落玉盘。间关莺语花底滑，幽咽(yè)泉流冰下难。冰泉冷涩弦凝绝，凝绝不通声渐歇。别有幽愁暗恨生，此时无声胜有声。银瓶乍破水浆迸，铁骑(jì)突出刀枪鸣。曲终收拨当心画，四弦一声如裂帛(bó)。东船西舫(fǎng)悄(qiǎo)无言，唯见江心秋月白。

【注释】1.浔阳江：流经浔阳境内的长江。2.瑟瑟：形容枫树、芦荻被秋风吹动的声音。3.主人：作者自指。4.回灯：重新拨亮灯光。5.转轴：将琵琶上缠绕丝弦的轴拧动以调音定调。6.掩抑：掩蔽，遏抑。7.思：悲，伤。8.嘈嘈：声音沉重抑扬。9.切切：细促轻幽，急切细碎。10.幽咽：遏塞不畅。11.冰下难：泉流冰下阻塞难通，形容乐声由流畅变为冷涩。12.凝绝：凝滞。13.迸：溅射。14.当心画：用拨子在琵琶的中部划过四弦，是一曲结束时经常用到的右手手法。15.敛容：收敛面部表情。

【串译】夜晚在浔阳江边送别友人，枫叶荻花在秋风里沙沙抖动。主人下马坐在友人船中，端起酒来想喝却没有音乐助兴。喝闷酒喝醉了，不舍地将要分别，只见茫茫的江水里沉浸着一轮明月。忽然听见水面上飘来琵琶的声音，主人忘记了回去，客人也不肯起身。循着声音悄悄地问是什么人在弹琵琶？琵琶声停止了，想说话却迟迟地没说出来。移近船只，请那个人出来相见，添酒、挑灯，重新又摆上酒宴。再三呼唤，她才肯走出船舱，还抱着琵琶遮住半边脸。拧转轴子，拨动了两三下丝弦，还没弹成曲调就已充满了情感。每一弦都在叹息，每一声都在沉思，好像在诉说不得意的身世。低眉随手继续弹啊，弹啊，尽情说着无限伤心的事情。轻轻地拢，慢慢地捻，又抹又挑，开始弹的是《霓裳》,后来是《六么》。粗弦嘈嘈,好像急风骤雨;细弦切切,好像儿女私语。嘈嘈切切错杂成一片,大珠小珠落满了玉盘。花底的黄莺间间关关——叫得多么流利;冰下的泉水幽幽咽咽——流得多么艰难!流水冻结了,也冻结了琵琶的丝弦,丝弦冻结了,声音也暂时停止。另外流露出一种潜藏在内心深处的愁与恨,这时候没有了声音,却比有声音更加激动人心。突然如同爆破一只银瓶,水浆奔进,骤然杀出一队铁骑,刀枪轰鸣。曲子弹完,收回拨子从弦索中间一划而过,四根弦发出同一个声音,好像撕裂绸帛。东边西边的船舫里静悄悄的,无人说话,只见一轮秋月在江心闪着银波。

【诵读提示】《琵琶行》是一首内容极为丰富的叙事诗。诵读此诗,其一,要表现出情节的曲折和波澜起伏。将琵琶女富于戏剧性的遭遇、令人惊叹的琵琶绝技以及作者的心情和感慨淋漓尽致地表达出来。

其二,应以情动人。这首诗叙述事件、描写人物都充满抒情色彩。“送客”一节即以“秋瑟瑟”“惨将别”“茫茫江浸月”给环境制造了伤感的气氛。琵琶女第一次演奏时,即让情思幽恨贯穿始终。

其三,应表现出画面的精彩。《琵琶行》堪称绝妙的“有声画”,应以景物来烘托感情氛围。秋江夜别“枫叶荻花秋瑟瑟”“别时茫茫江浸月”,萧瑟的秋景对离情别绪构成了有力的烘托。用人物的神态、动作描绘出画面,表现人物的内心活动。“犹抱琵琶半遮面”,传神地描绘了琵琶女娇羞的神情和犹豫迟疑的复杂心理。“沉吟放拨插弦中,整顿衣裳起敛容”这是描绘琵琶女曲终时的动作、神态,不仅使人感到她的教养、经历不俗,而且自然地表现了她由弹奏到自叙身世的内心活动。

其四,要表现出叙事抒情的水乳交融。本诗所叙之事饱含感情成分，景物的描写、气氛的烘托、人物的动作、心理的细致描写，以及人物以抒情方式倾诉悲怀、精当的说明和巧妙穿插的议论，对于塑造琵琶女的形象，有画龙点睛之妙，也是不容忽视的。

其五，注意通过形象类比来抒情言志。《琵琶行》塑造了两个人物形象。在中唐商业经济发达、城市生活繁荣的环境里，在当时官员互相倾轧、仕途险恶的政治背景里，琵琶女的形象和作者的形象都具有典型的现实意义。此诗用形象类比法把两人之间的悲愤情感、不幸遭遇等方面进行类比，将宦海的沉浮、生命的悲哀融为一体，因而具有不同寻常的感染力。

忆江南

白居易

江南好，风景旧曾谙(ān)。
日出江花红胜火，春来江水绿如蓝。
能不忆江南。

【注释】1. 旧曾谙：从前很熟悉。2. 江花：江边的花。3. 绿如蓝：绿得比蓝还要绿。“如”用法犹“于”，有胜过的意思。4. 蓝：蓝草，其叶可制青绿染料。

【串译】江南的风景多么美好，如画的风景久已熟悉。春天到来时，太阳从江面升起，把江边的鲜花照得比火还红，碧绿的江水绿得胜过蓝草。怎能叫人不怀念江南？

【诵读提示】白居易先后做过杭州、苏州刺史，江南的旖旎风光给他留下难忘记忆。回到洛阳后，他写了不少怀念旧游的诗作。这首词便是他六十七岁时所写,抒发了对江南的赞美、忆念之情。诗总写江南美景,以色彩明丽取胜。一个既浅切又圆活的“好”字,摄尽江南春色的种种佳处。同时,唯因“好”之已甚,方能“忆”之不休。篇尾以“能不忆江南”收束全词,一个“忆”字既道出作者身在洛阳却对江南春色的无限怀念之情,又顿生出一种蓬勃的韵致,把读者带入美不胜收的境界中。

诵读时语调轻快清新,流动灵秀。通篇贯穿一个“忆”字,舒展宽松地描尽了江南的好风景。尤其是“日出江花红胜火,春来江水绿如蓝”胜过千言万语,注意在此句上着色用情。

【断句顿挫建议】江南/好,/风景/旧曾谙。//日出/江花/红/胜火,/春来/江水/绿/如蓝。///能/不忆/江南。

知识链接

白居易(772—846),字乐天,号“香山居士”,祖籍太原。因其祖、父俱在河南做官,所以居家河南。29岁时及进士第,32岁被授校书郎,36岁授翰林学士。元和九年因上疏请急捕刺武元衡者,为宰相所恶,被贬为江州司马。长庆二年出杭州刺史,任上政绩斐然,关心民间疾苦,修筑杭州湖堤蓄水灌田。人们为了怀念他,名所筑之堤为“白堤”。晚年官太子少傅,享年75岁。著有《白氏长庆集》七十一卷。

白居易在文学上积极倡导新乐府运动,主张文章为时而著,诗歌为事而作,是继李白、杜甫之后又一位伟大诗人,世称李、杜、白为唐代三大诗人。

悯农

李绅

锄禾日当午，汗滴禾下土。
谁知盘中餐，粒粒皆辛苦。

【串译】农民在正午烈日的暴晒下锄禾，汗水滴在禾苗生长的土地上。有谁知道盘中的饭食，每颗每粒都是农民用辛勤的劳动换来的呢？

【诵读提示】这首诗写劳动的艰辛，劳动果实来之不易。第一、二句描绘出在烈日当空的正午，农民仍然在田里劳动，一滴滴汗珠洒在灼热的土地上。这两句选择特定的场景，形象生动地写出劳动的艰辛。有了这两句具体的描写，就使得第三、四句的感叹和告诫免于空洞抽象的说教，而成为有血有肉、意蕴深远的格言。

诵读时需要注意的是“悯”之情怀的流露，作者悯的是农民田地劳作的艰辛和生活的沉重。整体语势应呈现“波峰类”，不论起句和收句如何，高点在句腹。音调不能过高，在中音偏下，头尾“压”着点儿，中间鼓胀饱满起来。

知识链接

李绅(772—846)，祖籍亳州。青年时目睹农民终日劳作而不得温饱，以同情和愤慨的心情，写出了《悯农》诗二首，被誉为“悯农诗人”。不仅是中唐时期新乐府运动的倡导者之一，也是写新乐府诗的最早实践者。

江雪

柳宗元

千山鸟飞绝,万径人踪灭。
孤舟蓑笠翁,独钓寒江雪。

【注释】1.千山:虚指所有的山。2.鸟飞绝:天空中一只鸟也没有。3.万径:虚指所有的路。4.蓑:蓑衣。5.笠:斗笠。

【串译】四周山上不见飞鸟的踪影,小路上一丝人的踪迹也没有。只有江中一只小船上,有个披着蓑衣、戴着斗笠的老翁,在寒冷的江雪之上独自垂钓。

【诵读提示】这首托景言志的五言绝句粗看起来像是一幅一目了然的山水画:冰天雪地寒江,没有行人、飞鸟,只有一位老翁独处孤舟,默然垂钓。但仔细品味,这洁、静、寒、凉的画面却是一种遗世独立、峻洁孤高的人生境界。作者用极其洗练的文笔勾勒出一位渔翁在白雪茫茫的寒江上独钓的情景,艺术地概括了当时自己所处的政治环境的险恶,表现了自己毫无畏惧、不向黑暗势力屈服的坚强意志和不同流合污的高贵品质。

诵读此诗应注意其讲究的艺术构思,即对比、衬托手法的运用:千山万径之广远衬托孤舟老翁之渺小;鸟绝人灭之阒寂对比老翁垂钓之生趣;画面之安谧冷寂衬托人物心绪之涌动。《江雪》不是一首简单的诗,而是一幅优美的风景画,一段深刻的哲理品味,一次作者自我的内心袒露,一种人格的闪光。特别是作者那种在逆境中的倔强的态度、宁静超脱的心境和孤傲狷介的个性，几乎成为古代文人追求的精神家园。二十个字尺幅之内容纳包容了太多的社会内涵，表面字义很少，诵读前的理解、揣摩、消化、吸收、感悟就显得尤为重要。

知识链接

柳宗元(773—819)，河东人。与韩愈共同倡导唐代古文运动，并称“韩柳”。与刘禹锡并称“刘柳”。与王维、孟浩然、韦应物并称“王孟韦柳”。世称“柳河东”或“柳柳州”。少有才名，早有大志。入朝为官后积极参与王叔文集团政治革新。革新失败被贬为永州司马，写下《永州八记》。元和十年春回京，又出为柳州刺史，政绩卓著。终卒于柳州任所。一生留诗文作品达六百余篇，骈文近百篇。其散文论说性强，笔锋犀利，讽刺辛辣，富于战斗性，游记写景状物，多有所寄托。作品由刘禹锡保存下来并编成集。有《柳河东集》。

离思

元稹

曾经沧海难为水，除却巫山不是云。
取次花丛懒回顾，半缘修道半缘君。

【注释】1. 曾经：曾经历过。2. 沧海：因海水呈苍青色，故称。3. 难为水：沧海深广，因而使别地方的水相形见绌。4. 除却：除了。5. 不是云：宋玉《高唐赋》说，巫山之云为神女所化，上属于天,下入于渊,茂如松树,美若娇姬。相形之下,别处的云就黯然失色了。6. 取次:走进,循序而进。7. 半缘:一半因为。8. 修道:此处指的是品德学问的修养。

【串译】曾经历过沧海的烟波浩渺,就不会被其他任何一处海水所倾倒,曾经陶醉于巫山的云蒸霞蔚,就不会被其他任何一山风云所迷醉。虽然每天无数次从花丛中走过,却还是懒得回头去看,这一半固然是为了修身治学,一半却是因为心中还依然深爱着你的缘故。

【诵读提示】此诗最突出的特色就是采用巧比曲喻的手法,淋漓尽致地表达了主人公对已经失去的心上人的深深恋情。作者接连用水、云、花比人,写得曲折委婉,含而不露,意境深远,耐人寻味。全诗仅四句,即有三句采用比喻手法。“曾经沧海难为水”,表面上是说,曾经观看过茫茫的大海,对那些小小的细流是不会看在眼里的。第二句是用宋玉《高唐赋》里“巫山云雨”的典故。表面是说除了巫山上的彩云,其他的云彩都不足观。其实是巧妙地使用“朝云”的典故,把它比作心爱的女子,充分地表达了对那个女子的真挚感情,表明其他女子纵有倾城国色,也不能取得他的欢心和爱慕。第三句“取次花丛懒回顾”,是用花比人,意思是说我即使走到盛开的花丛里也懒得回头观看。为什么呢?第四句“半缘修道半缘君”做了回答。意思是说对世事看破红尘去修道的缘故,这是其一。其二,是因为他失去了心爱的她,再也不想看别的“花”了。统观全诗,不难看出“取次花丛懒回顾”的原因是失去了“君”。“半缘修道”之说,只不过是遁词罢了。

这首诗尽管写得一往情深,炽热动人,具有独到的艺术特色,于描写爱情题材的古典诗词中堪称名篇佳作,但毕竟是描写男女之怀恋的,诵读的语调应委婉媚丽,以“柔媚”为主基调。语势整体上要取“收”势。

知识链接

元稹(779—831),洛阳人。8 岁丧父,少年贫贱。53 岁卒。早年与白居易共同提倡“新乐府”,并称“元白”,其作品号为“元和体”。其诗辞浅意哀,仿佛孤凤悲吟,极为扣人心扉,动人肺腑。创作以诗成就最大。

题李凝幽居

贾岛

闲居少邻并,草径入荒园。
鸟宿池边树,僧敲月下门。
过桥分野色,移石动云根。
暂去还来此,幽期不负言。

【注释】1. 云根:指石根云气。2. 幽期:再访幽居的期约。3. 言:指期约。

【串译】悠闲地住在这里,很少有邻居往来,只有一条杂草遮掩的小路通向荒芜的小园。鸟儿歇宿在池边的树上,归来的僧人正在月下敲响山门。走过小桥呈现出原野迷人的景色,云脚正在飘动,好像山石在移动。暂时要离开这里但不久还要回来,要按照约定的日期再来拜访,决不食言。

【诵读提示】作者来访“幽居”,动作线由外而内,故首联先写邻居极少,人迹罕至,通向“幽居”的小路野草丛生。这一切都突出一个“幽”字。次联写作者月夜来访,到门前之时池边树上的鸟儿已入梦乡。自称“僧”而于万籁俱寂之时来“敲”月下之门，惊动“宿鸟”，以喧衬寂，以动形静，更显寂静。第三联写“荒园”内有石山，月光下浮起蒙蒙夜雾。“移”步登山，触“动”了石根云气。这一联较典型地体现了贾岛琢字炼句力避平易，务求奇僻刻深的诗风。据《唐诗纪事》卷四十云：“岛赴举至京，骑驴赋诗，得‘僧推月下门’之句，欲改‘推’作‘敲’，引手作推、敲之势，未决，不觉冲大尹韩愈。乃具言。愈曰：‘敲字佳矣。’遂并辔论诗久之。”“推敲”一词，即由此而来。这段记载不一定完全符合事实，却能体现贾岛“行坐寝食，苦吟不辍”的特点。

诵读时应着力表现出幽居之幽，语速不宜过快，声线不宜过高，情要深挚，口部控制可松些，整体上要“收”着点。

剑客

贾岛

十年磨一剑，霜刃未曾试。
今日把示君，谁有不平事？

【注释】1.剑客：行侠仗义之人。2.霜刃：形容剑锋寒光闪闪，十分锐利。3.示：给……看。

【串译】十年工夫磨出一把宝剑，剑刃锋利未曾试过。今天拿出来给你们看看，告诉我谁有冤屈不平的事？

【诵读提示】贾岛诗思奇僻，这首诗却率意造语，直吐胸臆，别具一格。以剑客的口吻，着力刻画“剑”和“剑客”的形象，托物言志，抒写自己兴利除弊的政治抱负。“十年磨一剑”，这剑是剑客花了十年工夫精心磨制的，侧写一笔已显出此剑非同一般。接着正面一点："霜刃未曾试。"写出此剑刃白如霜，闪烁着寒光，是一把锋利无比却还没有试过锋芒的宝剑。说"未曾试"，便有跃跃欲试之意。得遇知贤善任的"君"，便充满自信地说："今日把示君，谁有不平事？"一种急欲施展才能、干一番事业的壮志豪情跃然纸上。显然，"剑客"是自喻，而"剑"则比喻自己的才能。作者没有描写自己十年寒窗、刻苦读书的生涯，也没有表白自己出众的才能和宏大的理想，而是通过巧妙的艺术构思把自己的抱负含而不露地融入"剑"和"剑客"的形象里。

诵读时应凸显剑客的口吻，更多地应渗入"说话"的感觉。

知识链接

贾岛(779—843)，范阳人。出生门第寒微。传说30岁前曾数次应举不得志。失意之余又迫于生计栖身佛门。贫困的家庭景况，枯寂的禅房生活，养成孤僻冷漠而内向的性格，喜怒鲜形于色，世事颇少萦怀。但仍酷爱吟诗，常常为构思佳句而忘乎所以，因此被视为"苦吟诗人"。

马诗·其五

李贺

大漠沙如雪，燕山月似钩。

何当金络脑，快走踏清秋。

【注释】1. 大漠:指北方原野。2. 燕山:指燕然山,西北产良马之地。大漠、燕山,皆马之故乡。3. 钩:弯刀,古代的一种兵器,形似月牙。4. 何当:何时才能够。5. 金络脑:用黄金装饰的马笼头,说明马具的华贵。

【串译】大漠的沙尘像雪片纷纷扬扬,燕山的明月如银钩一般。何时能够骑上我的铁甲快马,在清秋时节任意驰骋。

【诵读提示】此诗是通过咏马、赞马或慨叹马的命运来表现志士的奇才异质、远大抱负及不遇于时的感慨与愤懑。在比兴手法的运用上别有意味。

诵读一、二句时应展现出一片富于特色的边疆战场景色。这幅战场景色一般人也许只觉悲凉肃杀,但对于志在报国之士却有异乎寻常的吸引力。“燕山月似钩”中的“钩”是一种弯刀,明晃晃的月牙可以联想到武器的形象,也就蕴含有思战之意。三、四句的诵读要借马抒情:什么时候才能披上威武的鞍具在秋高气爽的疆场上驰骋,建树功勋呢?“金络脑”象征马受重用,显然这是对期望建功立业而又不被赏识所发出的嘶鸣。诗的一、二句中,以雪喻沙,以钩喻月,这是“比”;从一个富有特征性的景色写起以引出抒情,这是“兴”。短短二十字中,比中见兴,兴中有比,大大丰富了诗的表现力。

后二句的诵读要一气呵成,以“何当”领起作设问,强烈传出无限企盼意,且要有唱叹味;“踏清秋”三字,声调应铿锵有力,再冠以“快走”二字,基本上就可形象地表达出骏马轻捷矫健的风姿。战马萧萧,壮士出征氛围的营造当是诵读此诗的关键。

雁门太守行

李贺

黑云压城城欲摧，甲光向日金鳞开。
角声满天秋色里，塞上燕脂凝夜紫。
半卷红旗临易水，霜重鼓寒声不起。
报君黄金台上意，提携玉龙为君死。

【注释】 1. 雁门太守行：乐府相和歌瑟调三十八曲之一。2. 角：古代军中的号角。3. 燕脂：即胭脂，指战士流的血像胭脂一样红。4. 易水：今河北易县。5. 黄金台：战国时，燕昭王筑台，置千金于台上，以招揽天下贤能。6. 玉龙：指宝剑。

【串译】 乌云压城，危城撼动，铠甲刀枪闪着金光。号角撕裂长空在秋风中飞扬，边塞血战凝成胭脂夜更浓。红旗半卷着逼近易水，寒霜中鼓面冻得发不出声。为报君王隆盛恩意，愿手提宝剑效死疆场。

【诵读提示】 诗的首句气氛沉重，敌军压境围城如此凶猛，我军只有杀出重围才有生路。“甲光向日金鳞开”，在色彩和形象上与上句形成强烈对比，明含欣喜、赞美之情。开始黑云压城，城欲被摧；既而黑云崩溃，红日当空，我军将士的金甲在日光下犹如片片金鳞，耀人眼目。“角声满天秋色里”一句，以虚写实，展现敌退我追的壮阔场景。“塞上胭脂”，紧承“角声”“秋色”描绘塞土赤紫，已令人想见战血；于“紫”前加一“凝”字，更强化了这种联想。战至易水，倘要渡水便可能全军覆没，因而只能背水一战。鼓声不起,主将誓死,正是这种严峻形势的反映。作者运用特殊的艺术手法表现独特的艺术想象,或用象征,或用暗示,或用烘托,或以虚见实、以声显形、以部分代全体,给读者留下了广阔的想象空间。

整首诗从头至尾都是战场厮杀的描写,诵读起来要尽量渲染出战场杀伐的浓郁氛围,如同屈原的《国殇》一般。

知识链接

李贺(790—816),唐宗室郑王李亮后裔。虽家道没落但志向远大,勤奋苦学,博览群书,顺利获得“乡贡进士”。韩愈鼓励他应试,但礼部官员昏庸草率,虽应举赴京却未能应试,遭馋落第。一生愁苦多病,仅做过三年的九品微官,因病27岁早卒。

李贺是中唐重要作家。因为政局混乱及自身失意,其诗多揭露时弊之作和愤懑不平之音。作诗态度认真严肃,呕心沥血,属意创新,形成了想象奇特、思维奇谲、辞采奇丽的独特风格。在同时代的韩、孟、元、白诸家之外别树一帜,启迪了晚唐的诗歌创作。

清明

杜牧

清明时节雨纷纷,路上行人欲断魂。

借问酒家何处有,牧童遥指杏花村。

【串译】江南清明时节细雨纷纷飘洒，路上羁旅行人个个像落魄断魂一般。借问当地人何处买酒浇愁？牧童笑而不答，遥指杏花山村。

【诵读提示】这首小诗，一个难字也没有，一个典故也不用，整篇是十分通俗的语言，写得自如之极，毫无经营造作之痕。音节十分和谐圆满，景象非常清新生动，而又境界优美、兴味隐跃。诗的篇法也很自然，是顺序的写法。第一句交代情景、环境、气氛，是“起”；第二句写出了人物，显示了人物的凄迷纷乱的心境，是“承”；第三句提出了如何摆脱这种心境的办法，是“转”；第四句成为整篇的精彩所在，是“合”。

诵读时应体味由低而高、逐步上升、高潮顶点放在最后的手法。总体趋向是上升的，此所谓“上山类”的语势。高潮顶点，也不是一览无余，索然兴尽，而是耐人寻味地将行者的视线引向远方，也将声音的余韵伸至远方。

过华清宫

杜牧

长安回望绣成堆，山顶千门次第开。
一骑(jì)红尘妃子笑，无人知是荔枝来。

【注释】1.华清宫：723年(唐玄宗开元十一年)修建的行宫，故址在今陕西临潼骊山，是唐明皇与杨贵妃游乐之地。2.绣成堆：形容骊山突兀而奇秀的景色。3.千门：华清宫的宫门。4.次第：一个接一个地。5.一骑：一人一马的合称。6.红尘：指策马疾驰时飞扬起来的尘土。

【串译】从长安回望骊山，只见林木、花卉、建筑宛如一堆锦绣，山顶上一道道宫门逐层地开着。驿马一骑奔驰而来，唯有杨贵妃在山上远望而笑，知道是最心爱的荔枝被运来了。

【诵读提示】此诗选取为贵妃飞骑送荔枝事，形象地揭露了统治者为满足一己口腹之欲，竟不惜兴师动众，劳民伤财，有力地鞭挞了唐玄宗与杨贵妃的骄奢淫逸。首句“长安回望”四字极为重要。长安是京城，唐明皇本应在京城日理万机，妃子自应留在京城，因而飞送荔枝者应直奔长安。然而皇帝、贵妃却在骊山行乐。这就出现了“长安回望绣成堆”的镜头。唐明皇时，骊山遍植花木如锦绣，故称绣岭。这时，“一骑”将到，因而“山顶千门”被次第打开。紧接着，便出现了“一骑红尘妃子笑”的戏剧性场景。一方面是以卷起“红尘”的速度日夜奔驰，送来荔枝的“一骑”，挥汗如雨，苦不堪言；另一方面则是得到新鲜荔枝的贵妃嫣然一笑。两相对照，蕴含着对骄奢淫逸生活的无言谴责。前三句诗根本不提荔枝，读者压根儿不知道为什么要从长安回望骊山，不知道“山顶千门”为什么要一重接一重地打开，更不知道“一骑红尘”是干什么的、“妃子”为什么要“笑”。最后一句解释了悬念，可又出人意料地用了一个否定句：“无人知是荔枝来。”“无人知”三字画龙点睛，蕴含深广，把全诗的思想境界提升到惊人的高度。

诵读前三句时，应平叙展开，不作声张，第四句在第三句“妃子笑”的铺垫后到“荔枝”时语调轻轻一挑，将戏剧性推向顶点，“包袱”抖出，再缓缓落下，听者的想象到诗尾才刚刚进入诗境，当然也会随着语句的缓落而继续伸展抻长，引发联想。

泊秦淮

杜牧

烟笼寒水月笼沙，夜泊秦淮近酒家。
商女不知亡国恨，隔江犹唱《后庭花》。

【注释】1.秦淮：秦淮河，源出江苏溧水东北，流经南京地区入长江。相传秦始皇南巡会稽时开凿，用来疏通淮水，故称秦淮河。2.笼：笼罩。3.商女：歌女，在酒楼或船舫中以卖唱为生的女子。

【串译】烟雾笼罩着寒江，月色挂映着洲上的白沙，夜晚停泊在秦淮河岸临近酒家的地方。歌女们真不知什么是亡国之恨事，隔江还在把《后庭花》声声歌唱。

【诵读提示】诗的一二句描摹烟月朦胧的画面，点明夜泊的地点。当时穿过金陵的秦淮河两岸，酒楼妓馆林立，一片繁华景象。三四句意谓：隔江的歌女全然不关心即将衰亡的国家，唱的是南朝陈后主的《玉树后庭花》。当年陈后主每日寻欢作乐，终于为隋朝所灭，如今歌女还在唱这支“亡国之音”，于是作者不胜感慨。尽管此时距离唐朝灭亡还有几十年，但是国家行将衰亡的阴影已经进入作者的心田。“商女不知亡国恨，隔江犹唱《后庭花》”这两句“绝唱”是“诗魂”，既表达了较为清醒的封建知识分子对国事怀抱隐忧的心境，又反映了官僚贵族以声色歌舞、纸醉金迷的生活。他们用这种生活来填补腐朽而空虚的灵魂，而这正是衰败的晚唐现实生活中两个不同侧面的写照。

诵读时应力求表现出作者辛辣的讽刺、深沉的悲痛和无限的感慨。

山行

杜牧

远上寒山石径斜(xiá),白云生处有人家。
停车坐爱枫林晚,霜叶红于二月花。

【注释】1.山行:在山里行走。2.寒山:深秋时节比较寒冷的高山。3.石径:石板小路。4.白云生处:白云升腾、缭绕的地方,指很高的山上。5.停车坐爱枫林晚,霜叶红于二月花:停下车来,特意到枫树林里去坐一下,是因为喜爱枫树林里的夜晚,霜打过的枫叶比二月的鲜花还要红艳。

【串译】山石小路远上山巅弯弯斜斜,白云飘处隐约现出几户人家。停下车子只因喜欢那枫林晚景,霜染的枫叶红艳艳胜过二月的新花。

【诵读提示】这首诗描绘的是秋之色,展现的是一幅动人的山林秋色图。诗里写了山路、人家、白云、红叶,构成一幅和谐统一的画面。这些景物不是并列地处于同等地位,而是有机地联系在一起,有主有从,有的处于画面的中心,有的则处于陪衬地位。简单来说,前三句是宾,第四句是主,前三句是为第四句描绘背景、创造气氛,起铺垫和烘托作用的。第四句是全诗的中心,是作者浓墨重彩、笔力凝聚所在。

诵读此诗时应理解作者没有像一般封建文人那样,在秋季到来的时候哀伤叹息，而是歌颂大自然的秋色美，体现出了豪爽向上的精神，有一种英爽峻拔之气，表现了作者的才气与见地。诵读时要围绕“秋色的赞歌”来设计声音的形象和表达的基调，中音以上起调，逐渐向上爬坡式地舒展放情至结尾延收。

赤壁

杜牧

折戟沉沙铁未销，自将磨洗认前朝。
东风不与周郎便，铜雀春深锁二乔。

【注释】1. 赤壁：在今湖北武昌西南赤矶山，系汉建安十三年孙权与刘备联军大败曹操的“赤壁之战”所在地。2. 东风：赤壁之战以火攻，适值东南风大作，火乘风势尽烧北船。3. 铜雀：铜雀台，建安十五年建于邺城（故址在今河北临漳），因楼顶饰以大铜雀而得名，为曹操享乐之处，其美姬皆在其中。4. 二乔：即大乔、小乔，江东乔公之女，皆国色。大乔嫁孙策，小乔嫁周瑜。

【串译】折断的画戟沉没在泥沙中尚未销蚀，拾起磨洗一番，仍可隐约看见历史的刀光剑影。倘若东风不来，周瑜怎么能火烧曹操八十万水军而大获全胜呢？如果三国鼎立的大局不定，想必曹操两年后在邺都建造铜雀台广罗天下名姬的时候，东吴美人大乔和小乔可能就被深锁铜雀，春恨无限了。

【诵读提示】赤壁之战是对三国鼎立的历史形势起着决定性作用的一次重大战役，其结果是孙、刘联军击败了曹军，而三十四岁的吴军统帅周瑜乃是这次战役中的头号风云人物。诗篇开头借一件古物来兴起对前朝人物和事迹的慨叹。这前两句是写其兴感之由,后两句是议论。

前两句的诵读要借历史遗物写历史,要必须得看得见、摸得着,真真切切,实实在在;后两句诵读要借历史人物隐晦地慨叹自己生不逢时,要叹出作者政治家的气度和眼量。

寄扬州韩绰判官

杜牧

青山隐隐水迢(tiáo)迢,秋尽江南草未凋。
二十四桥明月夜,玉人何处教吹箫。

【注释】1.韩绰:事不详,另有《哭韩绰》诗。2.判官:观察使、节度使的僚属。3.迢迢:一作遥遥。4.草未凋:一作草木凋。5.二十四桥:一说为二十四座桥。北宋沈括《梦溪笔谈·补笔谈》卷三中对每座桥的方位和名称一一做了记载。一说有一座桥名叫二十四桥。6.玉人:美人。一解指扬州的歌女;一解为杜牧戏称韩绰为玉人。

【串译】青山隐隐起伏,江流千里迢迢,时令已过深秋,江南草木未凋。扬州二十四桥,月色格外妖娆,老朋友你在何处,听取美人吹箫?

【诵读提示】诗的首句从大处落墨,画出远景:青山逶迤,隐于天际;绿水如带,迢递不断。“隐隐”和“迢迢”这一对叠字不但画出了山清水秀、绰约多姿的江南风貌,也隐约暗示着作者与友人之间山遥水长的空间距离,那抑扬的声调中仿佛还荡漾着作者思念江南的似水柔情。由于作者不堪晚秋的萧条冷落，因而格外眷恋江南的青山绿水，越发怀念远在热闹繁花之乡的故人。“玉人”，既可借以形容美丽洁白的女子，又可比喻风流俊美的才郎。从寄赠诗的作法及末句中的“教”字看来，此处玉人当指韩绰。作者本是问候友人近况，却故意用玩笑的口吻与韩绰调侃，问他当此秋尽之时，每夜在何处教美人歌唱取乐。这不但使韩绰风流倜傥的才貌依稀可见，两人亲昵深厚的友情也得以重温，而且调笑中还微微流露出作者对自己“十年一觉扬州梦，赢得青楼薄幸名”的感喟，从而使此诗平添了许多风韵。

诵读的语调应温婉、缠绵，内蕴的情趣及微妙的思绪，于“可言不可言之间”有所寄托，“可解不可解之会”之间有所施展。

知识链接

杜牧(803—853)，字牧之，京兆人，宰相杜佑之孙。大和二年进士，授宏文馆校书郎。多年在外地任幕僚，后历任监察御史、黄州、池州刺史等职，最终官至中书舍人。

杜牧是晚唐杰出诗人，尤以七言绝句著称。擅长文赋，其《阿房宫赋》为后世传诵。有《樊川文集》二十卷传世。《全唐诗》收杜牧诗八卷。晚唐诗多柔靡，而杜牧则以峻峭矫之。七绝逸韵远神，晚唐诸家让渠独步。人谓之“小杜”，以别于杜甫。

望江南·其二

温庭筠

梳洗罢，独倚(yǐ)望江楼。
过尽千帆皆不是，斜晖脉(mò)脉水悠悠。
肠断白蘋(pín)洲。

【注释】1. 望江楼：楼名，因临江而得名。2. 斜晖：日落前的日光。晖：阳光。3. 白蘋(pín)：水中浮草，色白。古时男女常采蘋花赠别。4. 洲：水边陆地。

【串译】梳洗完毕，独自一人，倚靠着望江楼柱凝望滔滔江面。千帆过尽，盼望的人都未出现，太阳的余晖脉脉地洒在江面上，江水慢慢地流着。思念的柔肠萦绕在那片白蘋洲上。

【诵读提示】起句"梳洗罢"，看似平平，语不惊人，但这三个字给人留下许多想象余地。这是特定的人物(思妇)，在特定条件(准备迎接久别的爱人归来)下，一种特定情绪(喜悦和激动)的反映。这三个字把这个女子独居的环境、深藏内心的感情变化和对美好生活的向往生动地表现了出来。接着出现了一幅广阔、多彩的艺术画面：江为背景，楼为主体，焦点是独倚的人。这里，一个"独"字既无色泽又无音响，却意味深长。"过尽千帆皆不是"，是全词感情上的大转折。此句与起句的欢快情绪形成对照，鲜明而强烈；又与"独倚望江楼"的空寂焦急相联结，承上而启下。船尽江空，人何以堪！希望落空，幻想破灭，这时映入她眼帘的是"斜晖脉脉水悠悠"。落日流水本是没有生命的无情物,但在此时此地的思妇眼里成了多愁善感的有情者。景物的描绘、感情的抒发、气氛的烘托都已瓜熟蒂落,最后弹出了全曲的最强音:“肠断白蘋洲。”独倚望江楼,一眼就可看到白蘋洲,但那时盼人心切,只顾看船而不见有洲了。

提请注意:1.这是个软题材。“望江怀远”,虽是唐宋词中习见的主题,但若就含蓄蕴藉而言,似应首推温庭筠此词。但诵读时不能一味地使用软绵绵的腔调,它的内容和情调基本上还是积极、健康、朴素的。在有着绮靡侧艳“花间”气的温词中,这首小令可说是情真意切,清丽自然,别具一格。2.这是首小令。关于小令,古人云:“词之难于令曲,如诗之难于绝句”“一句一字闲不得”。小令的出现突破了唐诗五言、七言的固定模式,成为“词”的先声。初学者在顿挫、断句、表意方面应有所积累,以适应其后大词的诵读。

【断句顿挫建议】梳洗罢,/独/倚/望江楼。//过尽/千帆/皆/不是,/斜晖/脉脉/水/悠悠。///肠/断/白蘋洲。

知识链接

温庭筠(约812—866),太原人。花间词之鼻祖,开五代、宋词之盛。与李商隐齐名,并称“温李”。仕途不得意。同白居易、柳宗元等一样,绝大部分时间在外地度过。幼时随家客游江淮,后定居于陕西户县,靠近杜陵,所以尝自称为杜陵游客。词风秾艳,辞藻华丽,少数作品对时政有所反映。

乐游原

李商隐

向晚意不适，驱车登古原。
夕阳无限好，只是近黄昏。

【注释】1.乐游原：在长安城南。汉宣帝立乐游庙，又名乐游苑。登此可望长安城。2.向晚：傍晚。3.意不适：心情不舒畅。4.古原：即乐游原。

【串译】临近傍晚时分，觉得心情不太舒畅，驾车登上乐游原，想把烦恼遣散。看见夕阳无限美好，一片金光灿烂，只是将近黄昏，美好时光终究短暂。

【诵读提示】作者所处时代是国运将尽的晚唐，尽管他有抱负但无法施展。这首诗正好反映了他的伤感情绪。前两句写驱车登古原的原因。后两句写登上古原触景生情，精神上得到一种享受和满足。夕阳下的景色无限美好，只可惜已接近黄昏。“无限好”是对夕阳下景象的热烈赞美。然而“只是”二字，笔锋一转，转到深深的哀伤之中。这是作者无力挽留美好事物所发出深长的慨叹。这两句近于格言式的慨叹不仅是对夕阳下的自然景象而发，也是对自己、对时代所发出的感叹，其中也富有爱惜光阴的积极意义。

诵读此诗虽是在一种无可奈何的感伤情绪中走句的，然如能于句中体现出作者的一腔热爱生活、执着人间、坚持理想而心光不灭的一种深情苦志来，就达到了更高的层次了。整体语势呈“波谷类”，句腹在下，句首句尾挑扬起来。

夜雨寄北

李商隐

君问归期未有期，巴山夜雨涨秋池。
何当共剪西窗烛，却话巴山夜雨时。

【注释】1.巴山：在今四川南江以北。2.共剪西窗烛：在西窗下共剪烛蕊。3.却话：从头谈起。

【串译】你问我回家的日子，我尚未确定归期，今晚巴山下着大雨，雨水涨满了秋池。何时你我重新聚首，共剪西窗烛花，再告诉你今夜秋雨时我痛苦的情思。

【诵读提示】这首脍炙人口的抒情短章，开头两句以问答和对眼前环境的抒写，阐发了作者孤寂的情怀。后两句设想来日重逢谈心的欢悦，反衬今夜的孤寂。诗虽只四句，却情景交融，虚实相生，既包含空间的往复对照，又体现时间的回环跳跃。“何当”为设想之词，设想由实景而生，所以第二句中的巴山夜雨成为设想中回忆的话题，自然成就“却话巴山夜雨时”这样的巧妙诗句。

诵读时请注意：李商隐的诗，特别是他晚年的诗，感伤情绪很浓。这种感伤反映了时代的黑暗和他个人遭遇的不幸。《夜雨寄北》虽然有些欢欣的折光，总的看来还是感伤的，只是这种感伤表现得很曲折、很深沉罢了。一句“巴山夜雨涨秋池”，隐含了无限的说也说不清楚的潜台词。这里似乎不是由于夫妻分离而感到的痛苦,实在是深深包含了作者此时此地回顾一生的哀愁,隐含着对于现实的愤懑与绝望。诵读《夜雨寄北》应表现诗质朴、自然的风格,彰显“寄托深而措辞婉”的艺术特色,要诵中有说,说诵结合。

无题·其一

李商隐

相见时难别亦难,东风无力百花残。
春蚕到死丝方尽,蜡炬成灰泪始干。
晓镜但愁云鬓改,夜吟应觉月光寒。
蓬山此去无多路,青鸟殷勤为探看。

【注释】 1.丝方尽:丝,与“思”谐音。“丝方尽”意思是除非死了,思念才会结束。2.泪始干:泪,指燃烧时的蜡烛油,这里取双关义,指相思的眼泪。3.晓镜:早晨梳妆照镜子。4.云鬓:女子多而美的头发,这里比喻青春年华。5.蓬山:蓬莱山,传说中的海上仙山,比喻被怀念者住的地方。6.青鸟:神话中西王母传递音讯的信使。

【串译】 见面真是难得,分别时也难舍难分,况且又在东风将收的暮春天气,百花残谢,更加使人伤感。春蚕结茧到死时丝才吐完,蜡烛燃完成灰时像泪一样的蜡油才能滴干。女子早晨梳妆照镜,只担忧丰盛如云的鬓发改变颜色,青春的容颜消失。男子晚上长吟不寐,必然感到冷月侵人。对方的住处就在不远的蓬莱山,却无路可通,可望而不可即。希望有青鸟一样的使者殷勤地为我去探看情人,往来传递彼此的消息。

【诵读提示】诗以“无题”命篇是作者的创造。这类诗作并非成于一时一地,多数描写爱情,其内容或因不便明言,或因难用一个恰当的题目表现,所以命为“无题”。诗的开头两句,写爱情的不幸遭遇和主人公的心境。首句的“别”字不是说当下正在话别,而是指既成的被迫分离。两个“难”字,第一个指相会困难,第二个是痛苦难堪的意思。作者在一句之中两次使用“难”字,第二个“难”字的出现,因重复而给人以轻微的突兀感,造成了诗句的绵连纤曲之势,使相见无期的离别之痛因表达方式的低回婉转而显得分外深沉和缠绵。“东风无力百花残”一句既写自然环境,也是对主人公心境的反映,物我交融,心灵与自然取得了精微的契合。三、四句既有失望的悲伤与痛苦,也有缠绵、灼热的执着与追求。追求是无望的,无望中仍要追求,因此这追求也有着悲观色彩。五六句转入写外向的意念活动。上句写自己,次句想象对方。“云鬓改”,是说自己因为痛苦的折磨,夜晚辗转不能成眠,以至于鬓发脱落,容颜憔悴。月下的色调是冷色调,“应觉月光寒”是借生理上冷的感觉反映心理上的凄凉之感。“应”字是揣度、料想的口气,表明这一切都是自己对于对方的想象,体现了她对于情人的思念之切和了解之深。

诵读这首诗时应把握:以女性的口吻抒写爱情心理,在悲伤、痛苦之中寓有灼热的渴望和坚忍的执着精神,感情境界深微绵邈,丰富细腻。

无题·其二

李商隐

昨夜星辰昨夜风,画楼西畔桂堂东。
身无彩凤双飞翼,心有灵犀一点通。
隔座送钩春酒暖,分曹射覆蜡灯红。
嗟余听鼓应官去,走马兰台类转蓬。

【注释】1.画楼、桂堂:都是比喻富贵人家的屋舍。2.灵犀:犀角中心的髓质像一条白线贯通上下,借喻相爱双方心灵的感应和暗通。3.“隔座”二句:送钩、射覆均为古代酒席间游戏。4.分曹:分组。5.射覆:在覆器下放着东西令人猜。6.听鼓应官:据唐制,五更二点,鼓自内发。鼓响天明,即须上班。7.应官:犹上班。8.兰台:汉代藏图书秘籍的宫观,这里借指作者供职的秘书省。

【串译】昨夜星光灿烂,夜半凉风习习,酒筵设在画楼西畔、桂堂之东。身无彩凤的双翼,不能比翼齐飞,内心却像灵犀一样,息息相通。互相猜钩嬉戏,隔座对饮春酒,分组来行酒令,决胜烛光泛红。可叹啊,我听到五更鼓应该上朝点卯,策马赶到兰台,像随风飘转的蒿蓬。

【诵读提示】诗大约作于唐文宗开成四年或靠后些,时作者在京城任秘书省校书郎。本诗追忆昨夜参与的一次贵家后堂之宴,表达了与意中人席间相遇、旋成间阻的怀想和惆怅。首联由今宵之景触发对昨夜席间欢聚时光的美好回忆,借助外部景物烘托出昨夜柔美旖旎的环境气氛，将读者带入温馨浪漫的回忆中。颔联抒写今夕对意中人的思念。“身无”“心有”，一退一进，相互映照，是间隔中的契合与沟通，怅惘中的喜悦与慰藉，表现了对这段美好情缘的珍视和自信。颈联具体追忆昨夜与意中人共享盛会的场景。尾联回忆今晨离席应差时的情景和感慨。昨夕的欢宴彻夜到晓，楼内笙歌未歇，楼外鼓声已响，自叹像随风飘转的蓬草，身不由己，不得不去秘书省应差，而与席上的意中人则后会难期了。

这首诗将身世之感并入艳情，以华艳辞章反衬困顿失意情怀，营造出情采并茂、婉曲幽约的艺术境界。诵读的节奏动型呈低沉型，先造出酒宴的热闹欢快融洽的气氛；接着转到对间隔中的意中人的思念，表现作者对美好情缘的珍视和自信，犹在“心有灵犀一点通”句中表露无遗，最后再转到无奈地官府应差。三种情绪，三个场景要转接自如，各尽发挥，又统揽于艳情。

锦瑟

李商隐

锦瑟无端五十弦，一弦一柱思华年。
庄生晓梦迷蝴蝶，望帝春心托杜鹃。
沧海月明珠有泪，蓝田日暖玉生烟。
此情可待成追忆，只是当时已惘然。

【注释】1. 锦瑟：古瑟大小不等，弦数亦不同。2. 无端：没来由，无缘无故。3. 五十弦：据《史记・封禅书》载，“古瑟五十弦，后虽一般为二十五弦,但仍有其制。”作者享年不足五十,故此借“五十弦”起兴,暗喻生平,引发以下“一弦一柱”之思忆。4.庄生句:在此引庄周梦蝶故事,以言人生如梦,往事如烟之意。5.望帝:据《寰宇记》载,“蜀王杜宇,号望帝,后因禅位,自亡去,化为子规。”子规即杜鹃。

【串译】锦瑟五十弦的说法,本没什么来由,但它的每一弦、每一节都足以表达对那美好年华的思念。庄周其实知道自己只是向往那自由自在的蝴蝶,望帝那美好的心灵和作为可以感动杜鹃。大海里明月的影子像是眼泪化成的珍珠,只有在蓝田才能生成犹如生烟的良玉。那些美好的事和年代,只能留在回忆之中了,而在当时那些人看来都只是平常罢了,并不知道珍惜。

【诵读提示】此诗大约是作者暮年所作,借咏瑟起兴,追忆往昔种种经历,在意象与情感的隐曲交织中表现出极为沉痛的忧生伤逝的心声心态。首联由锦瑟幽怨之声引发“思华年”之感慨,中二联以四幅象征性图景隐括华年之中的人生历程与感受,末联写出“追忆”那当时即已“惘然”之情事的深婉哀情。这首诗在艺术上极富个性,运用了典故、比兴、象征手法,诗中蝴蝶、杜鹃是象征,珠、玉属比兴,共同创造出明朗清丽、幽婉哀怆的艺术意境。其中颔联与颈联是全诗的核心。

诵读时应抓住颔联和颈联加以着色。诗句中包含着作者对爱情与生命消逝的伤感。

知识链接

李商隐(约 813—约 858),原籍河南沁阳,祖辈迁荥阳。初学古文,受牛党令狐楚赏识,入其幕府,从学骈文。开成二年中进士。次年入属李党的泾原节度使王茂元幕府,王爱其才,以女妻之。此行为被牛党视为“背主”“忘恩”。一生在牛李党争的夹缝中求生存,辗转于各藩镇幕府,终身不得志。晚年闲居郑州。

菩萨蛮·其二

韦庄

人人尽说江南好,游人只合江南老。
春水碧于天,画船听雨眠。
垆(lú)边人似月,皓腕凝霜雪。
未老莫还乡,还乡须断肠。

【注释】 1.游人:指漂泊江南的人,自谓。2.合:应当。3.垆边人:指当垆卖酒女子。4.皓腕:洁白的手腕。5.须:必定。6.断肠:形容非常伤心。

【串译】 人人都说江南好,游人应该在江南待到老去。春天的江水清澈碧绿比天空还青,游人可以在有彩绘的船上听着雨声入眠。江南酒家卖酒的女子长得很美,卖酒撩袖时露出的双臂洁白如雪。年华未衰之时不要回乡,回到家乡后必定悲痛到极点。

【诵读提示】菩萨蛮:唐教坊曲名,后用为词牌。双调四十四字,前后阙均两仄韵转两平韵。《菩萨蛮》共五首,是前后相呼应的组词。本词为第二篇。上片采用白描手法,抒写游子春日所见所思,宛如一幅春水图。起二句直言江南美好。"春水"二句承上,一写江南水乡景色美,一写江南民居生活美。下片"垆边"二句进一层写垆边肌肤洁白娇嫩的美女。江南既有"碧于天"的美景,又有"画船听雨眠"的生活,还有双臂洁白如雪的美女,组合成"游人"只应该在江南终老的情意。然而结末二句转入"未老莫还乡"的深沉感叹之中。

诵读自起句至"皓腕凝霜雪"应是对春日游子的描写及对江南美景佳人的颂赞,可以轻柔妙曼的语态表之。最后两句是"突转",怀乡思人,抒发感慨,应注入更多的社会内涵。词人避乱入蜀,饱尝离乱之苦,时值中原鼎沸,欲归不能。结句"还乡须断肠"巧妙地刻画出特定历史环境下词人的心态,应表现出语尽而意不尽的味道。

【断句顿挫建议】人人/尽说/江南好,/游人/只合/江南老。//春水/碧于天,/画船/听/雨眠。///垆边/人/似月,/皓腕/凝/霜雪。//未老/莫/还乡,/还乡/须/断肠。

知识链接

韦庄(836—910),西安人。韦应物四世孙。黄巢攻占长安,身陷兵火,弟妹失散。中和二年逃至洛阳,后流落江南。唐亡,王建称帝,韦庄为宰相,终于蜀,谥文靖。曾于杜甫浣花溪旧居重建草堂住所,后人称其为"韦浣花"。韦庄诗歌以"伤时伤事更伤心"为基调,广泛地反映了唐末动荡的社会面貌。

其词内容不外男女欢爱、离愁别恨，然能注入平生漂泊乱离、思乡怀旧之感，风格上较温词清新明朗，与其并称“温韦”，也是“花间词人”代表之一。

题菊花

黄巢

飒飒西风满院栽，蕊寒香冷蝶难来。
他年我若为青帝，报与桃花一处开。

【注释】1. 飒飒：形容风声。2. 青帝：司春之神。古代传说中的五天帝之一，住在东方，主行春天时令。3. 报：告诉，告知，这里有命令之意。

【串译】菊花在飒飒西风中栽满园中，花蕊寒香味冷蝴蝶也不再来。有朝一日我要是当了天神青帝，就要改变自然规律，叫菊花也在春天开放，与桃花一起争奇斗艳。

【诵读提示】第一句写满院菊花在飒飒秋风中开放。“西风”点明节令，逗起下句；“满院”极言其多。说“栽”而不说“开”，一是避免与末句重韵，同时“栽”字本身也给人一种挺立劲拔之感。三、四两句正是上述感情的自然发展，揭示环境的寒冷和菊花命运的不公平。想象有朝一日自己作了“青帝”（司春之神），就要让菊花和桃花一起在春天开放。这一充满强烈浪漫主义激情的想象集中地表达了作者的宏伟抱负。诗中的菊花是当时社会上千千万万处于底层的人民的化身，作者既赞赏他们迎风霜而开放的顽强生命力,又深深为他们所处的环境、所遭的命运而愤激不平,立志要彻底加以改变。

这首诗所抒写的思想感情是非常豪壮的,它使生活在封建社会中的文人学士表达自己胸襟抱负的各种豪言壮语都相形失色。因此诵读此诗必须追求一种用气吐字的强控制,口气要大,场景大,意境大,视野也大。“飒飒”“满”“栽”都是表现作者描述的秋菊与众不同的关节点,加厚语气会凸显情态的夸张。后两句“他年我若为青帝,报与桃花一处开”是表现作者阔大的政治抱负和雄心壮志。“我”字是突现,应予做拉长处理,“桃花”是整首诗的最高点,“一”字应有势不可当之势。

不第后赋菊

黄巢

待到秋来九月八,我花开后百花杀。
冲天香阵透长安,满城尽带黄金甲。

【注释】1. 九月八:古代九月九日为重阳节,有登高赏菊的风俗。说“九月八”是为了押韵。2. 杀:凋谢。3. 香阵:阵阵香气。4. 黄金甲:金黄色的铠甲,此指菊花的颜色。

【串译】等到秋高气爽的九月八,我栽的菊花盛开怒放后,百花都要凋谢。那冲天的菊香,弥漫在整个长安城,遍地都是金黄如铠甲般的菊花。

【诵读提示】首句点明菊花开放的季节是在秋季。在这里特别强调了“九月八”这一天,用了“待到”二字,表示了九月八日这一天一定会到来的。第二句写菊花的威力：百花的凋零与菊花的开放本没有必然的联系，在诗里却写成菊花一开百花就枯萎了，变成了因果关系。第三句写菊花的“味”，一个“冲”、一个“透”，体现了那种藐视天地的雄伟气魄。第四句写“色”和“形”。“满城”是说菊花无处不有，遍满京都；“尽带”是说这遍满长安的菊花无一例外地全都披上了黄金甲。这里所歌咏、所塑造的不是单独某一株菊花，而是菊花的“英雄群像”。

这首诗是以菊喻志，借物抒怀，通过刻画菊花的形象、歌颂菊花的威武精神，表现了等待时机改天换地的英雄气魄。这首菊花诗是封建社会农民起义英雄的颂歌。诗虽然只有短短四句，却充满了使人振奋的鼓舞力量。“冲天香阵透长安，满城尽带黄金甲”的描述能力和“造势”程度当是整首诗诵读的关键。

知识链接

黄巢（？—884），冤句人，从事过贩卖私盐活动。长于骑射，爱扶危救急；也爱读书，参加过进士考试，未中。不满于唐王朝的腐朽政治，875 年响应王仙芝在冤句率众起义。王仙芝被杀后继续战斗，号“冲天大将军”，深得人民群众拥护。880 年攻陷长安，即皇帝位，国号大齐。起义失败后自杀于泰山狼虎谷。

第三单元　宋代诗词

(一)

教学目的与要求:要求学生能够规范熟练地诵读所有内容,并背诵:《相见欢·其一》《浪淘沙》《虞美人》《苏幕遮》《渔家傲(秋思)》《雨霖铃》《踏莎行》《登飞来峰》《元日》《泊船瓜洲》《送春》《卜算子》。

教学重点与难点:宋词、七言宋诗的诵读格式和表达技巧。

相见欢·其一

李煜

无言独上西楼,月如钩,寂寞梧桐深院锁清秋。

剪不断,理还乱,是离愁,别是一番滋味在心头。

【注释】1.锁清秋:被秋色所弥漫。2.离愁:指去国之愁。3.别是一番:亦做“别是一般”。

【串译】默默无言,独自一人缓缓登上西楼,只有一弯如钩冷月相伴,梧桐树寂寞地孤立院中,幽深的庭院被笼罩在清冷凄凉的秋色之中。那剪也剪不断、理也理不清、让人心乱如麻的，正是离别之苦，又是另一种无可名状的滋味。

【诵读提示】《相见欢》，词牌名，原为唐教坊曲，三十六字，上片平韵，下片两仄韵两平韵。词牌虽叫《相见欢》，咏的却是离别之愁，应作于归宋以后。

起句“无言独上西楼”，通过几个动作揭示人的思想感情，诵读时起句要低，要稳，尽量摄尽凄婉之神。“无言”者，并非无语可诉，而是无人共语。由“无言”“独上”的滞重步履和凝重神情显见孤独之甚、哀愁之甚。“月如钩，寂寞梧桐深院锁清秋”，写后主所处的凄凉环境。“月如钩”，是西楼凭栏之所见，诵读时要仿佛看得见。上片在凄凉的景物中蕴含着深深的愁与恨，诵读语感应是景中现情，情溢景外。下片“剪不断”三句，以麻丝喻离愁，将抽象的情感加以具化。但更见造诣的还是结句：“别是一番滋味在心头。”他的离愁不是一般的男女离别之愁，而是失掉故国的深愁长恨。注意“别是”两个字的情绪加浓，调子扬起，感受加深，可真切地表现出离乡去国的锥心怆痛。

【断句顿挫建议】无言/独/上/西楼，/月/如钩，//寂寞/梧桐/深院/锁/清秋。///剪/不断，/理/还乱，/是/离愁，//别是/一番/滋味/在/心头。

浪淘沙

李煜

帘外雨潺潺，春意阑珊。罗衾(qīn)不耐五更寒。梦里不知身是客，一晌贪欢。

独自莫凭栏,无限江山。别时容易见时难。流水落花春去也,天上人间。

【注释】1.潺潺:形容雨声。2.阑珊:衰残。一作"将阑"。3.罗衾:绸被子。4.不耐:受不了。一作"不暖"。5.身是客:指被拘汴京,形同囚徒。6.一晌:一会儿,片刻。7.贪欢:指贪恋梦境中的欢乐。

【串译】门帘外传来雨声潺潺,浓郁的春意又要凋残。罗织的锦被受不住五更时的冷寒。只有迷梦中忘掉自身是羁旅之客,才能享受片时的欢娱。独自一人在太阳下山时在高楼上倚靠栏杆遥望远方,因为想到旧时拥有的无限江山,心中便会泛起无限伤感。离别它是容易的,再要见到它就很艰难。像流失的江水凋落的红花跟春天一起离去了,今昔对比,一是天上一是人间。

【诵读提示】《浪淘沙》出于乐府,原为二十八字,即七言绝句。白居易、刘禹锡皆演有此词,且词句即咏江浪淘沙,为唐时教坊曲名。迨至李煜,因旧调另制新声,乃变作双调,每段仅存七言二句,加为五十四字,前后片字句完全相同。第一句五字,第二句四字,第三、第四句为七言句,第五句则与第二句同。所咏不必切题。这首词是降宋后作者被掳到汴京软禁时死前不久所作,可看作是以歌当哭的绝笔词。此词表达了对故国、家园和往日美好生活的无限追思,反映出作者从一国之君沦为阶下之囚的凄凉心境。

上片的诵读,应以平徐的语态叙说梦境和梦醒,不必做大的夸饰。自"帘外雨潺潺,春意阑珊。罗衾不耐五更寒"作为一个语段,后面可安排一个气口,然后"梦里不知身是客,一晌贪欢"

一气贯达到底。下片写天亮后情景。“独自莫凭栏”，是先有凭栏远眺的愿望，后又自我否定。“莫”字，用得坚决，用得伤心，因为凭栏而望故国江山会引起无限伤感，令人无以面对。“别时容易见时难”，淡淡的语言中包含了无比丰富的人生感受，意蕴远比李商隐《无题》诗“相见时难别亦难”要复杂得多。这里说“别时容易”，可见“容易”是为了突出一别之后再见之难；“见时难”似也包含着好景难再、韶华已逝的感慨。“天上人间”暗指今昔两种截然不同的人生际遇，用在这里暗指自己来日无多，“天上人间”便是最后的归宿。词末以流水、落花、春去三个流逝不复返的意象，进一步表现出对人生的绝望。“天上”与“人间”，是天堂与地狱、欢乐与痛苦对立的两极世界，也是过去与现在生活境况、心态情感的写照。自“独自莫凭栏，无限江山。别时容易见时难”作为第一个语段处理，其后可安排气口，“流水落花春去也，天上人间”作为第二个语段。这第二语段是全词的核心点，“也”字应减弱拖长，“天上”与“人间”也应做以必要隔断和巨大反差，这样才能表现出词人对眼前处境的心存不甘但又万般无奈的心境。

【断句顿挫建议】帘外/雨/潺潺，/春意/阑珊。//罗衾/不耐/五更/寒。//梦里不知/身是客，/一晌/贪欢。///独自/莫/凭栏，/无限/江山。//别时/容易/见时/难。//流水/落花/春/去也，//天上/人间。

虞美人

李煜

春花秋月何时了，往事知多少。小楼昨夜又东风，故国不堪回首月明中。

雕阑玉砌应犹在，只是朱颜改。问君能有几多愁，恰似一江春水向东流。

【注释】1.了：了结，完结。2.砌：台阶。3.雕阑玉砌：指远在金陵的南唐故宫。4.应犹：一作“依然”。5.朱颜改：指所怀念的人已衰老。6.君：自称。

【串译】一年一度的春花秋月什么时候才能了结，往事又知道有多少！小楼上昨夜又刮来了春风，故国的伤痛在这皓月当空的夜晚，怎能承受得住啊。精雕细刻的栏杆、玉石砌成的台阶应该还在，只是江山易主，颜色已变。若要问我心中有多少哀愁，就像这不尽的滔滔春水滚滚东流。

【诵读提示】《虞美人》，著名词牌之一，原为唐教坊曲，初咏项羽宠姬虞美人，因以为名。双调，五十六字，上下片各四句，皆为两仄韵转两平韵。古代词开始大体以所咏事物为题，配乐歌唱逐渐形成固定曲调，后即开始名为调名即词牌。此词大约作于归宋后的第三年，也是作者词的代表之作。词中流露了不加掩饰的故国之思，据说此正是促使太宗下令毒死作者的原因之一。因领受了人生的悲哀，又直率、真切地把自己的悲哀倾泻在词中，这就使他的词“深衷浅貌，短语长情”，突破了晚唐五代词的传统，将词由花前月下娱乐遣兴的工具发展为歌咏人生的抒情文体。无论就思想内容还是艺术技巧来看都大大超越了前人，达到了小令的最高境界。

全词以问起，以答结；由问天、问人而到自问，通过凄楚中不无激越的音调和曲折回旋、流走自如的艺术结构，使沛然莫御的愁思贯穿始终，形成沁人心脾的美感效应。“春花秋月”这些最容易勾起人们美好联想的事物使人烦恼倍增。劈头怨问苍天：年年春花开，岁岁秋月圆，什么时候才能了结呢？“往事”当指往昔为人君时的美好生活，但是一切都已化为虚幻了。“东风”带来春的讯息，却引起词人“不堪回首”的嗟叹。“故国不堪回首月明中”是“月明中不堪回首故国”的倒装。回首处“雕阑玉砌应犹在，只是朱颜改”。想象中故国的江山、旧日的宫殿都还在吧，只是物是人非，江山易主，怀想时多少悲恨在其中。“只是”二字以叹惋的口气传达出无限怅恨之感。以上六句在结构上是颇具匠心的，几度运用两相对比和隔句呼应，反复强调自然界的轮回更替和人生的短暂易逝，富有哲理意味，感慨深沉。一二两句春花秋月的无休无止和人间事的一去难返对比，三四两句“又东风”和“故国不堪回首”对比，五六两句“应犹在”和“改”对比。“又东风”“应犹在”又呼应“何时了”，“不堪回首”“朱颜改”又呼应“往事”。如此对比和回环，都形象逼真地传达出词人心灵上的波涛起伏和忧思难平。

“春花秋月何时了，往事知多少”，诵读起句就要一下问出去。“故国不堪回首月明中”要深怀切肤之痛去思念故国于明月之下。结句“问君能有几多愁，恰似一江春水向东流”是自问自答，要问得无可奈何，答得亦无可奈何，“一江春水向东流”句要表现出“愁”之多，“愁”之浓，“愁”之切，宛如滚滚东去大江之水，语势也于无形中加重，近乎含泪带血的绝望地呼喊。诵读上片语势整体上应呈“下山类”，句首高启，句腹走势下行，句尾较低；下片的语势呈“上山类”，句首中起，句尾上扬延长。

【断句顿挫建议】春花/秋月/何时了，/往事/知/多少。//小楼/昨夜/又/东风，/故国/不堪回首/月明中。///雕阑/玉砌应/犹在，/只是/朱颜/改。//问君/能有/几多/愁，//恰似/一江/春水/向/东流。

知识链接

李煜(937—978),南唐最末一位皇帝。徐州人。北宋建隆二年在金陵即位,在位15年,世称李后主。嗣位时南唐已沦为宋朝属国。面对宋朝的压力逆来顺受,苟且偷安。太祖屡次遣人诏其北上,均辞不去。宋兵南下攻破金陵,李后主肉袒出降,南唐灭。太平兴国三年七夕是他42岁生日,太宗恨他有"故国不堪回首月明中"之词,将其毒死。李煜政治上是个昏君,文学上却有一番成就,主要在词上。其前期词风绮丽柔靡,未脱"花间"习气;后期词作凄凉悲壮,意境深远,为苏辛所谓的"豪放"派埋下了伏笔,为词史上承前启后的大宗师。

清明

王禹偁

无花无酒过清明,兴味萧然似野僧。
昨日邻家乞新火,晓窗分与读书灯。

【注释】1.兴味:兴趣、趣味。2.萧然:清净冷落。3.新火:按唐宋习俗,清明前一日禁火寒食,到清明节再起火,称为"新火"。

【串译】在无花可赏、无酒可饮的境况下过清明节,寂寞清苦的生活就像荒山野庙的和尚。昨天从邻家讨来新燃的火种,一大早就在窗前点灯,坐下来潜心读书。

【诵读提示】此诗自始至终流露着清明、寒食节的清独、孤冷之气，同时也缭绕着古代知识分子的文气。即便生活再清贫寂寞，为了考取功名也得挑灯晓读圣贤书。这种气氛的营造当是诵读者所必须理解感悟到并于语调、节奏中表现出来的。行句不得太快，音强不必过高，变化不必过大。其中“晓窗分与读书灯”句的意境造化得好，可让人无语沉思，甚至因十足的文气而久久难以释怀。

知识链接

王禹偁(954—1001)，济州巨野人。一生中三次被贬，表现了百折不挠的坚强意志。政治上主张改革，虽大多未被太宗、真宗采纳，却为宋仁宗时范仲淹等人的“庆历变法”开了先声，是北宋初期首先反对唐末以来浮靡文风、提倡平易朴素的作家之一，为后来的欧阳修、梅尧臣等人的诗文革新运动开辟了道路，因此颇受后人推重。在诗歌方面推崇杜甫和白居易，在创作中努力实践白居易“歌诗合为事而作”的主张。其诗同散文一样，语言平易流畅，风格简雅古淡。

长相思

林逋

吴山青，越山青，两岸青山相送迎。谁知离别情？
君泪盈，妾泪盈，罗带同心结未成。江边潮已平。

【注释】1.吴山：泛指钱塘江北岸的群山，古属吴国。2.越山：泛指钱塘江南岸的群山，古属越国。3.同心结：将罗带系成连环回文样式的结子,象征定情。

【串译】青翠秀美的吴山和越山,成天俯瞰并殷勤送迎着征帆归舟。离情别绪又有谁人知晓?就要分别的有情人眼含泪水,同心结还未打成,定情期还未说妥。钱塘江却把潮头悄悄涨到与岸齐平,催着行舟早发。

【诵读提示】《长相思》为词牌名。此词采用民歌中常见的复沓形式,以回旋往复、一唱三叹的节奏和清新优美的语言托为一个女子声口,抒写了她因爱情生活受到破坏,被迫与心上人江边诀别的悲怀。上片起首两句用民歌传统的起兴手法,叠下两个"青"字,色彩鲜明地描画出钱塘江两岸山明水秀的江南胜景。"谁知离别情?"歇拍处用拟人手法向亘古如斯的青山发出嗔怨,借自然无情反衬人生有恨,使感情色彩由轻盈转向深沉,巧妙地托出送别的主旨。接下来两句以拟人化手法移情寄怨,深切道出有情人诀别时的痛苦。"君泪盈,妾泪盈",过片承前,由写景转入抒情,写行者与送者。结尾两句含蓄点出了他们悲苦难言的底蕴,并以分别后的一江恨水抒写有情人的离情别绪。"结未成"喻示他们爱情生活横遭不幸。这两句以景语作结,创造出一个隽永空茫、余味无穷的意境。

诵读此词需注意运用民歌中常用的复沓形式,应适应回环往复、一唱三叹的节奏。青山、秀水、粉泪盈盈,江潮已平……一切都要求诵读者必须轻盈而又真切地用声行腔,以显露出女主人公的柔情似水和一往情深。

【断句顿挫建议】 吴山/青,/越山/青,/两岸/青山/相送迎。//谁知/离别情?///君泪/盈,/妾泪/盈,/罗带/同心/结/未成。//江边/潮/已平。

山园小梅

林逋

众芳摇落独暄妍，占尽风情向小园。
疏影横斜水清浅，暗香浮动月黄昏。
霜禽欲下先偷眼，粉蝶如知合断魂。
幸有微吟可相狎(xiá)，不须檀(tán)板共金樽(zūn)。

【注释】1.众芳：百花。2.摇落：被风吹落。3.暄妍：明媚美丽。4.疏影横斜：梅花疏疏落落，斜横枝干投在水中的影子。5.暗香浮动：梅花散发的清幽香味在飘动。6.霜禽：白鹤。7.合：应该。8.微吟：低声地吟唱。9.狎：亲近。10.檀板：演唱时用的檀木柏板。11.金樽：豪华的酒杯。

【串译】百花凋零，独有梅花迎着寒风昂然盛开，那明媚艳丽的景色把小园风光占尽。稀疏的影儿横斜在清浅的水中，清幽的芬芳浮动在黄昏月光之下。寒雀想飞落下来时先偷看梅花一眼，蝴蝶如果知道梅花的妍美定会销魂失魄。幸喜我能低声吟诵和梅花相亲近，不用敲着檀板唱歌、执着金杯饮酒来欣赏它了。

【诵读提示】此诗首联极目聘怀，以梅不畏严寒、笑立风中起句，“众”与“独”字对出，言天地间只有此花，这是何等的峻洁清高。然梅品虽高却不骄傲，只在一方山间小园实际是空中楼阁中孤芳自赏，这又是一种何等丰富的宁静与充实的美丽。颔联是最为世人所称道的，为我们送上了一幅优美的山园小梅图。

上句轻笔勾勒出梅之骨,"疏影"状其轻盈,翩若惊鸿;"横斜"传其妩媚,迎风而歌;"水清浅"显其澄澈,灵动温润。下句浓墨描摹出梅之韵,"暗香"写其无形而香,随风而至;"浮动"言其款款而来,飘然而逝,颇有仙风道骨;"月黄昏"采其美妙背景,从时间上把我们带到一个"月上柳梢头,人约黄昏后"的动人时刻,从空间上把人们引进一个"落霞与孤鹜齐飞,秋水共长天一色"似的迷人意境。颈联"以物观物","粉蝶"与"霜禽"构成对比,使画面富于变化;"断魂"略显夸张,用语极重,将梅之色、香、味推崇到"极致的美"。尾联"微吟"实讲"口中梅"也,"微"言其淡泊雅致,如此咀嚼,虽不果腹,然可暖心、洁品、动情、铸魂,表达出作者愿与梅化而为一的生活旨趣和精神追求,至此作者对梅的观赏进入了天地境界,我们看到的则是和"霜禽""粉蝶"一样迫不及待和如痴如醉的作者——一个梅化了的诗人。

这首诗歌写园中小梅,借梅喻己,抒发情怀。诵读时应着意体现作者那种追求高洁、不屑与世俗同流合污、玉洁冰清、一尘不染的孤傲情志。

知识链接

林逋(967—1028),字和靖,奉化人。40岁后长期隐居杭州孤山,直到62岁死葬孤山。少年好学,诗词书画无所不精。性情淡泊,爱梅如痴,种梅、赏梅、卖梅,过着恬然自乐的生活,并常在梅园里独自吟哦,写过许多有名的梅花诗。一生不娶,种梅养鹤,自称"梅妻鹤子"。仕宗赐谥"和靖先生"。经后人搜集仅得诗词三百余篇,题名《林和靖诗集》。"逋"字,读音bū。

苏幕遮

范仲淹

碧云天，黄叶地，秋色连波，波上寒烟翠。山映斜阳天接水，芳草无情，更在斜阳外。

黯乡魂，追旅思，夜夜除非，好梦留人睡。明月楼高休独倚(yǐ)，酒入愁肠，化作相思泪。

【注释】1. 黯：形容心情忧郁。2. 黯乡魂：用江淹《别赋》“黯然销魂”语。3. 追：追随，引申为纠缠。4. 旅思：羁旅之思。

【串译】白云满天，黄叶遍地，秋色映着江上的碧波，水波上笼罩着寒烟，一片苍翠。远山沐浴着夕阳，天空连接江水。岸边的芳草似是无情，又在西斜的落日之外。黯然感伤的他乡之魂，追逐旅居异地的愁思，每天夜里除非是美梦才能留人入睡。当明月照射高楼时，不要独自依倚，端起酒来洗涤愁肠，可是都化作相思的眼泪。

【诵读提示】《苏幕遮》，词牌名，原是唐玄宗时教坊曲名，来自西域，玄宗之前已传入中国。后衍为长短句，双调六十二字。宋人沿用此体。这首词抒写思乡之情、羁旅之思，以铁石心肠人作黯然销魂语，尤见深挚。作者当时主持防御西夏的军事。上片主要写景，下片主要抒情。上片是一幅肃飒悲凉的秋来塞外景物图。“夕阳”与“秋色”相映，都是暖去寒来、生气渐弱的意象，极易唤起人们的愁肠；“芳草”本无感情，但在仅靠野草点缀的荒原上，却令人无限依恋。下片“黯乡魂”二句，直接托出心头萦绕不去、纠缠不已的怀乡之情和羁旅之思。“夜夜除非”二句,是说只有在美好的梦境中才能暂时泯却乡愁。“明月楼高”一句顺承上文,但明月皎皎反而使他倍感孤独与怅惘,于是不由得发出“休独倚”之叹。歇拍二句,写试图借饮酒来消释胸中之块垒,但这一遣愁的努力也归于失败——“酒入愁肠,化作相思泪”。

此词低回婉转又不失沉雄清刚之气,不愧为真情流溢、大笔振迅的千古名篇。诵读上片时应于眼中看得见“天”“地”“色”“波”“烟”“阳”“水”“草”之物景,口中描画出肃飒悲凉的秋来塞外景物图。中度起势,力度无需过强。诵读下片时换上一个新境,要抓住“愁”字,将其施展开来,用情中强,节奏平舒,最后稳稳收住。其实,本词写得漂亮的还是上片,给人以上下远近的色彩感染。下片中:“夜夜除非,好梦留人睡”可以在顿挫技巧上做以微调处理,在“夜夜”之后放进个顿挫,将“除非好梦留人睡”连接起来读,更能清楚地表意,而不必拘泥于文字标点的框限和羁绊。

【断句顿挫建议】碧云天,/黄叶地,/秋色/连波,//波上/寒烟/翠。//山映/斜阳/天接水,/芳草/无情,更/在/斜阳/外。///黯乡魂,/追旅思,/夜夜/除非,/好梦/留人睡。//明月/楼高/休/独倚,//酒/入/愁肠,/化作/相思/泪。

渔家傲(秋思)

范仲淹

塞下秋来风景异,衡阳雁去无留意。四面边声连角起。千嶂里,长烟落日孤城闭。

浊酒一杯家万里，燕(yān)然未勒(lè)归无计。羌管悠悠霜满地。人不寐，将军白发征夫泪。

【注释】1. 塞：西北边疆。2. 衡阳雁去：传说秋天北雁南飞，至衡阳回雁峰而止。3. 边声：边塞特有的声音，如大风、号角、羌笛、马啸的声音。4. 千嶂：绵延而峻峭的山峰。5. 燕然未勒：指战事未平，功名未立。6. 燕然：即燕然山，今名杭爱山，在蒙古国境内。7. 羌管：即羌笛，出自古代西部羌族的一种乐器。8. 悠悠：形容声音飘忽不定。9. 寐：睡。不寐，就是睡不着。

【串译】边境上秋天一来风景全异，向衡阳飞去的雁群毫无留恋的情意。从四面八方传来的边地悲声随着号角响起。重重叠叠的山峰里，长烟直上，落日斜照，孤城紧闭。喝一杯陈酒怀念家乡远隔万里，可是燕然还未刻上平胡的功绩，回归无法预计。羌人的笛声悠扬，寒霜撒满大地。征人不能入寐，将军头发花白，士卒洒下眼泪。

【诵读提示】《渔家傲》，词牌名。双调六十二字，仄韵。前后片相同，完全唯七言仄韵诗两绝合为一。词的上片从听觉、视觉两方面写足了边地秋天景象，下片抒发兵将共同襟怀，边功未就，故里难归。“羌管悠悠霜满地”绘军中月夜之景，景中含情，极富典型意义。此篇词境开阔，格调悲壮，给宋初充满吟风弄月、男欢女爱的词坛吹来一股清劲的雄风，对以后的词风革新产生了积极影响。

诵读时应以凝重的节奏来表达，但不可低沉、缠绵。上片将边塞秋景、秋境描写得无以复加，诵读时处理好“壮”“雄”就够了。下片于雄壮的秋景秋境中，灌注浓厚的“人”“家”“国”的人文社会因素，景境之中有了情，使整首词显得更加苍劲雄阔，真实摄魂。既然是“秋中之思”,那么起调就得沉实些,切忌“轻”“飘”,于中高调式起句,把边秋之势做足,给下片铺垫。下片承上片末句语势,继续走强,能透出些许豪气和动感来就更见理解、表达之功力了。

【断句顿挫建议】 塞下/秋来/风景/异,/衡阳/雁去/无/留意。//四面/边声/连角起。//千嶂里,/长烟/落日/孤城/闭。///浊酒/一杯/家/万里,/燕然/未勒/归/无计。//羌管/悠悠/霜/满地。//人/不寐,/将军/白发/征夫/泪。

知识链接

范仲淹(969—1052),字希文,吴县人。北宋前期名臣。庆历三年七月,主持庆历改革,因守旧派阻挠未果。次年罢政,自请外任。卒谥文正。范仲淹不仅是北宋著名的政治家,文学成就亦卓然可观。散文《岳阳楼记》为千古名篇,词则能突破唐末五代词的绮靡风气,仅存5首。有《范文正公集》。

蝶恋花

柳永

伫(zhù)倚危楼风细细,望极春愁,黯黯生天际。草色烟光残照里,无言谁会凭阑意?

拟把疏狂图一醉,对酒当歌,强(qiǎng)乐还(huán)无味。衣带渐宽终不悔,为伊消得人憔悴。

【注释】1. 危楼：高楼。2. 黯黯：迷蒙不明。3. 拟把：打算。4. 疏狂：粗疏狂放，不合时宜。5. 对酒当歌：语出曹操《短歌行》。当：与“对”意同。6. 强：勉强。7. 强乐：强颜欢笑。8. 衣带渐宽：指人逐渐消瘦。

【串译】久立在高楼上丝丝细细的微风拂面，望不尽的春日离愁，黯然地从遥远无边的天际升起。碧绿的草色和迷蒙的烟光掩映在落日余晖里，默默无言，什么人会理解这独自凭栏的深沉含义？打算让这疏懒放纵的心情喝得烂醉，可是对着美酒要纵情高歌，勉强取得欢乐反而觉得毫无意味。衣衫丝带渐渐觉得松宽了，可他始终不感到懊悔，宁愿为她消瘦得精神萎靡，颜色憔悴。

【诵读提示】这是一首怀人之作。词人把漂泊异乡的落魄感受同怀念意中人的缠绵情思结合在一起写，采用“曲径通幽”的表现方式，抒情写景，感情真挚。上片写登楼伫望情景，以细风、草色、烟光、残阳几个关合着相思离愁的意象组成一幅黄昏春望图。下片抒情，直抒胸臆，写词人的情深志坚。“拟把”“强乐”两句辞意顿折，写词人欲借疏狂之歌呼，陶然之酣醉，谋求醉而忘忧，以摆脱春愁之压抑和纠缠，到头来却落得个“还无味”的无聊和空虚，可见其春愁之浓深、刻骨，无法排遣。最后揭明词人对待“春愁”的果决态度：“终不悔”。“为伊”，方始画龙点睛地道破春愁难遣、为春愁憔悴无悔的隐秘：为了她的坚贞情爱，我亦值得憔悴、瘦损，以生命相托！语直情切，挟带着市民式的激情，真是荡气回肠。

诵读上片，应以“春愁”为核心多层次地婉约地描摹出春愁之景、春愁之态。词的最后两句直抒胸臆，画龙点睛般地揭示出主人公的精神境界，抓住了这最后两句精髓就可成功地刻画出一个志诚男子的形象。语气要“诚”,咬字力度应坚实一些。

【断句顿挫建议】伫倚/危楼/风细细,/望/极/春愁,/黯黯/生/天际。//草色/烟光/残照里,/无言/谁会/凭阑意?///拟/把/疏狂/图/一醉,/对酒/当歌,/强乐/还/无味。//衣带/渐宽/终/不悔,/为伊/消得/人/憔悴。

望海潮

柳永

东南形胜,三吴都会,钱塘自古繁华。烟柳画桥,风帘翠幕,参差十万人家。云树绕堤沙,怒涛卷霜雪,天堑无涯。市列珠玑、户盈罗绮(qǐ),竞豪奢。

重(chóng)湖叠巘(yǎn)清嘉,有三秋桂子、十里荷花。羌管弄晴,菱歌泛夜,嬉嬉钓叟莲娃。千骑(jì)拥高牙,乘醉听箫鼓,吟赏烟霞。异日图将好景,归向凤池夸。

【注释】1. 形胜:地理条件优越。2. 三吴:《水经注》以吴兴、吴都、会稽为三吴。3. 都会:大都市。4. 风帘:挡风的帘子。5. 参差:指房屋楼阁高低不齐。6. 云树:树木远望似云,极言其多。7. 天堑:天然的险阻,这里指钱塘江。8. 珠玑:珍宝。9. 盈:充满,言其多。10. 重湖:这里指西湖。11. 巘:小山峰。12. 清嘉:清秀美丽。13. 三秋:农历九月。14. 羌管:笛子。这里泛指乐器。15. 泛夜:指在夜间飞扬。16. 嬉嬉:欢乐快活的样子。17. 莲娃:采莲的姑娘。18. 千骑:形容州郡长官出行时随从众多。19.高牙:古代将军的旗杆用象牙装饰,这里指高扬的仪仗旗帜。20.烟霞:山水美景。21.异日:他日。22.图:描绘,动词。23.凤池:原指皇帝禁苑中的池沼,此指中书省,代指朝廷。

【串译】东南地理条件十分优越,又是三吴的都会,钱塘自古就相当繁华。如烟的柳树,彩绘的桥梁,挡风的帘子,翠绿的幕帐,高低错落的房屋,约有十万人家。如云的大树环绕着沙堤,汹涌的波浪如同翻滚的霜雪,天然的险阻无际无涯。市面上铺陈着珠宝,家家户户充满着绫缎,争显着无限的奢华。里、外湖与重叠的山岭十分清秀雅丽,有三秋的桂子、十里的荷花。音乐在晴天里欢快地奏响,采菱的歌声回荡在夜船之上,钓鱼的老翁与采莲的小姑娘都喜笑颜开。长官被一千多名骑兵簇拥着,乘着醉意赏听吹箫击鼓,吟唱着烟霞风光。有朝一日画上这美好景致,回到京城时一定向人们夸耀这美好所在。

【诵读提示】《望海潮》,词牌名,柳永所创新声。一百零七字,双调,前片五平韵,后片六平韵,一韵到底。此词是作者赠给两浙转运使孙何的。这首词一反柳永惯常风格,上片以大开大阖、波澜起伏的笔法,浓墨重彩地铺叙展现了杭州的繁荣和壮丽。开头三句,入手擒题,首先点出杭州位置的重要、历史的悠久,极言其为东南一带、三吴地区的重要都市,字字铿锵有力。注意"形胜""繁华"为点睛之笔,情绪、口气应拉开、推上去,将"势"一气造足。自"烟柳"以下,应从各个侧面铺叙杭州的形胜与繁华。"参差十万人家"一句,要转弱调为强音,表现出整个都市人口的繁庶。"云树"三句,由市内说到郊外,一个"绕"字,应表现出西湖长堤迤逦曲折的态势。"怒涛"二句,写钱塘江水的澎湃与浩荡。"市列"三句,只要抓住"珠玑"和"罗绮"两个细节就会把市场的繁荣、市民的殷富反映出来。"竞豪奢"三个字明写肆间商品的琳琅满目,暗写商人之间的比夸争耀,应反映出杭州这个繁华都市穷奢极欲的一面。

下片重点描写西湖。“三秋桂子,十里荷花”这两句写得高度凝练,把西湖乃至整个杭州最美的特征概括出来,具有撼动人心的艺术力量。注意“泛”字和“嬉嬉”的效用,“泛”字,表示是在湖中的船上,“嬉嬉”则是对钓叟莲娃的欢乐神态栩栩如生的描绘,生动地展现出了一幅国泰民安的游乐图卷。最后表示的是一种愿望,再次把西湖之美推向极致。

此词用尽铺张手法写尽了人间天堂一派繁华之美景,虽未脱歌功颂德的俗套,但下笔点染时字字句句新鲜别致,另有一番清新气息。词风基本上是婉约哀衷、缠绵悱恻、凄婉动人见长见多。词中由数字组成的词组,如“三吴都会”“十万人家”“三秋桂子”“十里荷花”“千骑拥高牙”等,或实写,或虚指,诵读时均应注入夸张语气,这样有助于体现柳永式的并不多见的豪放词风。

【断句顿挫建议】东南/形胜,/三吴/都会,/钱塘/自古/繁华。//烟柳/画桥,/风帘/翠幕,/参差/十万/人家。//云树/绕/堤沙,/怒涛/卷/霜雪,/天堑/无涯。//市列/珠玑、/户盈/罗绮,/竞/豪奢。///重湖/叠巘/清嘉,/有/三秋桂子、/十里荷花。//羌管/弄晴,/菱歌/泛夜,/嬉嬉/钓叟/莲娃。//千骑/拥/高牙,/乘醉/听/箫鼓,/吟赏/烟霞。//异日/图将/好景,/归/向/凤池/夸。

雨霖铃

柳永

寒蝉凄切,对长亭晚,骤雨初歇。都门帐饮无绪,方留恋处、兰舟催发。执手相看泪眼，竟无语凝噎（yē）。念去去、千里烟波，暮霭沉沉楚天阔。

多情自古伤离别，更那堪、冷落清秋节。今宵酒醒何处？杨柳岸、晓风残月。此去经年，应是良辰好景虚设。便纵有、千种风情，更与何人说？

【注释】1.对长亭晚：面对长亭，正是傍晚时分。2.都门帐饮：在京都郊外搭起帐幕设宴饯行。3.无绪：没有情绪，无精打采。4.方留恋处：一作“留恋处”。5.兰舟：鲁班曾刻木兰树为舟，后用作船的美称。6.凝噎：悲痛气塞，说不出话来。7.去去：重复言之，表示行程之远。8.楚天：南天。古时长江下游地区属楚国，故称。9.清秋节：萧瑟冷落的秋季。10.经年：经过一年或多年，此指年复一年。

【串译】秋蝉鸣叫得是那般凄婉而又急促，面对傍晚时分的长亭，急雨刚刚停住。京都城外大帐中的饯别，却没有畅饮的心情，正依依不舍之时，船上的人已在催着出发。握着手互相深情地对视，眼噙泪花，直到最后也无言以对，千言万语都说不出来。想到此去南方，一程又一程，遥遥千里，烟波一片，那夜雾沉沉的楚天竟是一望无际。古往今来多情人最伤心的就是离别，更何况又在这萧瑟冷落的秋天，这离愁别绪哪能经受得住啊！今夜我酒醒后身在何处？怕只有那杨柳岸边，面对着晨风和残月了。这一去不知能有多少年月，遇到好天、好景也都如同虚设。即使有满腔的绵绵情意又能向谁去诉说呢？

【诵读提示】《雨霖铃》，词牌名。相传唐玄宗入蜀时因在雨中闻铃声而思念杨贵妃，故作此曲。此词为抒写离情别绪的千古名篇，也是柳词和有宋一代婉约词的杰出代表。上片写临别时情景,下片主要写别后情景。起首三句写别时之景,点明了地点和节序。秋季、暮色、骤雨、寒蝉,所见所闻,无处不凄凉。“对长亭晚”一句,中间插刀,极顿挫吞咽之致,更准确地传达了这种凄凉况味。这三句景色的铺写也为后两句的“无绪”和“催发”设下伏笔。“都门帐饮”句,恋人在都门外长亭摆下酒筵给他送别,然而面对美酒佳肴竟毫无兴致。接下去“方留恋处、兰舟催发”,这八个字完全是写实,也以精练之笔刻画了典型环境与典型心理。“执手相看泪眼,竟无语凝噎”,寥寥十一字,语言通俗,感情深挚,形象逼真,如在目前。“念去去”两句是内心独白。这里的“念”字作为领格,上承“凝噎”而自然一转,下启“千里”以下而一气流贯。“念”字后“去去”二字连用,则愈益显示出激越的声情,读时一字一顿,遂觉去路茫茫,道里修远。“千里”以下,声调和谐,景色如绘。上片正面话别,下片则宕开一笔,先作泛论,从个别说到一般。“清秋节”一词,映射起首三句,前后照应,针线极为绵密;而冠以“更那堪”三个虚字则加强了感情色彩,比起首三句的以景寓情更为明显、深刻。“今宵”三句蝉联上句而来,是全篇之警策,成为柳永光耀词史的名句。这三句本是想象今宵旅途中的况味,遥想不久之后一舟临岸,酒醒梦回,却只见习习晓风吹拂萧萧疏柳,一弯残月高挂杨柳梢头。整个画面充满了凄清的气氛,客情之冷落,风景之清幽,离愁之绵邈,完全凝聚在这画面之中,这句景语似工笔小帧,无比清丽。“此去经年”四句改用情语。他们相聚之日,每逢良辰好景总感到欢娱;可是别后非止一日,年复一年,纵有良辰好景也引不起欣赏的兴致,只能徒增烦恼。“便纵有千种风情,更与何人说”,遥应上片“念去去”和“经年”,近应“今宵”,在时间与思绪上均是环环相扣,步步推进。以问句归纳全词,有住而不住之势;又如众流归海,有尽而未尽之致。末尾二句画龙点睛,为全词生色,也为脍炙人口的千古名句。

诵读此词首先应深透了解《雨霖铃》这首词主要是以冷落凄凉的秋景来衬托情人难以割舍的离情，可以看出作者当时在仕途上失意，不得已离京远行，这种抑郁的心情和失去爱情慰藉的痛苦交织在一起，便谱成了这首词的主旋律。此词写得格调较低沉，诵读的情调和语调也必须适度伤感。结句“便纵有、千种风情，更与何人说！”乃最勾人魂魄的语句，是情感表达的最高点，要宣泄式地犹如奔马收缰，“啪！”一锤定音。

【断句顿挫建议】寒蝉/凄切，/对/长亭/晚，/骤雨/初歇。//都门/帐饮/无绪，/方/留恋/处、/兰舟/催发。//执手/相看/泪眼，/竟/无语/凝噎。//念/去去、/千里/烟波，/暮霭/沉沉/楚天/阔。///多情/自古/伤/离别，/更/那堪、/冷落/清秋节。//今宵/酒醒/何处？/杨柳岸、/晓风/残月。//此去/经年，/应是/良辰好景/虚设。//便/纵有、/千种/风情，/更/与/何人/说？

八声甘州

柳永

对潇潇暮雨洒江天，一番洗清秋。渐霜风凄紧，关河冷落，残照当楼。是处红衰翠减，苒(rǎn)苒物华休。唯有长江水，无语东流。

不忍登高临远，望故乡渺(miǎo)邈(miǎo)，归思难收。叹年来踪迹，何事苦淹留？想佳人妆楼颙(yóng)望，误几回、天际识归舟。争(zěn)知我、倚阑干处，正恁(nèn)凝愁！

【注释】 1. 潇潇:雨声急骤。2. 凄紧:形容秋风寒冷萧瑟。3. 关河:山河。4. 残照:夕阳照射。5. 是处:到处。6. 红衰翠减:花朵凋零,绿叶枯萎。7. 苒苒:渐渐地,时光消逝。8. 物华休:美好的景致已不复存在。9. 淹留:久留。10. 颙:抬头。11. 天际识归舟:多少次将远处来的船误认作是丈夫的归舟。12. 争知:怎知。13. 恁:如此,这样。14. 凝愁:愁思凝结难解。

【串译】 面对着潇潇暮雨从天空洒落在江面上,经过一番雨洗的秋景,分外寒凉清朗。凄凉的霜风一阵紧似一阵,关山江河一片冷清萧条,落日的余光照耀在高楼上。到处红花凋零翠叶枯落,一切美好的景物渐渐地衰残。只有那滔滔的长江水,不声不响地向东流淌。不忍心登高遥看远方,眺望渺茫遥远的故乡,渴求回家的心思难以收拢。叹息这些年来的行踪,为什么苦苦地长期停留在异乡?想起美人,正在华丽的楼上抬头凝望,多少次错把远处驶来的船当作心上人回家的船。她哪会知道我,倚着栏杆,愁思正如此深重。

【诵读提示】《八声甘州》,初为唐玄宗时教坊大曲,后用为词调,因前后八韵故为"八声"。此词通过登高远望所见,抒发了词人漂泊江湖的愁思和仕途失意的悲慨,写出了封建社会知识分子怀才不遇的典型感受。上片纯写景,这在慢词长调中是不多见的。它取楼头放眼远望的角度,全方位地摄取镜头,画面开阔高远,秋情秋景融为一体,将古今才人失意之悲寄托于自然界美好事物的衰谢销亡之中。纵观全词,非独结尾统摄全篇,上下片十八句无不泾渭分明,丝丝入扣。

此词不以柔婉见长,所以诵读时应以沉雄之魄、清劲之气表现出奇丽之情,将志士悲慨与儿女柔情高度凝结,体现刚柔相济的艺术美。其中几个用单字去声作为句首领头字的,如"对""渐""望""叹""误"等用于开篇与转折处,骨节灵通,强而有力,顿挫响亮，尤其要表现得如点睛之龙破壁而飞，显出节奏之美。

【断句顿挫建议】 对/潇潇暮雨/洒/江天，/一番/洗/清秋。//渐/霜风/凄紧，/关河/冷落，/残照/当楼。//是处/红衰翠减，/苒苒/物华/休。//唯有/长江水，/无语/东流。///不忍/登高/临远，/望/故乡/渺邈，/归思/难收。//叹/年来/踪迹，/何事/苦/淹留？//想/佳人/妆楼颙望，/误/几回、/天际/识/归舟。//争知我、/倚/阑干/处，/正/恁/凝愁！

知识链接

柳永(987—1053)，崇安人。又称“柳七”。仁宗朝进士，官至屯田员外郎，故世称“柳屯田”。由于仕途坎坷、生活潦倒，转而厌倦官场，耽溺于旖旎繁华的都市生活，在“倚红偎翠”“浅斟低唱”中寻找寄托。作为北宋第一个专力作词之人，不仅开拓了词的题材内容，而且创作了大量慢词，发展了铺叙手法，促进了词的通俗化、口语化，在词史上产生了较大的影响。

浣溪沙

晏殊

一曲新词酒一杯，去年天气旧亭台。夕阳西下几时回？
无可奈何花落去，似曾相识燕归来。小园香径独徘徊。

【注释】 香径：花园里的小路。

【串译】 听一曲以新词谱成的歌，饮上一杯酒，去年这时节的天气、旧亭台依然存在。眼前已是夕阳西下了,不知何时会再回来?无可奈何之中春花正在凋落,去年似曾见过的燕子如今又飞回到旧巢来了。不禁独自在小花园落英遍地的小径上惆怅徘徊起来。

【诵读提示】《浣溪沙》,本唐代教坊曲名,因西施浣纱于若耶溪,故又名《浣沙溪》。上下片三个七字句,四十二字,分平仄两体,平韵体流传至今。此调音节明快,句式整齐,为婉约、豪放两派词人所常用。该词上片绾合今昔,叠印时空,重在思昔;下片巧借眼前景物,着重写今日的感伤。语言圆转流利,通俗晓畅,清丽自然,意蕴深沉,启人神智,耐人寻味。词中对宇宙人生的深思给人以哲理性的启迪和美的艺术享受。

这是作者所作词中最为脍炙人口的篇章。此词虽含伤春惜时之意,却实为感慨抒怀之情。诵读时应把握好"惜春"中的浓度。"惜春"或许人人都有此情怀,但在"惜春"境遇下站得高,想得深远,竟将人生宇宙的含义"渗进"词中,与大自然一起论说,这样读起来也自然会觉得充满哲理趣旨,语句就会舒展得多了。在上片的"描述"之后,下片论说或议论一下,不仅可使语态更加充盈富实,诵者、听者都增添了怀抱。词之高,会养得诵之高。

蝶恋花

晏殊

槛(jiàn)菊愁烟兰泣露,罗幕轻寒,燕子双飞去。明月不谙(ān)离恨苦,斜光到晓穿朱户。

昨夜西风凋碧树,独上高楼,望尽天涯路。欲寄彩笺(jiān)兼尺素，山长水阔知何处。

【注释】1. 槛：栏杆。2. 罗幕：丝罗的帷幕。3. 朱户：朱门，指大户人家。4. 尺素：书信的代称。古人写信用素绢，通常长约一尺，故称。

【串译】栏杆外的菊花笼罩着一层愁雾，露珠沾湿兰花似乎是在饮泣，罗幕之间透露着缕缕轻寒，燕子双双飞去。皎洁的月亮不明白离别的苦恨，斜辉直射到破晓，穿入红门人家。昨夜西风惨烈，绿树凋零，我独自登上高楼，远望天涯路的尽头。想给心上人寄封信去，怎奈高山连绵，碧水远长，又不知道心上人身在何处。

【诵读提示】《蝶恋花》原为唐教坊曲。词牌始于宋。双片同调六十字，前后片各四仄韵。此词牌一般以抒写缠绵悱恻或心愁的情感为多。该词为晏殊写闺思的名篇。上片运用移情于景的手法，选取眼前的景物注入主人公的感情，点出离恨；下片承离恨而来，通过高楼独望把主人公望眼欲穿的神态生动地表现出来。

诵读时请注意，《蝶恋花》的上、下片之间，在境界、风格上是稍有区别的。景色苍凉，心绪沉重，但却不消沉。上片取境较狭，风格偏于柔婉；下片却境界开阔，风格近乎悲壮。词中用了烘托与反衬的手法写女主人公内心的悲苦。前者如“槛菊愁烟兰泣露”，是以悲景写愁，与词中人物同病相怜；后者如“燕子双飞”“明月穿户”，都以乐景写悲，以双燕、月光无情反衬女子有情。诵读时不可一味将自己“埋”在婉约情绪之中不能自拔。离愁之苦固然可诉，上片的“菊花”“烟雾”“兰花”“露水”“罗幕”“轻寒”“燕子”“月光”已经表现得足够充分了，下片“昨夜西风凋碧树,独上高楼,望尽天涯路”就有了登高望远之苍茫境界,一个“独”字更添悲慨之意,应沉实稳健地将其“砸出”。有了这层沉淀,即便是“彩笺”“尺素”无寄处,也可以将语调稍稍落下,最后在“满目山河空念远”的渺茫无着的悲慨怅惘中结束全词。这个中间“昨夜西风凋碧树,独上高楼,望尽天涯路”的过渡很重要,诵读者如能把这个“高境”表现好了,整首词才具备了“出彩儿”的资本,才能在婉约词中可以俯视群众,独领风骚。

【断句顿挫建议】槛菊/愁烟/兰/泣露,/罗幕/轻寒,/燕子/双飞/去。//明月/不谙/离恨/苦,/斜光/到晓/穿/朱户。///昨夜/西风/凋碧/树,/独/上/高楼,/望/尽/天涯/路。//欲/寄/彩笺/兼/尺素,/山长/水阔/知/何处。

知识链接

晏殊(991—1055),字同叔。抚州临川人。7岁能文,14岁就以“神童”才名应殿试考中进士。仁宗庆历中,官至集贤殿学士、礼部、刑部、工部尚书,范仲淹、欧阳修等名臣皆出其门下。为官清廉,秉直从政。曾上书皇帝主张严格选任州郡长官,量才录用地方知县,清除庸劣不称职者,万言书声震一时。晏殊是北宋文坛上地位极高的文人,是宋代著名的婉约派词人。

玉楼春

宋祁

东城渐觉风光好,縠(hú)皱波纹迎客棹(zhào)。

绿杨烟外晓寒轻,红杏枝头春意闹。

浮生长恨欢娱少,肯爱千金轻一笑。为君持酒劝斜阳,且向花间留晚照。

【注释】1. 縠皱:即绉纱,比喻细细的水的波纹。2. 棹:船桨,代指船。3. 浮生:指飘浮无定的短暂人生。4. 肯爱:怎肯吝啬。5. 晚照:晚日的余晖。

【串译】东城外的景色越来越美,湖面上棉纱一样的波浪负载着游船,承载着欢乐。绿杨翠柳,茂密如烟,春深时只有早上尚余轻寒。红杏枝头,蜂飞蝶舞,春意盎然。人生的欢乐是多么少啊,愿拿千金换取一笑。端起斟满的酒杯,劝夕阳也同干一杯,希望金色的晚照能够在美丽的花丛中多停留一会儿。

【诵读提示】《玉楼春》,词牌名。双调五十六字,前后片格式相同,各三仄韵,一韵到底。这首词是当时誉满词坛的名作。词中赞颂明媚的春光,表达了及时行乐的情趣,令人心旷神怡。上片写春日绚丽的景色,颇有精到之处,尤其是"红杏枝头春意闹"点染得极为生动。下片抒写寻乐的情趣,惜春感叹。这首词最精彩之处是第四句的"闹"字。近代学者王国维在《人间词话》中评论说:"着一'闹'字而境界全出。"一个字即传达出春日万物争喧的情景,这正是词人的高明之处。

诵读此词,有两点应紧紧"扣应":一个是"乐",另一个是"闹"。享春之乐,在古诗词中并不多见,能闹到这个地步,更是凤毛麟角。春天既然是美好的,文字又这么跳跃,诵读的基调自然也应该是欢快、跃动、喜庆的,一上口就给足"春之好""好中闹",语势尽可于高处起句,一贯至上片结束。下片语流中似可夹带些人生的慨凉,人生苦短、及时行乐之意在内,在词意深度上把语态做满,不悲情,不伤感,只是“行乐”而已。

知识链接

宋祁(998—1061),安陆人。曾与欧阳修同修《新唐书》。因其词《玉楼春》中有“红杏枝头春意闹”之句,人称“红杏尚书”。为人喜奢侈,多游宴。其词多抒写个人生活情怀,未摆脱晚唐五代艳丽旧习,但构思新颖,语言流丽,描写生动,一些佳句流传甚广。

踏莎行

欧阳修

候馆梅残,溪桥柳细,草熏风暖摇征辔(pèi)。离愁渐远渐无穷,迢迢不断如春水。

寸寸柔肠,盈盈粉泪,楼高莫近危阑倚(yǐ)。平芜尽处是春山,行人更在春山外。

【注释】1. 候馆:接待宾客的馆舍。驿路梅花正含有怀人之意。2. 熏:香气。3. 辔:马缰。4. 盈盈:泪水满眼的样子。5. 平芜:平坦地向前伸展的草地。6. 行人:指心上人。

【串译】春暖了,旅舍的寒梅日渐凋谢,只剩几片残瓣,溪桥边的柳树却萌出了浅绿嫩芽,暖暖的春风在大地上拂过,风中带着花草芳香,远行的人也都在这时动身了。你渐行渐远,我的愁绪也渐生渐多,就像眼前这一江春水,来路无穷,去程不尽。离人们愁肠入怀，情深意绵。送行人只好上楼远望你离去的方向，期盼能够早归。然而，映入眼帘的只是绵绵无绝的春草原野，原野尽处是隐隐青山。而你更在遥远的青山之外，渺不可寻。

【诵读提示】《踏莎行》，词牌名。双调五十八字，仄韵。“莎”字，读音 suō。此词以温柔的笔触抒写离愁。上片从远行人着眼，展示了他感情的渐变过程：初行时在融和春光中为美丽景物所感，他轻摇征辔，怡然自得。离家渐远，别恨便一步步更强烈地袭击他，终于在心底驱之不去。下片从闺中人着眼，代她设想相思苦况，劝她不要倚栏望远，因为行人越走越远，思妇亦将愈望愈远。此词运用了三种艺术表现手法：一是托物兴怀，上片写残梅、细柳和薰草这些春天里的典型景物，点缀着候馆、溪桥和征途，表现出南方仲春融和的气氛，但对于离愁的行人来说却倍增烦恼，更添愁思。二是比喻，化虚为实。“愁”是一种无可视感的情绪，将它比喻为迢迢不断的春水，既形象又贴切，化虚为实，可视可感。三是逐层深化，委曲尽情。“平芜尽处是春山，行人更在春山外”，更进一步说明行人离愁的无穷。

诵读此词的情感基调是悱恻幽回，情深意远。

【断句顿挫建议】候馆/梅残，/溪桥/柳细，/草熏/风暖/摇/征辔。//离愁/渐远/渐/无穷，/迢迢/不断/如/春水。///寸寸/柔肠，/盈盈/粉泪，/楼高/莫近/危阑/倚。//平芜/尽处/是/春山，/行人/更/在/春山/外。

生查子·元夕

欧阳修

去年元夜时，花市灯如昼。月上柳梢头，人约黄昏后。
今年元夜时，月与灯依旧。不见去年人，泪湿春衫袖。

【注释】1.元夜：农历正月十五夜，即元宵节。唐代以来有元夜观灯的风俗。2.花市：卖花的集市。

【串译】去年元宵夜之时，花市上灯光明亮如同白昼。与佳人相约在月上柳梢头之时、黄昏之后。今年元宵夜之时，月光与灯光明亮依旧。可是却见不到去年的佳人，相思之泪打湿了春衫的衣袖。

【诵读提示】《生查子》，唐教坊曲名。双调，四十字，仄韵格，前后片格式相同，各四句两仄韵，上去通押。多抒发怨抑之情。“查”字，读音 zhā。这首词通过写一个妙龄女子去年元宵节与今年元宵节爱情的变故，反映了她不顾封建礼教束缚，追求恋爱自由的欢乐与悲伤。上片为女主人公回顾去年元宵节与情人幽会的美好情景。前两句写节日的热闹场面。后两句描述那晚她趁着出门观灯的机会与心上人按事先的约定在黄昏夜幕降临、明月刚刚升上柳树梢时悄悄地相会。下片与上片相对照，叙述女主人公对今年元宵节“物是人非”的悲伤。前两句写“物是”，后两句写“人非”，女主人公触景生情，顿感悲伤。淡漠冷清的伤感弥漫于下片。灯、花、月、柳，在主人公眼里只不过是凄凉的化身、伤感的催化剂、相思的见证。

诵读此词对于热恋后又伤感怅惘的女性心理的揣摩是成就诵读的关键点，起句就得有女性主人公的心态和语气，婉约一些也可。“去年”与“今年”境况的比对和反衬构成了矛盾焦点，可适当作以突显和强调。

【断句顿挫建议】 去年/元夜/时，/花市/灯/如昼。//月/上/柳梢/头，/人/约/黄昏/后。///今年/元夜/时，/月与灯/依旧。//不见/去年/人，/泪湿/春衫/袖。

知识链接

欧阳修(1007—1072)，字永叔，号“醉翁”“六一居士”。吉州永丰人，自称庐陵人。仁宗时，累擢翰林学士；英宗时官至参知政事；神宗迁兵部尚书，以太子少师致仕。卒谥“文忠”。其在政治和文学方面都主张革新，既是范仲淹庆历新政的支持者，也是北宋诗文革新运动的领导者。又喜奖掖后进，苏轼父子及曾巩、王安石皆出其门下。创作实绩亦灿然可观，诗、词、散文均为一时之冠。散文说理畅达，抒情委婉，为“唐宋八大家”之一；诗风与散文近似，重气势而能流畅自然；其词深婉清丽，承袭南唐余风。曾与宋祁合修《新唐书》，独撰《新五代史》，又喜收集金石文字，编为《集古录》。有《欧阳文忠公文集》传世。

登飞来峰

王安石

飞来山上千寻塔,闻说鸡鸣见日升。
不畏浮云遮望眼,只缘身在最高层。

【注释】1. 飞来峰:绍兴城外的宝林山。2. 千寻:极言塔高。古以八尺为一寻。3. 不畏:反用李白《登金陵凤凰台》"总为浮云能蔽日,长安不见使人愁"句意。4. 塔:铁塔。5. 浮云:暗喻奸佞小人。6. 眼:视线。7. 缘:因为。8. 最高层:喻自己是皇帝身旁的最高决策层。

【串译】飞来峰顶灵隐寺前有座高耸入云的塔,听说鸡鸣时分可以看见旭日升起。不怕层层浮云遮住我远眺的视野,只因为我站在飞来峰顶,登高望远,心胸宽广。

【诵读提示】1050 夏天,作者在宁波做知县任满后回江西临川故乡,路过杭州时写了这首诗。这一年作者才 30 岁。写飞来峰是表面的,抒发自己宏伟志向和抱负才是核心的。宋仁宗在位时,国家表面上平安无事,实际上阶级矛盾和民族矛盾一天比一天尖锐起来。作为封建统治阶级内部的一个进步知识分子,作者怀着要求变革现实的雄心壮志,希望有一天能施展他治国平天下的才能。所以他一登到山岭塔顶就联想到鸡鸣日出时光明灿烂的奇景,通过对这种景观的憧憬表示了对自己前途的展望。"不畏浮云遮望眼"这句看去很浅近,其实是用了个典故。西汉人曾把浮云遮蔽日月比喻奸邪小人在皇帝面前对贤臣进行挑拨离间，让皇帝受到蒙蔽。作者把这个典故反过来用：我不怕浮云遮住自己远望的视线，那就是因为自己站得最高。这是多么有气魄的豪迈声音。

此诗通篇表达了志向高远的政治信念，诵读时语调应是明朗、坚定的。节奏动型应是高亢型的。

元日

王安石

爆竹声中一岁除，春风送暖入屠苏。
千门万户曈(tóng)曈日，总把新桃换旧符。

【注释】1.元日：农历正月初一。2.一岁：一年。3.除：去，过去。4.屠苏：酒名，用屠苏草浸泡而成，据说喝了可以避瘟疫。5.曈曈日：太阳初升时光亮耀眼的样子。6.新桃换旧符："桃符"是古时风俗，农历正月初一人们用桃木板写上神荼、郁垒两位神灵的名字悬挂在门旁，以用来压邪。

【串译】鞭炮声中一年已过，春风吹拂屠苏酒温暖心房。旭日升起千门万户旧布新系，到处是新春气象。

【诵读提示】这首诗描写农历正月初一时人们喜迎新春佳节的情景。从新春佳节的欢乐气氛入手，抓住人们喜迎新春佳节的三件事，来表现春节的喜庆气氛和人们的喜悦心情。这三件事是燃放鞭炮、喜饮屠苏酒和把旧桃符换成新桃符。这种通过描写典型特征来表现人们欢度新春的喜庆情景的写法，使诗句简练，笔墨节省，具有很强的概括力，也使所要表现的人们喜迎新春的热闹场面变得非常生动形象。

诵读此诗,前两句要体现出“闹”和“爆”的喜庆特点,口腔控制应尽量松弛,气息点可高浮些。后两句尤其是“总把新桃换旧符”句,蕴含着深刻的社会意义,宋人总是喜欢通过诗歌来表达自己的政治抱负和哲学观点,作者此时身为宰相,正在大刀阔斧地进行改革。所以这句诗里洋溢着他对革除时弊、推行新法的坚定信念及乐观情绪,抒发了他春风得意、踌躇满志的心情。语气中要透发出作者作为政治家的那种坚定、坚毅、坚持的性格色彩。

泊船瓜洲

王安石

京口瓜洲一水间,钟山只隔数重山。
春风又绿江南岸,明月何时照我还?

【注释】1.泊船:停船靠岸。2.瓜洲:在长江北岸,扬州市南,与京口相对。3.京口:在长江南岸,现在的江苏镇江。4.钟山:现在南京紫金山。5.重:层。6.绿:本是形容词,这里用作动词,有“吹绿了”的意思。7.还:回到钟山的家里。

【串译】从京口到瓜洲仅一江之隔,离南京也只隔着几座山。春风又吹绿了大江南岸,明月什么时候才能照着我回到自己的家乡呢?

【诵读提示】诗以“泊船瓜洲”为题,点明作者的立足点。首句“京口瓜洲一水间”写了望中之景。次句“钟山只隔数重山”暗示归心似箭。第三句为千古名句,再次写景,点出了时令已经是春天，描绘了长江南岸的景色。“绿”是使动用法，用得绝妙。传说为用好这个字，作者改动了十多次，从“到”“过”“入”“满”等十多个动词中最后选定了“绿”字。因为其他字只表达春风的到来，却没表现春天到来后千里江岸一片新绿的景物变化。结句“明月何时照我还”，眺望已久，不觉皓月初上。用疑问的句式，想象出一幅“明月”“照我还”的画面，进一步表现思念家园的心情。

明快、轻盈、亮丽、灵动是此诗诵读的基本色调。头两句先说地理，“京口”与“瓜洲”之间应有所停顿，用“一水”连接。“数重山”本可以既表示远也可表示近，这里是表示近，用语气来体现，力度不宜过重，轻轻一带即过，将着力点前移至“只”。后两句再表达心情。描述地理是铺垫，表达心情是重点，离开地理之“近”就无法表达心情之“迫”。注意情绪的逐渐推演、走高、趋浓。结句“何时”的设问，语调向上一提，呈至“急不可待”状收束。

桂枝香·金陵怀古

王安石

登临送目，正故国晚秋，天气初肃。千里澄江似练，翠峰如簇(cù)。归帆去棹(zhào)斜阳里，背西风、酒旗斜矗(chù)。彩舟云淡，星河鹭(lù)起，画图难足。

念往昔、繁华竞逐，叹门外楼头，悲恨相续。千古凭高对此，漫嗟(jiē)荣辱。六朝旧事如流水，但寒烟、衰草凝绿。至今商女，时时犹唱，《后庭》遗曲。

【注释】 1. 登临送目：登山临水，举目望远。2. 故国：旧时的都城,指金陵。3.澄江:清澈的长江。4.练:白色的绢。5.簇:丛聚。6.棹,划船的一种工具,形似桨,也可引申为船。7.星河,指长江。8.画图难足:用图画也难以完美地表现它。9.豪华竞逐:六朝的达官贵人争着过豪华的生活。10.门外楼头:指南朝陈亡国惨剧。11.悲恨相续:指亡国悲剧连续发生。12.漫嗟:空叹。13.商女:歌女。14.《后庭》遗曲:指歌曲《玉树后庭花》,传为陈后主所作。

【串译】登上高楼凭栏远眺,故乡金陵正是一派晚秋气象,天气刚刚开始肃潇。千里奔流的长江好像一条澄澈白链,青翠的山峰峻峭得犹如一束束箭镞。江中小船张满了帆,迅疾驶向夕阳里,迎着西风飘拂的酒旗斜矗在岸上。涂满色彩的画船出没在稀淡云烟里,江洲上的白鹭时停时飞,这景色就是用最美的图画也难以将它画足。回想往日,奢华的生活无休无止地互相竞逐,感叹"门外韩擒虎,楼头张丽华"的亡国悲恨接连相续。千古以来凭栏遥望,映入眼帘的景色大概就是如此,无须感慨历史上的得失荣辱。六朝的风云变化全都随着流水消逝,只有那郊外的寒冷烟雾和衰萎的野草还凝聚着一片苍绿。直到如今,商女还不知亡国的悲恨,时时在放声歌唱《后庭》遗曲。

【诵读提示】《桂枝香》,词牌名,一百零一字。前后片各五仄韵,宜用入声韵。前后片第二句第一字是领格,宜用去声。金陵怀古,是于治平四年再次罢相出知江宁府时所作。词中流露出作者失意无聊之时颐情自然风光的情怀。

上片的诵读应具备写景和构图能力,用"澄江""翠峰""征帆""酒旗""彩舟""鹭起"等语词,由点到面结构成一幅雄伟壮丽的金陵晚秋图。从开句"登临送目"至"星河鹭起"一路走下来,都似在"描",描金陵之繁盛,描金陵之豪奢,语言和情绪尽量夸饰无妨。但是无论怎样描画,其结果都是"画图难足",至此略带遗憾地婉转一收作结。下片则通过"念往昔,千古凭高对此,六朝旧事如流水"怀古感今，揭露六朝统治者"繁华竞逐"的奢侈生活。注意"叹""悲""嗟""寒烟""衰草"等语词都是有生命的，运用得好可将胸中的情怀淋漓尽致地抒发出来。结句"至今商女，时时犹唱，《后庭》遗曲"则是对当道者的警醒。全词唯一人的活动竟是商女不知亡国恨，时时犹唱《后庭》曲。结句的表达必须以哀伤的语调将情绪推向极致。这首词语言苍劲，意境开阔，摆脱了当时绮靡词风的影响，一扫五代旧习，有极大的独创性；在意趣上，一反千古谩嗟荣辱的悲叹，站得高，看得远，隐喻现实，寄兴遥深，所以被推为金陵怀古词的绝唱。此词三、四、五、六、七字句掺杂，断句应以四字句为主，其中五、六、七字句可拆分向四字句靠拢，听起来有无限的顿挫之美。

【断句顿挫建议】 登临/送目，/正/故国/晚秋，/天气/初肃。//千里/澄江/似练，/翠峰/如簇。//归帆/去棹/斜阳里，/背/西风、/酒旗/斜矗。//彩舟/云淡，/星河/鹭起，/画图/难足。///念/往昔、/繁华/竞逐，/叹/门外/楼头，/悲恨/相续。//千古/凭高/对此，/漫嗟/荣辱。//六朝/旧事/如/流水，/但/寒烟、/衰草/凝绿。//至今/商女，/时时/犹唱，/《后庭》/遗曲。

知识链接

王安石（1021—1086），抚州临川人，出生在一个小官吏家庭，庆历二年登榜进士，先后任淮南判官、常州知州等。治平四年，神宗即位，召为知江宁府，旋为翰林学士。熙宁二年提为参知政事。三年起，两度任同中书门下平章事，推行新法。熙宁九年罢相后隐居，病死于江宁钟山。被列宁誉为"中国11世纪改革家"。

秋日

程颢

闲来无事不从容,睡觉(jué)东窗日已红。万事静观皆自得,四时佳兴与人同。

道通天地有形外,思人风云变态中。富贵不淫贫贱乐,男儿到此是豪雄。

【注释】1.从容:不慌不忙。2.觉:醒。3.静观:仔细观察。4.四时:春、夏、秋、冬四季。5.淫:放纵。6.豪雄:英雄。

【串译】心情闲静安适,做什么事情都不慌不忙的,一觉醒来红日已高照东窗。静观万物,都可以得到自然的乐趣,人们对四季美妙风光的兴致都是一样的。道理通着天地之间一切有形无形的事物,思想渗透在风云变幻之中。只要能够富贵而不骄奢淫逸,贫贱而能保持快乐,男子汉到了这种境界就是英雄豪杰了。

【诵读提示】诵读此诗我们至少可以从中表现出四种境界来:第一个是“忘”。开句一个“闲”字点明了快乐的入门之径,即不要太在意生活中的一切。只有忘掉现实才能应对现实。要想享受快乐的生活,必须要会“忘”。做到这一种境界,就是要会“闲”,并且能“闲”得住。第二个是“静”。“静”是入门后获得快乐要做的第一件事。实际上,这句的正常语序应当是“静观万物皆自得”,就是说,你排除外界干扰就可以得到这样的结论:世间万物都是自然而然的,不是自己得到之谓也。这正好开启了下一句“四时佳兴与人同”,是说人的佳兴与四时变化正如万物也是自然而然的、有规律的，不可强求。第三个境界是“超脱”。排除干扰静下来，就会找到属于自己的东西。但这些东西还只是浅层次的快乐。快乐不在于找到自我，更在于超越自我。快乐之道是超越现实生活的，它依赖现实而又高于现实。第四个是“安”。入世是修身、齐家、治国、平天下，政治理想是崇高的，是建立符合“礼”的标准且有秩序的国家。但对生活知道守度、守规矩；一贫如洗也能安于现状，没有非分之想，果能如此，当然是“男儿到此是豪雄”。现实生活中的许多苦处就在于不知足，欲望无度，得陇望蜀，进取心严重扭曲所致。如果能安于自己能力所及，感恩生活的馈赠，一切皆会是美满的。这“忘”“静”“超脱”“安”四种境界不是一般人所能体味出并作为人生信条的，但是若成大事则必须遵循之。

另外，“觉”字有 jué、jiào 两读，这里指睡醒，应读作 jué。

知识链接

程颢(1032—1085)，后人称“明道先生”，与同胞兄弟程颐并称“二程”。二程早年受业于周敦颐。政治上追随司马光，反对王安石的新政，既是宋代理学的奠基人，又是一生从事讲学活动、双双成为当时有名望而对后世有重大影响的教育家。二程的学说后来被南宋朱熹继承和发展，成为中国封建社会后期的官方统治思想——程朱理学。二程主张以《诗》《书》《礼》《易》《春秋》等儒经为基本教材，同时又根据形势的需要，最先倡导以《大学》《中庸》《论语》《孟子》四部书为基础教材，从而把历史的传统和自己的创造结合起来，创立了新的教材体系——“五经四书”和新的知识结构——义理道统。从此，

"五经四书"和义理道统成了宋以后中国封建社会学校教育的基本教材和基本内容,不仅在汉民族中传播,元明清时还在蒙、满等少数民族中使用,后来又流传到朝鲜、日本、越南等国,在世界教育史上都是罕见的。

送春

王令

三月残花落更开,小檐日日燕飞来。
子规夜半犹啼血,不信东风唤不回。

【注释】1.更:再,重。2.檐:屋檐。3.子规:杜鹃鸟。4.啼血:形容鸟类啼叫的悲苦,一般指杜鹃鸟的啼叫。

【串译】暮春三月花败又花开,矮矮屋檐下燕子飞走又回来。只那眷恋春光的杜鹃鸟仍在夜半悲啼,不相信春风唤不回。

【诵读提示】诗写暮春三月的景象。前两句,花落了又重开,燕子离去还会回来,然而那眷恋春光的杜鹃却半夜三更还在悲啼,不相信东风是唤不回来的。后两句以拟人的手法写杜鹃鸟,塑造了一个执着的形象,借此表现留恋春天的情怀,字里行间充满凄凉的美感,既表达珍惜春天的心情,又显示了自信和努力的态度。

诵读这首诗请注意,子规(杜鹃)与以往大部分诗里借喻哀伤、凄切的含义较不相同,这里带有积极的意义。前两句于中度设情,反映出自然规律就行。后两句对杜鹃的歌颂是诗的灵魂所在，面对落花残花，作者不但没有面对自然规律“无可奈何”地叹息，反而抒发了“不信东风唤不回”的豪情壮志。诵读时应表现出作者的坚定信念和积极向上的精神，语调应高扬、伸展、有力，充满自信。

知识链接

王令(1032—1059)，年少时即有治国安民之志。曾赋《南山之田》诗求见王安石，被其誉之为“可以任世之重而有功于天下”。28岁卒。

卜算子

李之仪

我住长江头，君住长江尾。
日日思君不见君，共饮长江水。
此水几时休？此恨何时已？
只愿君心似我心，定不负相思意。

【注释】1.长江头：指上游四川一带。2.长江尾：指长江下游。3.定：词中的衬字。在词规定的字数外适当地增添一二不太关键的字词，以更好地表情达意，谓之衬字，亦称“添声”。

【串译】我住长江上游，你住长江下游。天天思念你而见不到你，却共饮着同一条江河水。这江水啊要流到什么时候才会停止？这段离愁别恨又要到何年何月才会结束？但愿你的心同我的心一样，就一定不会辜负这一番相思情意。

【诵读提示】《卜算子》又名《卜算子慢》，词牌名。双调，四十四字，上下片各两仄韵。本词的上片写相离之远与相思之切。开头写两人各在一方相隔千里，喻相逢之难，见相思之深。“日日”，犹如流水滔滔不绝，表现思恋之久。末句写“共饮”，以水贯通两地，沟通两心；融情于水，以水寓情，情意同样绵长不绝。虚的心灵与实的事物合二为一，朴实中见深刻。下片写女主人公对爱情的执着追求与热切的期望。全词处处是情，层层递进而又回环往复，短短数句却感情起伏，热烈而直露，质朴清新中又曲折委婉，含蓄而深沉，深得民歌神韵，在民间流传甚广。

诵读语调从头至尾都须轻媚、委婉地在中低处行走，以长江水之长表现女主人公思念和分离的浓切，语句中应始终处于“流动”的状态，水之长，思之长，怨之长！

【断句顿挫建议】我/住/长江头，/君/住/长江尾。//日日思君/不见君，/共饮/长江水。///此水/几时/休？/此恨/何时/已？//只愿/君心/似我心，/定/不负/相思意。

知识链接

李之仪(1035—1117)，沧州无棣人。哲宗元祐初为枢密院编修官，通判原州。元祐末从苏轼于定州幕府，朝夕倡酬。后因得罪蔡京，除名编管太平州。后遇赦复官，晚年卜居其地。

（二）

教学目的与要求：要求学生能够规范熟练地诵读所有内容，并背诵：《春宵》《饮湖上初晴后雨》《密州出猎》《乙卯正月二十日记梦》《水调歌头》《题西林壁》《赤壁怀古》《惠崇春江晚景》《鹊桥仙》《如梦令·其一》《如梦令·其二》《醉花阴》《乌江（夏日绝句）》《声声慢》。

教学重点与难点：宋词、七言宋诗的诵读格式和表达技巧。

春宵

苏轼

春宵一刻值千金，花有清香月有阴。
歌管楼台声细细，秋千院落夜沉沉。

【注释】1. 春宵：春夜。2. 一刻：古时一昼夜分为一百刻。一刻，比喻时间短暂。3. 阴，阴影。4. 管：笙、箫一类的管乐器。

【串译】春天的夜晚，即使是极短的时间也十分珍贵，花朵散发出醉人的清香，在月光下摇曳着朦胧的倩影。楼台处传来清脆悦耳的歌声与箫声，望着院中空荡荡的秋千架，我沉醉于深夜良宵的美景之中。

【诵读提示】“春宵一刻值千金，花有清香月有阴”写的是春夜美景、光阴的珍贵。春天的夜晚是那样宝贵，因为花儿散发着醉人的清香，月亮也有朦胧的阴影之美。这两句诗不仅写出了夜景的清丽幽美,景色宜人,更是在告诉人们光阴的宝贵。诵读语气中要带有"告诫"的意味。"歌管楼台声细细,秋千院落夜沉沉"写的是官宦贵族阶层的人们在抓紧一切时间戏耍、玩乐、享受的情景。作者描绘那些在春夜轻吹低唱的人们正沉醉在良宵美景之中,对于他们来说这样的良夜春景更显得珍贵。

诵读时应在冷静自然的描写中,含蓄委婉地透露出对醉生梦死、贪图享乐、不惜光阴的人的深深谴责,带有讽刺意味。

饮湖上初晴后雨

苏轼

水光潋滟(liàn yàn)晴方好,山色空蒙雨亦奇。
欲把西湖比西子,淡妆浓抹总相宜。

【注释】1. 初:起初。2. 潋滟:形容水波相连,荡漾闪光。3. 方好:才显得美丽。4. 空蒙:形容云雾迷茫,似有若无。5. 奇:指景色奇妙。6. 西子:春秋时越国的美女,姓施,家住浣纱溪村西,所以称西施。

【串译】晴天的西湖波光荡漾,闪烁耀眼,正好展示着那美丽的风貌;雨天的西湖山色云雾朦胧,空灵缥缈,又别一番奇妙景致。如果把西湖比作西子,不管怎样打扮总能很好地烘托出她的天生丽质和迷人神韵。

【诵读提示】本诗写于作者任杭州通判期间。原作有两首,这是第二首。首句"水光潋滟晴方好"描写西湖晴天的水光:在灿烂的阳光照耀下,西湖水波荡漾,波光闪闪,十分美丽。次句

“山色空蒙雨亦奇”描写雨天的山色：在雨幕笼罩下，西湖周围的群山迷迷茫茫，若有若无，非常奇妙。“欲把西湖比西子，淡妆浓抹总相宜”两句，用一个奇妙而又贴切的比喻写出了西湖的神韵。之所以拿西施来比西湖，不仅是因为二者同在越地，同有一个“西”字，同样具有婀娜多姿的阴柔之美，更主要的是她们都具有天然美的姿质，不用借助外物，不必依靠人为的修饰，随时都能展现美的风致。这个比喻得到后世的公认，从此，“西子湖”就成了西湖的别称。

这首诗不是描写西湖的一处之景、一时之景，而是对西湖美景的全面评价。诵读的语势应平舒、婉转、柔美、盈荡，口腔力度可松弱些，变换幅度不大，着力在流畅华美性上多下功夫。结句“总相宜”的“总”字要力求在舒展程度上绕个圈子，表示肯定。

江城子·密州出猎

苏轼

老夫聊发少年狂，左牵黄，右擎苍。锦帽貂裘，千骑(jì)卷平冈。为报倾城随太守，亲射虎，看孙郎。

酒酣胸胆尚开张，鬓微霜，又何妨。持节云中，何日遣冯唐？会挽雕弓如满月，西北望，射天狼。

【注释】1. 密州：今山东诸城。2. 聊：姑且。3. 黄：黄犬。4. 苍：苍鹰。5. 锦帽：锦蒙帽。6. 貂裘：貂鼠皮衣。7. 千骑：形容随从乘骑之多。8. 卷平冈：从平坦的山冈上席卷而过。9. 为报：为了报答。10. 倾城：全城人。11. 孙郎：孙权。这里以孙权喻太守自己。12. 尚:更。13. 持节云中,何日遣冯唐:是说朝廷何日派遣冯唐去云中郎赦免魏尚的罪呢?典出《史记·冯唐列传》。汉文帝时,魏尚为云中(汉时的郡名,在今内蒙古托克托县一带)太守。匈奴来犯,魏尚亲率车骑出击,杀敌众多。后因报功文书上所载杀敌的数字虚报了六个被削职。冯唐代为辩白后,文帝认为判得过重,就派冯唐带着符节去赦免魏尚。此时作者因政治处境不好,调密州太守,故以魏尚自许,希望能得到朝廷的信任。14. 节:兵符,古代使节用以取信的凭证。15. 会:一定。16. 挽:拉。17. 雕弓:弓背上有雕花的弓。18. 满月:圆月。19. 天狼:星名,旧说主侵掠。

【串译】老夫我偶尔也发一发少年打猎的狂热,左手牵着犬黄,右手举起鹰苍。戴上锦蒙帽穿好貂皮裘,率领随从千骑席卷平展的山冈。为了报答全城人随我出猎的盛意,看我亲自射杀猛虎犹如昔日的孙郎。喝醉了酒,胸胆才能开张,鬓染微霜,又有何妨。朝廷什么时候能遣人拿着符节到云中,像汉文帝派遣冯唐那样召我回去。倘能如此,我将使尽力气拉满雕弓,朝着西北瞄望,奋勇射杀敌人。

【诵读提示】《江城子》,词牌名,始见《花间集》韦庄词。宋人改为双调,七十字,上下片都是七句五平韵。苏轼在熙宁四年因对王安石变法持不同政见而自请外任,当了杭州通判,三年任满转任密州太守。到任密州一年,曾因干旱去常山祈雨,归途中猎于铁沟,写下了这首词。词的上片记叙此次出猎的情况。作者此时四十岁便自称"老夫",颇有悱恻意味。左手牵着黄犬,右臂架着苍鹰,戴上锦蒙帽,穿上貂鼠裘,率众多随从纵马狂奔,飞快地越过小山冈。说明这是一次装备齐全、人数众多的热热闹闹的狩猎。接下来写为回报人们倾城而出来观看太守狩猎的盛情,他要像当年的孙权那样亲自挽弓马前射虎。这就在浓墨重彩地描绘出猎的群众场面后，又特别突出地表现了作者的少年狂气。下片以抒情为主，写酒酣之后胸宽胆壮，两鬓出现了一点白发又有什么关系呢？作者并不在意自己的衰老，而更在意的是希望朝廷能够重用他，给他机会去建立功业。最后表述了自己期望为国御敌立功的壮志，表达了自己要报效国家、关怀国家命运的爱国精神。

此词奠定了作者作为豪放词派的开创人的地位，尽管豪放风格的词作仅占全部词作的十分之一，但“豪放”却是主体风格。上片的诵读，情感要高昂贲张，语势应激壮豪阔，表现出作者的少年狂气和猎队出行席卷山河的盛况，节奏紧凑，几个意思的推进应环环相扣，至“亲射虎，看孙郎”字节的喷弹力度要加增，强力收煞。下片是酒后似醉非醉的心路，诵读时应表露出酒后的三种态度：第一，鬓染微霜又何妨？第二，朝廷何日能够持节云中遣冯唐？第三，挽雕弓西北射天狼。作者生活的时代已是北宋王朝积贫积弱、内外危机暗中滋长的时代。宋王朝一味妥协退让，订立和约，输送银绢，仍解除不了辽和西夏的侵扰。青年时作者就主张抗击辽和西夏，因而这首词表达了他请求抵抗西北敌人、立功边疆的情怀。

【断句顿挫建议】 老 夫/聊 发/少 年 狂，/左 牵 黄，/右 擎 苍。//锦帽/貂裘，/千骑/卷/平冈。//为/报/倾城随太守，/亲/射 虎，/看/孙 郎。///酒 酣/胸 胆/尚/开 张，/鬓 微 霜，/又 何 妨。//持节/云中，/何日/遣/冯唐？//会/挽/雕弓/如/满月，/西北/望，/射/天狼。

江城子·乙卯正月二十日记梦

苏轼

十年生死两茫茫,不思量,自难忘。千里孤坟,无处话凄凉。纵使相逢应不识,尘满面,鬓如霜。

夜来幽梦忽还乡,小轩(xuān)窗,正梳妆。相顾无言,唯有泪千行。料得年年肠断处,明月夜,短松冈。

【注释】1. 乙卯:公元1075年。2. 十年:指结发妻子王弗去世已十年。3. 思量:想念。4. 千里:王弗葬地四川眉山与作者任所山东密州相隔遥远,故称。5. 孤坟:其妻王氏之墓。6. "尘满面"两句:形容年老憔悴。7. 幽梦:梦境隐约。8. 小轩窗:小室的窗前。9. 顾:看。10. 明月夜,短松冈:葬妻之地。

【串译】两人一生一死,隔绝十年,音讯渺茫,克制自己不去思念却本来难忘。妻子的孤坟远在千里,没有地方跟她诉说心中的凄凉悲伤。即使相逢也料想认不出了,因为我四处奔波,灰尘满面,鬓发如霜。晚上忽然在隐约梦境中回到家乡,妻子正在小窗前对镜梳妆。两人互相望着,千言万语不知从何说起,只有泪落千行。料想那明月照耀着长着小松树的坟山,就是妻子思念我,年年痛欲断肠的地方。

【诵读提示】此词是宋熙宁八年所作。作者在密州任上做了一个遇见亡妻的梦,醒来感慨系之,写了这首词表达对妻子的追念。此词开悼亡词先河,被视作悼亡词中的绝唱。这首词结构严密，直抒胸臆，淋漓酣畅，一气呵成。在技巧上极尽曲折跌宕，起伏突变。写梦前怀念感情深邃，含意丰富；写梦中相逢情感执着，动人心弦；写梦后伤感用词朴质，寓情于景，一泻其妙。这首词语言纯用白描，自然真切，毫无斧凿之痕，用词凝练深沉，音响凄厉。全词句句有声，与悼亡之情十分契合，感染力非一般哀愁之作可相比。

诵读的基调是回念、怀想、郁结、感伤，归结为“深情地想望”，述说人生的衷情和慨凉。注意“梦前”“梦中”“梦后”三个场景的转场。

【断句顿挫建议】 十 年/生 死/两 茫 茫，/不 思 量，/自 难忘。//千里/孤坟，/无处/话/凄凉。//纵使/相逢/应不识，/尘 满 面，/鬓 如 霜。///夜 来/幽 梦/忽 还 乡，/小 轩/窗，/正/梳妆。//相顾无言，/唯有/泪/千行。//料得/年年/肠断/处，/明月夜，短松冈。

水调歌头

苏轼

丙辰中秋，欢饮达旦，大醉，作此篇兼怀子由。

明月几时有？把酒问青天。不知天上宫阙，今夕是何年。我欲乘风归去，又恐琼楼玉宇，高处不胜寒。起舞弄清影，何似在人间。

转朱阁，低绮（qǐ）户，照无眠。不应有恨，何事长向别时圆？人有悲欢离合，月有阴晴圆缺，此事古难全。但愿人长久，千里共婵娟。

【注释】1.把酒:端起酒杯。2.宫阙:宫殿。3.今夕是何年:古代神话传说,天上只三日,世间已千年。4.乘风归去:驾着风回到天上去。在这里浪漫地认为自己是下凡的神仙。5.琼楼玉宇:白玉砌成的楼阁,相传月亮上有这样美丽建筑。6.不胜:忍受不住。7.弄清影:在月光下起舞,自己的影子也翻动不已,仿佛自己和影子一起嬉戏。8.朱阁:朱红色的楼阁。9.绮户:刻有纹饰门窗。10.照无眠:照着有心事睡不着的人。11.婵娟:月里的嫦娥,代指月亮。

【串译】明月什么时候出现的?端着酒杯问青天。不知道天上的神仙宫阙里现在是什么年代了。我想乘着风回到天上,又怕玉石砌成的美丽月宫在高空中经受不住寒冷。在浮想联翩中对月起舞,清影随人,乘云御风,哪里像在人间!转过朱红楼阁,月光低洒在绮窗前,照到床上人惆怅无眠。明月不该有什么怨恨,却为何总在亲人离别时候才圆?人有悲欢离合的变迁,月有阴晴圆缺的转换,这种事自古难以周全。但愿离人都能平安康健,远隔千里也共享月色的明媚皎然。

【诵读提示】《水调歌头》,词牌名。上下片,九十五字,平韵。这首词是宋神宗熙宁九年中秋作者在密州任上所作。时弟弟苏辙在齐州(今济南)幕府掌书记,兄弟六七年未见。中秋之夜,携客人登超然台饮酒赏月,面对一轮明月心潮起伏,于是乘酒兴正酣,挥笔写就此篇。这首词反映了作者复杂而又矛盾的思想感情,但贯穿始终的却是热爱生活与积极向上的乐观精神。全词情感放纵奔腾,跌宕有致,结构严谨,脉络分明,情景交融,紧紧围绕"月"字展开,忽上忽下,一会离尘,一会入世,语句精练自然,显示了高超的语言能力及浪漫洒脱超逸的词风。此词采用的是浪漫主义的手法,展现了作者的遐思奇想。

诵读时最要紧的应把握住此篇的"醉酒"状态,虽然没有烂醉如泥，倒也酒酣放胆、斗酒为诗了。词的前片应描摹出“欢饮达旦，大醉”后“人月对话”的情状。词中其实是化用了李白的《把酒问月》《月下独酌》等诗意，“琼楼玉宇”“乘风奔月”“月宫高寒”神话传说的运用，可于语态中尽情表现出中秋月夜的“欢”情“醉”意，既可表尽“欢”，也可表活“醉”。后片的诵读应表现出佳节思亲的惆怅，仍是扣“月”而行，情绪略转低回。时值中秋，兄弟同在齐鲁，相望而不能相晤，有亲人不得团聚。洞悉事理的词人此时此刻对人生、物质世界的缺憾积郁了深切的感受！“人有悲欢离合，月有阴晴圆缺，此事古难全”句要表现出人虽因离别而苦，月并非永远团圆，万事万物之圆美、欠缺总在不容抗拒的循回轮转之中的意思。“但愿人长久，千里共婵娟”句更要表现出词人超越时空、地理的局限，共赏明月互相思念的情志。作者的思想深博而复杂，以儒为根底但并不排斥佛、老，而且善于将佛、老的某些妙理玄言与儒学理论融会贯通，用以处理行藏、出处、进退之节。中国士大夫对待人生、事业的挫折，大体遵循两条道路：或放弃理想，与世浮沉；或坚持理想，知其不可而为之，哪怕碰得头破血流，甚至以身相殉。作者则以独特的世界观和人生观走了第三条道路。既不放弃理想与世俗同流合污，又不走极端激烈抗争，而是听其自然，以享有清风明月自矜，在寄情山水、物我交融中怡然自得，有效地保持了内心的平静，一生乐观、开朗，达到了多少人心向往之而苦求不得的人生境界。

【断句顿挫建议】明月/几时/有？/把酒/问/青天。//不知/天上/宫阙，/今夕/是/何年。//我/欲/乘风归去，/又/恐/琼楼玉宇，/高处/不胜/寒。//起舞/弄/清影，/何似/在/人间。///转/朱阁，/低/绮户，/照/无眠。//不应/有恨，/何事/长向/别时圆？//人/有/悲欢离合，/月/有/阴晴圆缺，/此事/古/难全。//但愿/人/长久，/千里/共/婵娟。

浣溪沙·游蕲水清泉寺

苏轼

山下兰芽短浸溪，松间沙路净无泥，萧萧暮雨子规啼。
谁道人生无再少？门前流水尚能西，休将白发唱黄鸡。

【注释】 1. 此词为作者元丰五年三月谪居黄州期间作。2. 蕲(qí)水：今湖北浠水县。3. 兰溪：出箬竹山，溪两侧多生兰草，故名。4. 萧萧：同"潇潇"，雨声。5. 子规：杜鹃的别名。6. 休将：不要。7. 白发：指老年。"黄鸡催晓""白日催年"，意思是说人就是在黄鸡叫声、白日流动中一天天变老的。在这里反其意而用之，意思是不要因为自己老了就消极悲观，人生也会返老还童。

【串译】 游历在蕲水的清泉寺，清泉寺面对着兰溪，兰溪的水向西流去。山脚下兰草嫩芽浸入小溪，松林间沙路干净得没有泥，傍晚细雨中传来杜鹃的阵阵啼叫声。谁说人老就不可再年少？门前流水还能执着地奔向西边！不必烦恼叹白发，悲叹衰老。

【诵读提示】 这是一首触景生慨、蕴含人生哲理的小诗，体现了作者热爱生活、乐观旷达的人生态度。上片写暮春游清泉寺所见之幽雅景致。首七字既点出游清泉寺的时令也点明兰溪之名的由来。杜鹃啼声凄婉，本易引发羁旅之愁，但此际漫步溪边，浑然忘却尘世的喧嚣和官场的污秽，心情是愉悦的。上片只是写实景，其内心所唤起的应是对大自然的喜爱及对人生的回味，这就引出了下片对人生的哲思。下片就眼前“溪水西流”之景生发感慨和议论。面对眼前西流的兰溪水，作者产生奇妙的遐想：既然溪水可以西流，人为什么不可以重新拥有青春年华呢？人生之“再少”，乃是说应保持一种年轻的乐观的心态。作者认为即使到了暮年也不应有那种“黄鸡催晓”、朱颜已失的衰颓心态，体现了他在贬谪期间旷达振作的精神状态。

全词的特点是即景抒慨，写景纯用白描，细致淡雅；抒慨昂扬振拔，富有哲理。诵读须知：此时作者因罹“乌台诗案”，责授黄州团练副使，也就是说是以待罪之官的身份被安置在偏僻的黄州，孤寂苦楚的心情不是轻易可以摆脱的。因此下片所表现出来的对青春活力的呼唤，对老而无为的观点的否定便显得尤为可贵。可以说这种在“命压人头不奈何”的逆境中的乐观奋发精神，是作者之所以受到后世尊崇的重要原因之一，也是此词诵读成功的根结之所在。

定风波

苏轼

三月七日沙湖道中遇雨。雨具先去，同行皆狼狈，余独不觉。已而遂晴，故作此。

莫听穿林打叶声，何妨吟啸(xiào)且徐行。竹杖芒鞋轻胜马，谁怕？一蓑烟雨任平生。

料峭春风吹酒醒，微冷，山头斜照却相迎。回首向来萧瑟处，归去，也无风雨也无晴。

【注释】1. 沙湖:湖北黄冈县东南三十里处。2. 狼狈:形容处境困窘、难堪。3. 吟啸:吟诗、长啸。4. 芒鞋:草鞋。5. 烟雨:烟波风雨。6. 料峭:风力寒冷、尖利。7. 萧瑟:风雨穿林打叶声。

【串译】不要听风穿树林、雨打树叶之声,我依然边吟诗长啸边缓步徐行。穿着草鞋,拄着竹杖,比骑马坐车更加轻松,谁怕这风风雨雨?我一生任由烟波风雨与我同行。阴冷春风又把我吹醒,微感有些寒意,斜阳山头却来迎接我。回头望去我来时淋雨的地方一片萧条,归去时又一片平静,没什么风雨,也没什么"天晴"。

【诵读提示】《定风波》,词牌名,唐教坊曲,双调六十二字,作于苏轼被贬黄州后的第三个春天。此诗通过野外途中偶遇风雨这一生活小事,于简朴中见深意,寻常处生奇警,表现出作者旷达超脱的胸襟,寄寓着超凡超俗的人生理想。首句一方面渲染出雨骤风狂,另一方面又以"莫听"二字点明外物不足萦怀之意。"何妨吟啸且徐行"是前一句的延伸,在雨中照常舒徐行步,呼应小序同行皆狼狈,余独不觉,又引出下文"谁怕?"即不怕。首两句是全篇枢纽,以下词情都是由此生发。"竹杖芒鞋轻胜马",写词人竹杖芒鞋,顶风冲雨,从容前行,以轻胜马的自我感受传达出一种搏击风雨、笑傲人生的轻松、喜悦和豪迈之情。"一蓑烟雨任平生",此句更进一步由眼前风雨推及整个人生,有力地强化了作者面对人生的风风雨雨而我行我素、不畏坎坷的超然情怀。过片到"山头斜照却相迎"三句,是写雨过天晴的景象。这几句既与上片所写风雨对应,又为下文所发人生感慨作铺垫。结句"回首向来萧瑟处,归去,也无风雨也无晴"是饱含人生哲理意味的点睛之笔,道出了词人在大自然微妙的一瞬所获得的顿悟和启示:自然界的雨晴既属寻常,社会人生中的政治风云、荣辱得失又何足挂齿?

诵读全词，应呈现出词人醒醉全无、无喜无悲、胜败两忘的人生哲学和处世态度。语气中应充盈着潇洒、旷达、人生豪迈之气概！

【断句顿挫建议】莫听/穿林/打叶/声，/何妨/吟啸/且/徐行。//竹杖/芒鞋/轻/胜马，/谁怕？//一蓑/烟雨/任平生。///料峭/春风/吹/酒醒，/微冷，/山头/斜照/却/相迎。//回首/向来/萧瑟/处，/归去，//也/无/风雨/也/无/晴。

题西林壁

苏轼

横看成岭侧成峰，远近高低各不同。
不识庐山真面目，只缘身在此山中。

【注释】1.题：写。2.西林：西林寺，在庐山。3.岭：山脉。

【串译】正面看庐山连绵起伏，侧面看庐山山峰耸立，从远处、近处、高处、低处看庐山，呈现出各种不同的样子。认不清庐山本来的面目，只因为自己就在庐山之中。

【诵读提示】作者由黄州贬赴汝州时经过九江，游览庐山，此诗是游观庐山后的总结，描写庐山变化多姿的面貌，并借景说理，指出观察问题应客观全面，如果主观片面就得不出正确的结论。开头两句实写游山所见，概括而形象地写出了移步换形、千姿万态的庐山风景。后两句是即景说理，谈游山的体会。这两句诗有着丰富的内涵，它启迪我们认识到为人处世的一个哲理——由于人们所处的地位不同，看问题的出发点不同，对客观事物的认识难免有一定的片面性;要认识事物的真相与全貌,必须超越狭小的范围,摆脱主观成见。

这是一首哲理诗,但作者不是抽象地发议论,而是紧紧扣住游山谈出自己独特的感受,借助庐山的形象,用通俗的语言深入浅出地表达哲理,故而亲切自然,耐人寻味。诵读时“理趣”为要,尤其是最后一句“只缘身在此山中”是全诗之精髓,也是结论,当强调指出。

念奴娇·赤壁怀古

苏轼

大江东去,浪淘尽,千古风流人物。故垒西边,人道是,三国周郎赤壁。乱石穿空,惊涛拍岸,卷起千堆雪。江山如画,一时多少豪杰。

遥想公瑾当年,小乔初嫁了,雄姿英发。羽扇纶(gūan)巾,谈笑间,樯橹(qiáng lǔ)灰飞烟灭。故国神游,多情应笑我,早生华发。人生如梦,一樽还(huán)酹(lèi)江月。

【注释】1. 赤壁:周瑜破曹操的赤壁在今湖北浦圻,苏轼所游的赤壁为黄州赤壁,又名赤鼻矶。2. 风流人物:英雄人物。3. 故垒:历史上遗留下来的壁垒。4. 乱石穿空:陡峭的山崖散乱地高耸入云。5. 千堆雪:指层层浪花。6. 公瑾:周瑜。7. 小乔:乔玄次女,东吴美女。8. 初嫁:夸其少年得志,美女配英雄。9. 雄姿英发:英姿飒爽,谈吐卓越。10. 羽扇:用鸟翅膀上的长羽毛制成的扇子。11. 纶巾：古代配有青丝带的头巾。12. 樯：桅杆。13. 橹：拨水使船前进的器具。14 故国：三国时的古战场。15. 神游：感觉好像亲游某地。16. 华发：白发。17. 樽：古代的盛酒器具。18. 酹：把酒洒在地上或江中表示祭奠。

【串译】滚滚滔滔长江向东流去，汹涌的波浪冲洗去了千百年来所有才华横溢的英雄豪杰。那旧营垒的西边，就是人们所说的三国时周郎大破曹兵的赤壁。陡峭高耸的石壁插入天空，巨浪拍打着江岸，卷起千堆雪似的层层浪花。如画的江山啊，那一时期出现了多少英雄豪杰！遥想当年的周公瑾，小乔刚刚出嫁过来，公瑾踌躇满志，手拿羽毛扇，头戴青丝巾，谈笑之间曹操的无数战船就在浓烟烈火中烧成灰烬。神游于故国（三国）战场，人们应该笑话我太多愁善感了，以致过早地生出白发。人的一生就像一场大梦啊，还是把一杯酒祭给江上的明月吧！

【诵读提示】《念奴娇》，又名《大江东去》，词牌名。此调有仄平二体。《词谱》以苏轼“凭空跳远”词为平仄体正格。一百字。前片四十九字；后片五十一字，各十旬四仄韵。此令宜于抒写豪迈感情。东坡赤壁词，句读与各家词微有出入，是变格。

此词是千古传诵的咏史佳作。上片以写景为主，主要描写赤壁的景色，同时兼怀古人。首三句仿佛是远景扫描，长江水浩浩荡荡，奔流不息，亘古不变的滔天波浪如大浪淘沙送走一代又一代风流人物。次三句铺陈其事，是近景的定格，目光投向赤壁古战场。“人道是”三字表明作者也不知道此处是不是真正的赤壁古战场，只是借“赤壁”之名咏写古事，抒发感叹。上片最后两句，是整个景物描写的总结，引起下片对周瑜的追怀。下片怀古，抓住周瑜年轻有为这个主要的特征，塑造了其雄姿英发的英雄形象。周瑜少年有为，在年轻的时候便建立了世人瞩目的赫赫功绩，而自己现在已鬓染霜华却一事无成，一腔报国之志无处施展。这是让作者无限感伤的原因所在。"多情应笑我"始,自我伤感之意由此可见。这首词在吊古的基础上伤今,回到现实,抒发自我的感伤,写得雄浑豪放,大开大阖,气象恢弘,堪称历代咏史怀古诗词之绝唱,亦开后世豪放一派之先河。

诵读时,上片应以稳健沉实、高亢坚挺、舒缓悠长的语态表现赤壁景色之气势磅礴,豪放雄壮。"大江东去"的"大"应是重度喷口,一开口就是一个大喷口,在于表现长江之阔。稍事顿歇,"浪淘尽,千古风流人物"两句之间要衔接密致,不宜停逗。"故垒西边,人道是,三国周郎赤壁"承袭上面的句型,"故垒西边"后安排个停逗,然后再将"人道是,三国周郎赤壁"一气贯下来。"乱石穿空,惊涛拍岸,卷起千堆雪"是写江水、江岸之"势",语气尽可能地夸张,注意"穿""拍""卷"三个动词给足分量,到此应是上片的第一个高峰。"江山如画,一时多少豪杰"语势再稍微下放,有历数英豪且数不尽之感。下片"遥想"的内容只是引头,应重点在"故国神游,多情应笑我,早生华发。人生如梦,一樽还酹江月"几句上铺展开对人生的感慨、感伤之深。面对周郎,词人华发早生,功业无成,失望之余不免产生人生如梦之感,因而归结为深沉而又颇多消极的慨叹。

诵读时关于"还"字的读法:古时只有一个读音 huán。许慎《说文解字》中,"还"从辵睘声,户关切,切出来就是"huán"音。其实在20世纪60年代,也是只有这一个读音,而没有"hái"音。那时在用于"归还"的"还"时,读作"huán",在用作"还是""还有"这一义项时,仍然读作"huán"。事实上在古诗词中没有"还是""还有"的用法。此词"一樽还酹江月",这里"还"是"回还"的意思,不是人回还,是人的"神思"回还。作者站在赤壁旁放开遐思,"遥想"周公瑾当年的英姿风采,竟无法自持。其后从梦中回还,醒来,归结于自己的游故国的多情善感,华发早生。再其后发出人生如梦的感慨，杯中尚有余酒，何不一酹江月？

【断句顿挫建议】 大江/东去，/浪淘尽，/千古/风流人物。//故垒/西边，/人道是，/三国/周郎/赤壁。//乱石/穿空，/惊涛/拍岸，/卷起/千堆雪。///江山如画，/一时/多少/豪杰。///遥想/公瑾当年，/小乔/初嫁了，/雄姿英发。//羽扇纶巾，/谈笑间，/樯橹/灰飞烟灭。///故国神游，/多情/应/笑我，/早生华发。///人生如梦，/一樽/还/酹/江月。

惠崇春江晚景

苏轼

竹外桃花三两枝，春江水暖鸭先知。

蒌蒿(lóu hāo)满地芦芽短，正是河豚欲上时。

【注释】 1.蒌蒿：草名，有青蒿、白蒿等种。2.破群：离开飞行队伍。3.依依：不舍之貌。4.朔漠：北方沙漠之地。

【串译】 竹林外有三两枝桃花，春天的江水暖和了，最早知道的是鸭子。满地都是蒌蒿和新长出的芦芽，这正好是河豚逆江而上的时候。

【诵读提示】 这首诗是作者在宋初“九诗僧”之一惠崇和尚所画《春江晚景》上的题识。这首题图诗着意刻画了一派初春的景象。先从身边写起：初春，大地复苏，竹林已被新叶染成一片嫩绿，桃树上也已绽开了三两枝早开的桃花，色彩鲜明，向人们报告春的信息。接着视线由江边转到江中，那在岸边期待了整整一个冬季的鸭群早已按捺不住，抢着下水嬉戏了。然后由江中写到江岸,更细致地观察描写初春景象:由于得到了春江水的滋润,满地的蒌蒿长出新枝了,芦芽儿吐尖了;这一切无不显示了春天的活力,惹人怜爱。进而联想到,这正是河豚肥美上市的时节,引人更广阔地遐想……

诵读此诗应于行腔吐字过程中充分洋溢出一股浓厚而清新的生活气息。这首诗里面写的景物有:竹子、桃花、春江、蒌蒿、芦芽还有河豚,带着迎春的喜悦让它们在有声语言里都鲜活起来,构成行腔的韵律,这样表达的诗意就丰满了。

知识链接

苏轼(1037—1101),字子瞻,号“东坡居士”,四川眉山人,北宋时诗坛成就卓越的大家。既反对王安石急进的改革措施,也不同意司马光尽废新法,在新旧两党间均受排斥,仕途十分坎坷。累官至端明殿学士兼翰林侍读学士、礼部尚书。因讥讽朝政被贬任杭州通判,历徙密州、徐州、湖州、黄州、汝州、登州、颍州、扬州、定州、惠州等。哲宗嗣位,召至京师,任中枢舍人。又与司马光面争新法“不可尽改”而出知杭州。后又因哲宗亲政启用新党,又被一贬再贬,直至贬到海南。宋徽宗大赦天下,北返时在常州逝世,享年66岁。高宗朝,赐太师,谥文忠。思想出入儒道,杂染佛禅,既能关注朝政民生,保持独立的见解,又能随缘自适,达观处世。宏博通达的学识才华和饱经忧患的人生体验也促成了苏轼诗歌体裁多样,内容广博,立意新奇,呈现出“吞五湖三江”的气象。今存诗二千七百多首。

鹊桥仙

秦观

纤云弄巧，飞星传恨，银汉迢迢暗度。金风玉露一相逢，便胜却人间无数。柔情似水，佳期如梦，忍顾鹊桥归路。两情若是久长时，又岂在朝朝暮暮。

【注释】1. 纤云弄巧：纤细的云彩变幻出许多美丽的花样来。写织女劳动的情形。2. 飞星传恨：飞奔的牵牛星流露出久别的怨恨。3. 金风：秋风。秋，在五行中属金。4. 玉露：晶莹如玉的露珠。5. 忍顾：不忍心回头看。6. 朝朝暮暮：日日夜夜。这里指日夜相聚。

【串译】彩云显露着乖巧，流星传递着愁恨，迢迢银河宽阔遥远，鹊桥上牛郎织女喜相逢。牛郎织女团圆在金风习习的霜降日，胜过了人间多少凡俗情。这含情脉脉似流水，美好时光恍如梦，牛郎织女七夕会，人生长恨水长东。只要真情久长心相印，又何必朝夕相聚度此生。

【诵读提示】《鹊桥仙》，常见词牌。此调有两体，五十六字者始自欧阳修，八十八字者始于柳永。前后片各两仄韵，一韵到底。前后句首两句要求对仗。此调多咏七夕。

这也是一首咏七夕的节序词，主旨为赞美传说中牛郎与织女的纯真爱情。起首三句，由云、星、银汉等物景展示七夕独有的抒情氛围，“巧”与“恨”则将七夕人间“乞巧”的主题及牛郎织女故事的悲剧性特征点明，练达而凄美。“迢迢暗度”写牛郎织女渡过银河相会的情节,字字传神。"金风玉露一相逢,便胜却人间无数",描述与议论结合,十分艺术地评价牛郎织女一年一度的相会,胜过千百万人间夫妻的终日厮守。"佳期"则逆回尚未相逢时二人的相依相恋及美好期待,语少情多,今昔交织,韵味无穷。尤其"忍顾"的细节,将二人相聚而害怕立即要分别的复杂心绪刻画入微。"两情若是久长时,又岂在朝朝暮暮"作结最有境界,既指出了牛郎织女的爱情模式特点又表述了作者的爱情观,同时给人类提供了一个典范性的爱情价值标准。

以"柔情"和"长情"来表现词意是诵读者应首先把握的"中点"和"高点"。开句的诵读以牛郎织女天河相会的大口气端出事体,一直到"忍顾鹊桥归路"都是在叙述牛郎织女相会的情节,说牛郎织女真诚相爱,柔情蜜意,即便若金风玉露,一年之中也只有一次相逢,是这般那般地不易,其中虽有"金风玉露一相逢,便胜却人间无数""柔情似水,佳期如梦,忍顾鹊桥归路"的动人佳句,但基本上还都是舒缓之中的平叙,略带起伏,顶多可在个别词字上加浓一些色彩。只有当语流行至结句"两情若是久长时,又岂在朝朝暮暮"时,描述与议论的高度结合了,情感和意态才真正爬到高峰,在"岂在"两个字上用力突显,才会将整首词的词宗表现得准确到位。"朝朝暮暮"四个字亦可以一字一顿地"切口"而出,是表意与结句的双重技巧。

【断句顿挫建议】纤云/弄巧,/飞星/传恨,/银汉/迢迢/暗度。//金风/玉露/一相逢,/便/胜却/人间无数。///柔情/似水,/佳期/如梦,/忍顾/鹊桥归路。//两情/若是/久长时,/又/岂在/朝朝暮暮。

知识链接

秦观(1049—1100),字少游,扬州人。曾任太学博士、国史院编修官。政治上倾向旧党,哲宗时“新党”执政被徙郴州,又徙雷州,至滕州而卒。与黄庭坚、晁补之、张耒号称为“苏门四学士”,颇得苏轼赏识。秦观生性豪爽,洒脱不拘,溢于文词。其散文长于议论,其诗长于抒情,是北宋后期婉约派代表词人,其词大多描写男女情爱和抒发仕途失意的哀怨。代表作有《鹊桥仙》(纤云弄巧)《望海潮》等。《鹊桥仙》中“两情若是久长时,又岂在朝朝暮暮”被誉为“化臭腐为神奇”的名句。

如梦令·其一

李清照

昨夜雨疏风骤,浓睡不消残酒。试问卷帘人,却道“海棠依旧”。知否?知否?应是绿肥红瘦。

【注释】1.雨疏风骤:雨点稀疏,晚风急猛。2.浓睡:酣睡。3.卷帘人:指侍女。4.绿肥红瘦:指绿叶繁茂,红花凋零。

【串译】昨夜雨稀风急,从沉睡中醒来,酒醉还没全消。问卷帘的侍女,她却说海棠花依然如旧。知道吗?知道吗?应是绿叶更加茂盛,红花却已凋零。

【诵读提示】《如梦令》,词牌名,为后唐庄宗李存勖(xù)所作,因嫌其名不雅遂取尾句“如梦,如梦,残月落花烟重”中的“如梦”得名。有单双调,单调正体三十三字,双调六十六字。本篇是作者早期词作之一。这首小令只有短短六句三十三字,却借酒醒后询问花事的描写,曲折委婉地表达了作者偶然生出的惜花伤春之情趣。有人物,有场景,还有对白,充分显示了宋词的语言表现力和作者的才华。

诵读时要充分注意到人物的对白,因为与侍女的对白道出了诗画所不能道,道出了伤春易春的闺中人复杂的神情口吻,可谓"传神之笔"。词人为花而喜、为花而悲、为花而醉、为花而嗔,实则是伤春惜春,以花自喻,慨叹自己的青春易逝。诵读基调应属低婉深沉型,前低后扬,语势一直趋向于渐升。开句平平地表述即可,至询问花事的"知否?知否?"两个问句,将声线和语势猛然掀起挑高,到"应是绿肥红瘦"又自然放下来,于中势滑行,肯定语态中作结,曲折委婉地表达出词人偶然生出的惜花伤春情趣。

【断句顿挫建议】昨夜/雨疏/风骤,/浓睡/不消/残酒。//试问/卷帘人,/却道/"海棠依旧"。///知否?/知否?///应是/绿肥/红瘦。

如梦令·其二

李清照

常记溪亭日暮,沉醉不知归路。兴尽晚回舟,误入藕花深处。争渡,争渡,惊起一滩鸥鹭(lù)。

【注释】1.常:常常、时常。2.溪亭:溪边的亭子。3.日暮:太阳落山。4.沉醉:喝醉或陶醉。5.兴尽:兴致得到满足。6.藕花：荷花。7. 争：怎么、如何。8. 滩：群。9. 鸥鹭：水鸥和白鹭，泛指水鸟。

【串译】经常记起在溪边的亭子游玩直到太阳落山，喝得大醉，竟不知道回来的路了。尽兴以后，天黑往回划船却错误地划进了荷花深处。抢着划呀，抢着划呀，惊得满滩的水鸟都飞了起来。

【诵读提示】这是一次给作者留下了深刻印象的十分愉快的游赏，不事雕琢，富有自然之美。“常记”两句起笔平淡，把读者自然而然地引到了她所创造的词境中。地点在“溪亭”，时间是“日暮”，饮宴以后已经醉得连回去的路径都辨识不出了。“沉醉”二字却流露了心底的欢愉，“不知归路”也曲折地传达出流连忘返的情致。“兴尽”两句把这种意兴递进了一层，兴尽方才回舟。而“误入”一句，行文流畅自然，毫无斧凿痕迹，同前面的“不知归路”相呼应，显示了主人公的忘情心态。一连两个“争渡”，表达了主人公急于从迷途中找寻出路的焦灼心情。正是由于“争渡”，所以又“惊起一滩鸥鹭”，把停栖在洲渚上的水鸟都吓飞了。至此，戛然而止，言尽而意未尽，耐人寻味。

诵读此词首要的是学会用几个片断把移动着的风景和怡然的心情融合在一起，表现出青春年少时的好心情，即细密体味一群不谙世事的青春少女无忧无虑地出游饮酒作乐，找不着归路，误入藕花深处，然后拼命地划桨，以致将满滩的水鸟都惊飞了。这是酒醉后的心态，如能照应到这一点，最好也能略带醉意地去表现之。

“争渡，争渡”，历来有两种解释，其一：怎么、如何寻找归路！“争”可读作 zěn。其二：“争”为“抢着”“争着”“拼命地”意思，仍可读作 zhēng。

【断句顿挫建议】常记/溪亭/日暮，/沉醉/不知/归路。//

兴尽/晚/回舟,/误入/藕花/深处。///争渡,/争渡,///惊起/一滩/鸥鹭。

点绛唇

李清照

蹴(cù)罢秋千,起来慵(yōng)整纤纤手。露浓花瘦,薄汗轻衣透。

见客人来,袜刬(chǎn)金钗(chāi)溜,和羞走。倚(yǐ)门回首,却把青梅嗅。

【注释】 1. 蹴:踩、踏之意。2. 慵:懒、困倦意。3. 刬:同"铲",农具名,铲子。

【串译】 刚刚荡完秋千,两手懒懒地垂下。瘦瘦花枝上挂着晶莹的露珠,涔涔香汗渗透了薄薄的衣衫。蓦然间见进来一位客人,抽身羞怯地便走,连金钗也滑落下来。走到门口,又倚着门框回眸偷觑那客人的风姿,为了掩饰失态,嗅着青梅,边嗅边看,娇羞怯怯,昵人无邪。

【诵读提示】《点绛唇》,词牌名,四十一字。上片四句,下片五句。此词为作者早年作品,仅用四十一字就把一个情窦初开又受着封建礼法约束的少女的复杂情感清楚而委婉、真切而自然、细腻而生动地展现在读者面前,写尽少女纯情的神态。上片写荡完秋千的精神状态。诵读时注意一是对"动作"的把握,紧紧抓住"蹴""整""见""溜""倚""回""嗅"等动词的运用,使整首词显得活泛、动盈、鲜跳。二是对少女"心理"分寸的把握,抓住

"羞""慵""却"几个字,可显现出少女复杂的心理轨迹。上片要尽力描绘一个身躯娇小、额间鬓角还挂着汗珠、轻衣透出香汗刚下秋千的如花少女天真活泼、累态可掬的娇美形象。下片的诵读应使静谧的词境风吹浪起,活脱脱刻画出大户人家少女形象的另一面来:在封建礼教束缚下不得不遵守所谓"礼"的心理与行动。"倚门",在于以门为掩护,似露不露,这才好回首一看;看,又不敢正眼看,还要装作赏花闻香,而眼中余光却早落在那人身上。"倚""回""嗅"三个动作,就像电影中的特写镜头一样,不仅如画般折射出主人公的动作、神情、姿态,而且准确地描绘出主人公既爱恋又羞涩、既欣喜又紧张、既兴奋又恐惧的微妙心理活动。全词整体基调是轻盈的,语气也应鲜活、灵动一些。

【断句顿挫建议】蹴/罢/秋千,/起来/慵整/纤纤手。//露浓/花瘦,/薄汗/轻衣/透。///见/客人/来,/袜刬/金钗/溜,/和羞/走。//倚门/回首,/却/把/青梅/嗅。

醉花阴

李清照

薄雾浓云愁永昼,瑞脑销金兽。佳节又重阳,玉枕纱厨,半夜凉初透。

东篱把酒黄昏后,有暗香盈袖。莫道不消魂,帘卷西风,人比黄花瘦。

【注释】1. 永昼:漫长的白天。2. 瑞脑:香料。3. 金兽:兽形的铜香炉。4. 纱厨:纱帐。5. 东篱:泛指采菊之地。6. 暗香:菊花的幽香。7.消魂:形容极度忧愁、悲伤。8.西风:秋风。9.黄花:菊花。

【串译】薄雾和浓云撩起烦愁直到白昼,龙脑的香料已在金兽炉中烧完。又到重阳佳节,洁白的瓷枕和纱笼的床厨,被半夜的凉气刚刚浸透。东篱饮酒直饮到黄昏之后,淡淡的菊香盈满了双袖。这境况,慢说不会消损神魂,秋风吹扰得珠帘卷起,闺中少妇比那黄花更加消瘦。

【诵读提示】《醉花阴》,词牌名。双调小令,仄韵格,五十二字。上下片各五句。这首词是李清照婚后所作,抒发的是重阳佳节思念丈夫的心情。上片"薄雾浓云愁永昼",阴沉沉的天气最使人感到愁闷难挨。外面天气不佳,只好待在屋里。"瑞脑消金兽"一句,便是转写室内情景:独自看着香炉里瑞脑香的袅袅青烟出神,百无聊赖。寥寥数句就把一个闺中少妇心事重重的愁态描摹出来。"佳节又重阳"显然有弦外之音,暗示当此佳节良辰丈夫不在身边。"半夜凉初透"不只是时令转凉,而是别有一番凄凉滋味。下片写重阳节这天赏菊饮酒的情景。"有暗香盈袖"一句暗写她无法排遣对丈夫的思念。实在情不自禁,再无饮酒赏菊的意绪,于是匆匆回到闺房。"莫道不消魂"句写的是晚来风急,瑟瑟西风把帘子掀起了,人感到一阵寒意。联想到刚才把酒相对的菊花则悲秋伤别,消愁无计,顿生人不如菊之感。以"人比黄花瘦"作结,含蕴丰富。整首词从天气到瑞脑金兽、玉枕纱厨、帘外菊花,词人用她愁苦的心情来看这一切,使之无不涂上一层愁苦的感情色彩。"莫道不消魂,帘卷西风,人比黄花瘦"这三句,共同创造出一个凄清寂寥的深秋怀人境界。

诵读时"秋色""佳节""孤独""思虑"都是要点,下抑缓行为主调,于忧愁之中,悠悠表述。结句"莫道不消魂,帘卷西风,人比黄花瘦"是词峰,要在"莫道"两字上将语气做足做透。

【断句顿挫建议】薄雾/浓云/愁/永昼，/瑞脑/销/金兽。//佳节/又/重阳，/玉枕/纱厨，/半夜/凉/初透。///东篱/把酒/黄昏后，/有/暗香/盈袖。//莫道/不消魂，/帘卷/西风，/人/比/黄花/瘦。

一剪梅

李清照

红藕香残玉簟(diàn)秋，轻解罗裳(cháng)，独上兰舟。云中谁寄锦书来，雁字回时，月满西楼。

花自飘零水自流，一种相思，两处闲愁。此情无计可消除，才下眉头，却上心头。

【注释】1. 玉簟：席子的美称。2. 裳：古人穿的下衣，也泛指衣服。裳，读音 cháng。3. 兰舟：船的美称。4. 锦书：书信的美称。5. 雁字：雁群飞时排成“一”或“人”形，相传雁能传书。

【串译】荷残香消，冷滑如玉的竹席透出深深的凉秋，轻轻脱换下薄纱罗裙，独自泛一叶兰舟出行。那白云舒卷处谁会将锦书寄来？正是雁群南归的时候，月光皎洁，洒满这西边独倚的亭楼。花，自在地凋零；水，自在地漂流，一种离别的相思，牵动起两处闲愁。啊，无法排除的是这相思的离愁，刚从微蹙的眉间消失又隐隐缠绕上了心头。

【诵读提示】《一剪梅》，词牌名。双调小令，六十字，上、下片各六句，句句用平韵，一韵到底。“红藕香残玉簟秋”领起全篇。上半句“红藕香残”写户外之景，下半句“玉簟秋”写室内之物，对清秋季节起了点染作用，不仅刻画出四周景色，而且烘托出情怀。意境清凉幽然，颇有仙风灵气。起句就为全词定下了幽美的抒情基调。接下来的五句，依次写词人从昼到夜一天内所做之事、所触之景、所生之情。前两句“轻解罗裳，独上兰舟”写的是白昼在水面泛舟之事，以“独上”二字暗示离情。“云中谁寄锦书来”明写别后的悬念。接以“雁字回时，月满西楼”构成一种目断神迷的意境。明月自满，人却未圆；雁字空回，锦书无有，所以有“谁寄”之叹。说“谁寄”，又可知是无人寄也。“花自飘零水自流”一句，承上启下，既是即景又兼比兴，所展示的花落水流之景，与上片“红藕香残”“独上兰舟”两句相拍合；而其所象喻的人生、年华、爱情、离别，则给人以凄凉无奈之恨。下片自此转为直接抒情，用内心独白的方式展开。“一种相思，两处闲愁”在写自己的相思之苦、闲愁之深的同时，由己身推想到对方，深知这种相思与闲愁不是单方面的，以见两心之相印。“此情无计可消除，才下眉头，却上心头”三句最为世人所称道。这里，“眉头”与“心头”相对应，“才下”与“却上”成起伏，语句结构十分工整，表现手法十分巧妙，在艺术上具有很强的吸引力。

此词是写给新婚不久即离家外出的丈夫赵明诚的，主要是诉说自己独居生活的孤独寂寞和急切思念丈夫早日归来的心情，是一首工巧的“别情”词作。诵读时应以幽美抒情为主基调，个中杂间“孤独”“思念”“幽怨”“无奈”。情绪较为深沉压抑，语言节奏可舒缓而行。

【断句顿挫建议】红藕/香残/玉簟秋，/轻解/罗裳/，/独/上/兰 舟。//云 中/谁/寄/锦 书/来，/雁 字/回 时，/月 满/西 楼。///花自飘零/水自流，/一种/相思，/两处/闲愁。//此情/无计/可/消除，/才/下/眉头，/却/上/心头。

临江仙

李清照

庭院深深深几许？云窗雾阁常扃(jiōng)。柳梢梅萼(è)渐分明。春归秣(mò)陵树，人老建康城。

感月吟风多少事，如今老去无成。谁怜憔悴更凋零。试灯无意思(sī)，踏雪没心情。

【注释】1.几许：多少。2.扃：门外，引为关闭。3.萼：花瓣外的一层小托片。4.秣陵：战国楚置金陵邑，秦时称秣陵，孙吴时改名建业，东晋改为建康，隋又易为江宁。这里的“秣陵”“建康”均为古名沿用，两名实指一地，即南京。5.试灯：正月十五为灯节，节前预赏试灯。

【串译】庭院一层层的有好多层，云簇阁楼的窗户，淡淡的雾气弥漫在四周，春天却迟迟不来。思念让容色憔悴，只有在夜晚的梦中才能相聚，向阳的梅枝也到了发芽的时节。梅花风姿清瘦，南楼的羌笛不要吹奏哀怨的曲调。散发着浓浓的香味的梅花不知道被吹落多少？春日的暖风，别一下就让时间来到杏花盛开的时节了。

【诵读提示】《临江仙》，唐教坊曲，双调小令，上下片共六十字。此词系作者跟从丈夫守建康时作，当作于建炎三年春。通过早春景象的描写，表现南渡之后百感交集系念家国的复杂思想感情。上片写春归大地，闭门幽居，思念亲人，自怜飘零。首句连用三个“深”字，前两个形容庭院之深；后一个为动词，作疑问句,加重语气,强调程度之深。次句是对庭院之深的具体描写,表明作者自我幽闭阁中,不愿步出门外,甚至不愿看见外面景况。第三句写的就是所不愿见到的景物:“柳梢梅萼渐分明”。作者对大自然的细微变化有着敏感的悟性,想象只身漂泊,客居建安,战乱频仍,怎能忍心看到这春光呢?这两句内涵极其丰富,所蕴含的痛楚情怀是相当深沉的。词作下片承上片怕触景伤怀,进而追忆往昔,对比目前感到一切心灰意冷。“感月吟风”,指以风月等自然景物为题材写诗填词,形容心情悠闲自在。“多少事”,以强调语气,表示很多,记也记不清了。可如今年老飘零,什么事也做不成。“无成”,承上词意,指对“风月”不感兴趣,什么也写不出来。至此,情绪激动,不禁呼出:“谁怜憔悴更凋零”!道出了作者的心境日渐一日的悲凄。结末,“试灯无意思,踏雪没心情”二句并非写实,而是举出她一生中印象最深、与她夫妻生活最有关系、作为“感月吟风”绝佳题材的事件。下片以对往昔生活的追怀、眷恋与如今飘零异地、悲凄伤感相对比,写出一位年老憔悴、神情倦怠的女词人形象。

此词以口语入词,明白晓畅,又极准确、深刻地表达了词人彼时的心理状态,对比手法的运用,情感抒发的深沉都给人以深刻感受。诵读的节奏动型为哀愁、深沉型的,舒缓行腔,懒弱咬字,情绪抒发并无明显高点,注重通篇大境的整体感觉。

【断句顿挫建议】/庭院/深深/深/几许?/云窗/雾阁/常扃。//柳梢/梅萼/渐/分明。//春归/秣陵树,/人老/建康/城。///感月/吟风/多少事,/如今/老去/无成。//谁怜/憔悴/更凋零。//试灯/无/意思,/踏雪/没/心情。

乌江(夏日绝句)

李清照

生当作人杰，死亦为鬼雄。
至今思项羽，不肯过江东。

【注释】1.人杰：人中杰出者。2.鬼雄：鬼之雄杰者。3.项羽：即楚霸王，秦亡后与刘邦争夺天下，最后失败。4.不肯过江东：《史记·项羽本纪》记：项羽垓下兵败后，逃至乌江畔，乌江亭长欲助项羽渡江，项羽笑曰："天之亡我，我何渡为？且籍与江东子弟渡江而西，今无一人还，纵江东父老怜而王我，我何面目见之？纵彼不言，籍独不愧于心乎！"言罢，拔剑自刎。

【串译】活着，当作人中豪杰；死了，也应是鬼中的英雄。人们到现在还思念项羽，只因他不肯偷生回江东。

【诵读提示】这是一首雄浑宏阔的咏史诗，也是脍炙人口的言志诗。通过歌颂一位失败了的英雄——项羽，表现作者崇尚气节的精神风貌，对南宋统治者不管百姓死活，只顾自己逃命；抛弃中原河山，只求苟且偷生是一个有力的讽刺。全诗仅二十个字，却连用了三个典故，前两句中的"人杰"和"鬼雄"分别出自《史记·高祖本纪》和《楚辞·九歌·国殇》，后两句写楚霸王项羽。三个典故的使用简练而又直接地传达了作者的心声，毫无堆砌之弊。如此慷慨雄健、掷地有声的诗句出自女性之手，实在是压倒须眉了。

此诗是作者为数不多的激昂豪放诗作之一。诵读时应以激情高亢起调,开宗明义,要正气凛然地、鲜明地表露出人生的价值取向:人活着就要做人中的豪杰,为国家建功立业;死也要为国捐躯,成为鬼中的英雄。"至今思项羽,不肯过江东"句中有隐讽意,外部有声语言一般不太好表现出来,应以情绪、语感、语态去把握。

渔家傲

李清照

天接云涛连晓雾,星河欲转千帆舞。仿佛梦魂归帝所,闻天语,殷勤问我归何处?

我报路长嗟(jiē)日暮,学诗漫有惊人句。九万里风鹏正举。风休住,蓬舟吹取三山去。

【注释】 1. 星河:银河。2. 帝所:天帝居住的地方。3. 天语:天帝的话语。4. 路长:隐括屈原《离骚》的"路漫漫其修远兮,吾将上下而求索"意。5. 嗟:慨叹。6. 日暮:隐括屈原《离骚》的"欲少留此灵琐兮,日忽忽其将暮"意。7. 漫:徒,空。8. 九万里:《庄子·逍遥游》中说大鹏乘风飞上九万里高空。9. 鹏:古代神话传说中的大鸟。10. 蓬舟:像蓬蒿被风吹转的船。11. 吹取:吹得。12. 三山:传说中海上的三座仙山,即蓬莱、方丈、瀛洲三座仙山。

【串译】 云天相接,晨雾蒙蒙,银河欲转,千帆飘舞。梦魂仿佛回到天庭,天帝传话。殷勤问:归宿何处请相告。我回报天帝说:人生路途漫长又叹时已日暮,做诗枉有妙句。长空九万里,大鹏冲天。风啊,千万别停息,将我这一叶轻舟直送往蓬莱三岛去吧。

【诵读提示】《渔家傲》，词牌名，北宋流行。双调六十二字，仄韵。这首词是作者唯一的豪放词，是南渡以后的作品。南渡后不久，国破家亡兼夫死，使作者生活和精神上都受到打击，从此只身漂泊江南，孤单寂寞地度过艰苦岁月。但她幻想出一条能使精神有所寄托的道路，以求摆脱人间那前路茫茫、看不到任何希望的境况。于是梦跨云雾、渡天河、归帝宫、乘万里风到仙山去。这样豪迈的气概、不凡的壮举使这首词显示出浪漫的情调、豪放的风格。这首词，思路开宕，想象丰富，意境辽阔，充满了浪漫主义色彩。

意念放达、思境宏阔、明朗舒展、坚毅执着是此词诵读的基本色调。此词诵读可分三境：开头两句为一境，是上天，一张口就应从中强度起调去“描”，地接天，人接帝，上下通达，创造出一种夸张的浪漫幻境。接着“仿佛梦魂归帝所，闻天语，殷勤问我归何处？我报路长嗟日暮，学诗漫有惊人句”是二境，是汇报，应尽可能地描绘出与天帝对话的口吻语态来，表现的是向天帝做以人生经历慨凉的陈述。结句“九万里风鹏正举。风休住，蓬舟吹取三山去”是三境，理想中的人生境界，要求语势、情感达到最高端，幻想出一条能使精神有所寄托、化人为仙的道路。

【断句顿挫建议】/天接/云涛/连晓雾，/星河/欲转/千帆舞。//仿佛/梦魂/归帝所，/闻天语，/殷勤/问/我/归/何处？///我/报/路长/嗟日暮，/学诗/漫有/惊人句。//九万里/风鹏正举。//风休住，/蓬舟/吹取/三山/去。

声声慢

李清照

寻寻觅觅，冷冷清清，凄凄惨惨戚戚。乍暖还(huán)寒时候，最难将息。三杯两盏淡酒，怎敌他晚来风急？雁过也，正伤心，却是旧时相识。

满地黄花堆积，憔悴损，如今有谁堪摘？守着窗儿，独自怎生得黑！梧桐更兼细雨，到黄昏、点点滴滴。这次第，怎一个愁字了得！

【注释】1. 将息：将养休息。2. 怎生：怎样、怎么。3. 这次第：这一连串的情况。

【串译】独自一人若有所失地东寻西觅，过去的一切都丢失于动乱中了，眼前的环境冷冷清清，凄凉、惨痛、悲戚之情一齐涌上心头。秋季骤热、骤冷的时候最难以保养将息了。几杯薄酒，根本就不能抵御夜晚的冷风寒意。天空中一行行大雁掠过，过去曾设想与丈夫鸿雁传书，但如今丈夫已死，书信已无人可寄。那大雁仿佛是曾经见过的，就更让人感到伤心。地上到处是零落的黄花，憔悴枯损，如今有谁能与我共摘啊！整天守着窗边孤单单的，怎么容易挨到天黑！到黄昏时又下起绵绵细雨，一点点、一滴滴洒落在梧桐叶上，发出令人心碎的声音。这种种况味，一个“愁”字怎么能说得尽啊！

【诵读提示】《声声慢》，词牌名。据传蒋捷作此慢词俱用“声”字入韵，故称。双调，上片十句，四十九字；下片九句，四十八字，共九十七字。此词是作者晚年力作。此词通过描写残秋所见、所闻、所感，抒发自己孤寂落寞、悲凉愁苦的心绪。词风深沉凝重、哀婉凄苦，一改前期词作的开朗明快之风。

词的上片用清冷之景来衬托孤寂、凄凉的心境。“寻寻觅觅，冷冷清清，凄凄惨惨戚戚”起首三句，形象、委婉、细致地表达了在遭受创伤后的愁苦之情。十四个叠字犹如信手拈来，看似平淡，无一愁字，却写得字字含愁，声声含愁，造成了一种如泣如诉的音韵效果，为全词定下了一个感情基调，使全词笼罩在一种凄惨愁苦的氛围中。“乍暖还寒时候，最难将息”由以上的茫然和结果转到写气温骤变的感受，忽暖忽寒，人最难调养身体。然而其内蕴又何止这些呢？作者在金兵入侵、南渡避难之前的生活一直是优裕、安宁而美满的，而作此词时已是形单影只、孤身飘零，一下从幸福的峰巅跌入痛苦的深渊，这种情形与“乍暖还寒”的天气是多么相像，它让作者的身心一时都难以承受。怎么办？只有借酒驱寒，借酒浇愁。“三杯两盏淡酒，怎敌他，晚来风急？”欲以酒暖身，可是“淡酒”无力，怎么能抵挡住那一阵紧似一阵的急风，更何言消去心中的愁苦呢？一个“淡”字，表明作者的晚年是何等的凄凉，何等的凄苦。“雁过也，正伤心，却是旧时相识”，本欲借酒浇愁，可谁想“举杯消愁愁更愁”，反而勾来了自己一阵阵的伤心。“雁过也”不仅写得有形，而且有声，渲染出了一种哀哀欲绝的凄苦氛围。

下片由远及近，转入对眼前残秋之景的具体描绘，进一步表现作者的凄苦之情。“满地黄花堆积，憔悴损，如今有谁堪摘”由景入情，情景交融。黄花一朵朵、一瓣瓣枯萎凋落，多像自己孤苦飘零的晚境。“守着窗儿，独自怎生得黑”更进一步抒写寂寞难耐的痛苦。独守窗前，不免触景生情，睹物思人，那境况自是令人甚感凄凉、惨淡和愁苦，可怎么挨到天黑呢？“梧桐更兼细雨,到黄昏,点点滴滴"主要写声音,以声衬情,尤其是"点点滴滴"一语,极富"顿挫凄绝"感。"这次第,怎一个愁字了得!"这是对前文"乍暖还寒、晚来风急、旧时雁过、满地黄花、梧桐秋雨"等情景的概括。然而作者的哀愁又何止这些呢?身世之痛、家国之痛、孤独之病等,仅用一个"愁"字又如何包括得尽、概括得了?全词至此戛然而止,既是收,又是放,自然而又别致,可谓言尽而意无穷,欲说还休,个中滋味只有自己慢慢咀嚼了。

整首词的诵读,第一要呈"头尾慢,中间稍紧"的节奏型,音域控制一直在中低区缓行,表现沉郁、哀伤、凄苦情为主调。第二,全词写来尽管没有一滴泪,然而给人们的感觉却是"一字一泪,满纸呜咽",这比直写痛哭和泪水涟涟更为深刻、凄酸,也更能感染人。诵读时要注意的是词中所抒发的那种非比寻常的凄苦哀愁,看起来虽显低沉,但不能脱离所生活的环境和时代氛围。这一深重的哀愁不是那种闺怨闲愁,而是在金兵入侵、国土沦丧、人民流离失所、朝政腐败的社会背景之下产生的,这就使这首词的感情色彩有了时代依托,有了现实性和社会性,因此才堪称千古绝唱。第三,"这次第,怎一个愁字了得"的结句能力,是最见语言表达功力的范式。先从"这次第"开始铺排,然后将"愁"抻拉甩拽起来,顶到极点,"字"字要轻轻一点,"了得"两字有多种表现方法,其中最基本的还是用气息掌控支撑起来,一字一顿地拖住、托出,中弱强度渐收。

【断句顿挫建议】寻寻/觅觅,/冷冷/清清,/凄凄/惨惨/戚戚。//乍暖还寒/时候,/最难/将息。//三杯/两盏/淡酒,/怎敌他/晚来/风急?///雁过也,/正伤心,/却是/旧时/相识。///满地/黄花/堆积,/憔悴损,/如今/有谁堪摘?//守着窗儿,/独自/怎生/得黑!///梧桐/更/兼/细雨,/到黄昏、/点点/滴滴。///这次第,/怎/一个/愁/字/了得!

知识链接

李清照(1084—1155),齐州章丘人,号“易安居士”。其父李格非为当时齐鲁著名学者,夫赵明诚为金石考据家。早期生活优裕,工书能文,通晓音律,与丈夫共同致力于书画金石的搜集整理,编写了《金石录》。金兵入据中原后与丈夫流寓南方,过着颠沛流离、凄凉愁苦的生活。丈夫病死,境遇孤苦,逝于临安,享年71岁。

李清照是南宋杰出女文学家、婉约词宗,在中国文学史上享有崇高声誉,与济南历城人辛弃疾并称“济南二安”。早年生活安定、优裕,前期词多写其悠闲生活和相思之情;金兵入侵后遭遇国家巨变,后期词作多感时咏史,悲叹身世,情调感伤,有的也流露出对中原的怀念。

(三)

教学目的与要求:要求学生能够规范熟练地诵读所有内容,并背诵:《满江红》《钗头凤》《游山西村》《书愤》《十一月四日风雨大作》《咏梅》《示儿》《小池》《晓出净慈寺送林子方》《游园不值》《题临安邸》《春日》《观书有感》。

教学重点与难点:宋词、七言宋诗的诵读格式和表达技巧。

满江红

岳飞

怒发冲冠(guān),凭栏处、潇潇雨歇。抬望眼、仰天长啸,壮怀激烈。三十功名尘与土,八千里路云和月。莫等闲、白了少年头,空悲切。

靖(jìng)康耻,犹未雪。臣子恨,何时灭!驾长车踏破,贺兰山缺。壮志饥餐胡虏肉,笑谈渴饮匈奴血(xuè)。待从头、收拾旧山河,朝天阙(què)。

【注释】1.绍兴四年秋,岳飞第一次北伐大获全胜。一天,雨歇云散,岳飞凭栏远望,感慨万千,吟咏此词。2.怒发冲冠:因愤怒,头发直竖顶起了帽子。3.凭栏处:倚在栏杆之处。4.潇潇:风雨声。5.抬望眼:抬头远望。6.靖康耻:靖康二年京师汴梁沦陷,徽钦二帝被掳的奇耻大辱。7.长车:战车。8.贺兰山:在今宁夏西北。泛指被金兵占据的地区。9.缺:缺口,指山口。10.胡虏、匈奴:借指金朝侵略者。11.旧山河:指被金兵侵占的国土。12.朝天阙:待到收复了被金兵侵占的国土就朝见皇帝,表示胜利的决心。

【串译】我怒发冲冠,独自登高凭栏,阵阵风雨刚刚停歇。抬头远望天空,一片高远壮阔,禁不住仰天长啸,一片报国之心充满胸怀。三十年的功名如同尘土,八千里路经过无数风云人生。好男儿要抓紧时间建功立业,不要空空将青春消磨,等年老时徒自悲切。靖康年间的奇耻大辱,至今也不能忘却。作为国家臣子的愤恨，何时才能泯灭！我要驾上战车踏破贺兰山缺。我满怀壮志，发誓喝敌人的血、吃敌人的肉。待我重新收复旧日山河，再带着捷报向朝廷报告胜利的消息。

【诵读提示】《满江红》，词牌名。双调九十三字，前片四仄韵，后片五仄韵，前片五六句，后片七八句对仗。这首气壮山河、传诵千古的名篇，表现了作者大无畏的英雄气概，洋溢着爱国主义激情。上片通过凭栏眺望，抒发为国杀敌立功的豪情。下片表达雪耻复国、重整乾坤的壮志。开篇五句破空而来，通过刻画始而怒发冲冠、继而仰天长啸的情态，揭示了他凭栏远眺中原失地所引起的汹涌激荡的心潮。接着“三十功名”两句，上句表现了他蔑视功名、唯以报国为念的高风亮节；下句则展现了披星戴月、转战南北的漫长征程，隐然有任重道远、不可稍懈的自励之意。“莫等闲”两句既是激励自己，也是鞭策部下：珍惜时光，倍加奋勉，以早日实现匡复大业。下片进一步表现报仇雪耻、重整乾坤的壮志豪情。“靖康耻”四句，句式短促，而音韵铿锵。“何时灭”，用反诘句吐露其一腔民族义愤，语感强烈，力透字背。“驾长车”句表达自己踏破重重险关、直捣敌人巢穴的决心。“壮志”两句是“以牙还牙，以血还血”式的愤激之语，足见对不共戴天的敌寇的切齿痛恨。结篇“待从头”两句再度慷慨盟誓：等到失地收复、江山一统之后再回京献捷。

全词以雷贯火燃之笔一气旋折，具有撼人心魄的艺术魅力，不断激发起人们的爱国心与报国情。诵读基调应气壮山河、英气豪气俱备。词中“胡虏”“匈奴”均为修辞借代，而非指整个民族。这一点是诵读者必须搞清楚的。全词诵读的基本语调为声情激越，气势磅礴。“笑谈渴饮匈奴血”中的“血”字，按单独成义的规律，可读为 xiě；但是若按音律和韵脚的规律来看，又可读作 xuè。

【断句顿挫建议】怒发/冲冠，//凭栏处、/潇潇雨歇。//抬望眼、/仰天长啸,/壮怀激烈。//三十功名/尘与土,/八千里路/云和月。///莫等闲、/白了少年头,/空悲切。///靖康耻,/犹未雪。//臣子恨,/何时灭!//驾/长车/踏破,/贺兰山/缺。//壮志/饥餐/胡虏肉,/笑谈/渴饮/匈奴血。///待从头、/收拾/旧山河,//朝天阙。

知识链接

岳飞(1103—1142),民族英雄。字鹏举,汤阴人。少时勤奋好学并练就一身好武艺。19岁时投军抗辽。不久因父丧还乡守孝。1126年金兵入侵中原,再次投军,开始抗击金军、保家卫国的戎马生涯。传说行前其母姚氏在他背上刺有"精忠报国"四大字,成为其终生遵奉的信条。

钗头凤

陆游

红酥手,黄縢(téng)酒,满城春色宫墙柳。东风恶,欢情薄。一怀愁绪,几年离索。错、错、错。

春如旧,人空瘦,泪痕红浥(yì)鲛绡(jiāo xiāo)透。桃花落,闲池阁。山盟虽在,锦书难托。莫、莫、莫。

【注释】1. 酥:光洁细腻貌。2. 黄縢酒:宋时官酒上以黄纸封口,又称黄封酒。3. 离索:离群索居,分离也。4. 浥:沾湿。

5. 鲛绡：传说鲛人织绡，极薄，后以泛指薄纱。鲛传说居海之人，坠泪成珠。

【串译】你那光滑细腻的手，捧出黄封的酒，满城都荡漾着春天的景色，你却像宫墙中的绿柳遥不可及。春风多么可恶，欢情被吹得那样稀薄。满怀忧愁的情绪，离别几年来的生活十分萧索。只能感叹当初相识，错！错！错！春景依然如旧，人却白白相思得消瘦，泪水洗尽脸上的胭红，把薄绸的手帕全都湿透。桃花凋落在空旷的闲池楼阁上，永远相爱的誓言虽在，锦文书信再也难以交付相托。只能感叹当初相知，莫，莫，莫！

【诵读提示】《钗头凤》，词牌名。六十字，上下片各十句，七仄韵，两叠韵，两部递换。此调历来以陆游这首《钗头凤》最为出名，故作正体。作者与表妹唐婉本恩爱夫妻，感情甚笃。但因陆母不喜欢唐婉，终被迫休离。后二人各自婚娶。十年后的一个春日，作者独游沈园与唐婉邂逅。唐婉以酒肴款待，作者感伤万分，惆怅不已，随即在园壁上题下此词，抒发了自己内心的眷恋相思之情和无尽的追悔悲愤。

此诗的诵读应以对封建礼教的控诉为主，而不可一味地去表现词人的无奈。“错、错、错”和“莫、莫、莫”的顿挫语感是表达成色的关键所在。气息控制和口腔运作的“趋弱化”加上字节的抻长甩拉，一字更比一字放慢速度，一字更比一字加浓语气，一字更比一字加深感受，这是诵读者所必须掌握的一种技巧。

【断句顿挫建议】 红 酥 手，/黄 縢 酒，/满 城/春 色/宫 墙 柳。//东风/恶，/欢情/薄。//一怀/愁绪，/几年/离索。/错、//错、///错。///春如旧，/人空瘦，/泪痕/红浥/鲛绡透。//桃花/落，/闲池/阁。//山盟/虽在，锦书/难托。/莫、//莫、///莫。

游山西村

陆游

莫笑农家腊酒浑，丰年留客足鸡豚(tún)。
山重水复疑无路，柳暗花明又一村。
箫鼓追随春社近，衣冠简朴古风存。
从今若许闲乘月，拄杖无时夜叩门。

【注释】1.腊酒:腊月里酿造的酒。2.足鸡豚:意思是准备了丰盛的菜肴。豚:小猪，诗中代指猪肉。3.山重水复:一座座山、一道道水重重叠叠。4.柳暗花明:绿柳繁茂阴浓，鲜花鲜艳明丽。5.箫鼓:吹箫打鼓。6.春社:古代把立春后第五个戊日作为春社日，拜祭社公(土地神)和五谷神，祈求丰收。7.古风存:保留着淳朴古代风俗。8.若许:如果这样。9.闲乘月:有空闲时趁着月光前来。10.无时:随时。

【串译】不要笑话农家腊月里做的酒浑浊，丰收之年他们都是用丰足的佳肴来款待客人的。一座座山、一道道水重重叠叠，怀疑无路可行的时候，忽然看见柳绿花明，又一个村庄出现在眼前。有吹着箫的，有击着鼓的，春社祭日已经临近，穿戴着布衣帽，简朴的古风仍然存在。今后如果允许在晚上闲逛的话，那么我将拄着拐杖不定时地在夜晚敲响农家朋友的柴门。

【诵读提示】这首别开生面的诗篇作于宋孝宗乾道三年初春。当时作者正罢官闲居在家。首联初看起来觉得似乎很平淡，仿佛是一则普通的记事。然而，作者从这里起句写自己游村突然来到农家，主人盛情留客，为下面出游写景抒情作了有力的铺垫。颔联“山重水复疑无路，柳暗花明又一村”。出语自然天成又富于哲理，耐人咀嚼。上句通过一个“疑”字，把徐行山村周围山峦重叠、流水萦绕的迷路感觉刻画得形神毕现；下句把移步换形所见之繁花似锦的春日美景描绘得宛然在目，构成一幅优美动人而又奇妙的画面。人们吟诵此句，不单是欣赏了这难以言状的美妙的山村自然风光，更重要的是从中领悟到它所蕴含的哲理思想的启示——只要人们正视现实，面对重重艰难险阻，不退缩，不畏惧，勇于开拓，发奋前进，那么前方将一定是一个充满光明与希望的崭新世界。颈联由写景转入抒情，从村外之景转写村内之情。“春社”这一天将来临时，村子里吹箫打鼓声响彻云霄，洋溢着一片节日的欢快气氛。尾联是全诗的总结，也是作者漫游山村心情的表述，以频来夜游之情收结，余韵不尽。作者此诗的结尾用笔比较婉转，这一归结点明了游村的诗题，而“夜叩门”与首句“农家”遥相呼应，不仅画面完整，而且更耐人寻味。

这首抒写江南农村日常生活小景的诗篇，紧扣诗题“游”字，但又不具体描写游村的过程，而是剪取游村的片段见闻，通过每联一个层次的刻画来体现。所写各有侧重并以游村贯穿，把秀丽的山村自然风光与淳朴的村民习俗和谐地统一在完整的画面上，构成了优美的意境和恬淡、隽永的格调。诵读的节奏动型为舒缓型。用声切勿华丽，以自然朴真为好，气息的运用应以低位平铺行走为好。

书愤

陆游

早岁那知世事艰，中原北望气如山。
楼船夜雪瓜洲渡，铁马秋风大散关。
塞上长城空自许，镜中衰鬓已先斑。
出师一表真名世，千载谁堪伯仲间。

【注释】1.书愤:抒发义愤。书:写。2.早岁:早年,年轻时。3.楼船:大型战船。4.瓜洲渡:今在镇江对岸,当时是边防重镇。5.大散关:在宝鸡西南,为宋金交界处。6.塞上长城:指南朝宋时名将檀道济,这里用作自比。7.空自许:自许落空。8.衰鬓:苍老的鬓发。9.堪:能够。10.伯仲间:兄弟之间,意为相差无几。

【串译】年轻时就立志北伐中原,哪想到竟然是如此的艰难。常常北望中原大地,热血沸腾,怨气如山。记得在瓜州渡痛击金兵,雪夜里飞奔着楼船战舰。秋风中跨战马纵横驰骋,收复了大散关捷报频传。想当初我自比万里长城,立壮志为国家扫除边患。到如今垂垂老矣鬓发如霜,盼北伐盼收复都成空谈。不由得缅怀诸葛孔明,出师表真可谓名不虚传,有谁能像诸葛亮那样鞠躬尽瘁,率三军兴复汉室、北定中原啊!

【诵读提示】首联回想当年,作者北望中原、收复失地的壮心豪气有如山涌,何等气魄。颔联“楼船”二句,写宋兵在东南和西北抗击金兵进犯事。这两句所概括的辉煌的过去恰与“有心杀贼,无力回天”的眼前态势形成鲜明对比。“楼船”与“夜雪”,

“铁马”与“秋风”，意象两两相合，便有两幅开阔、壮盛的战场画卷。颈联“塞上长城”句，作者用典明志。南朝刘宋名将檀道济曾自称为“万里长城”。皇帝要杀他，他说：“自毁汝万里长城。”陆游以此自许，可见其少时之磅礴大气。然而，如今作者壮志未酬的苦闷全悬于一个“空”字。大志落空，奋斗落空，一切落空，而揽镜自照却是衰鬓先斑，皓首皤皤。尾联亦用典明志。诸葛亮坚持北伐，虽“出师未捷身先死”，但终归名满天宇，“长使英雄泪满襟”。千载而下，有谁可与其相提并论呢？很明显作者用典意在贬斥朝野上下主降的碌碌小人，表明自己恢复中原之志亦将“名世”。

整首诗句句是愤，字字是愤。愤而为诗，诗便尽是愤。诵读此诗要从“想昨日”——“看眼下”——“寄明日”三段体来设定和切分结构。“想昨日”应注重“气如山”“楼船夜雪”“铁马秋风”几个词的色彩和语感硬度，突出于“壮”；“看眼下”应注意“空自许”“衰鬓先斑”的无奈，突出年高老迈，有心报国却无力实现；“寄明日”应注意对诸葛孔明先生的赞颂是一种“神往”，其身不到其心向往之。要抓住诗中抒发胸中哀郁激愤之情的主旨，以沉郁低缓的基调处理。其实深究起来此诗从颈尾两联“塞上长城空自许，镜中衰鬓已先斑。出师一表真名世，千载谁堪伯仲间”的整体连接来看，作者在行文用句中多多少少还是蕴含、暗涌着些许无法或不便说清的哀愁郁闷在内里。把这一层感觉表达出来，作者的形象、诗的形象就趋于丰满了，诵读者的功力也就不言自明了。

十一月四日风雨大作

陆游

僵卧孤村不自哀，尚思为国戍(shù)轮台。
夜阑卧听风吹雨，铁马冰河入梦来。

【注释】1.僵卧：挺直躺着。2.戍轮台：守卫边疆。轮台，汉代西域地名，现在新疆轮台，这里泛指北方边防据点。3.夜阑：夜深。4.铁马：披着铁甲的战马。

【串译】我挺直地躺在孤寂荒凉的乡村，自己并不感到悲哀，还想着替国家守卫边疆。夜深了，躺在床上听到那风雨声，迷迷糊糊地梦见自己骑着披甲的战马，跨过冰封的河流，出征。

【诵读提示】这是年近七旬的陆游在一个风雨交加的寒夜，支撑着衰老的身体，躺在冰凉的被子里写下的一首热血沸腾的爱国主义诗篇。前两句直接写出作者的情思。“僵卧”道出了作者的老迈境况，“孤村”表明与世隔绝的状态，一“僵”一“孤”，凄凉之极，为什么还“不自哀”呢？因为作者的爱国热忱达到了忘我的程度，已经不把个人的身体健康和居住环境放在心上，而是“尚思为国戍轮台”。但是，他何尝不知道现实是残酷的，是不以人的意愿为转移的？他所能做的只是“尚思”而已。这两句集中在一个“思”字上，表现出作者坚定不移的报国之志和忧国忧民的拳拳之念。后两句是前两句的深化，集中在一个“梦”字上，写得形象感人。“入梦来”反映了政治现实的可悲：作者有心报国却遭排斥而无法杀敌，一腔御敌之情只能形诸梦境。但是作者一点也“不自哀”，报国杀敌之心却更强烈了。日有所思，夜有所梦。因此，“铁马冰河”的梦境，使作者强烈的爱国主义的思想感情得到了更充分的展现。

与上一首的诵读基调不完全相同，这首诗里全然不见一丝因老迈无力、不能抗敌报国而郁闷哀愁的情绪，取而代之的是明朗、亢扬的豪迈之气，虽然“僵卧孤村”，虽然“卧听风雨”，但是仍然尚思为国戍边，铁马冰河入梦，行腔用调自然要高亢、雄壮，老当益壮，荡漾着极为强烈的爱国主义情怀。

卜算子·咏梅

陆游

驿外断桥边，寂寞开无主。
已是黄昏独自愁，更着(zhuó)风和雨。
无意苦争春，一任群芳妒。
零落成泥碾作尘，只有香如故。

【注释】1.驿站：古代官办的供传递公文的人中途住宿的处所。驿外，指荒僻之地。2.无主：无人过问。3.着：值、遇。4.一任：完全听凭。5.零落：凋谢。6.碾：轧碎。

【串译】驿站之外，靠近断桥的旁边，梅花孤单寂寞地绽开了，却无人过问。每当黄昏的时候，总要在内心泛起孤独的烦愁，特别是刮风下雨时。不想费尽心思去炫耀，一心听凭百花去嫉妒。零落凋残变成泥又碾为灰尘，只有芳香依然如故。

【诵读提示】上片集中写了梅花的困难处境。梅花如此清幽绝俗出于众花之上，可是如今竟然开在郊野驿站外面破败不堪的“断桥”，自然是人迹罕至、寂寥荒寒，也就备受冷落了。“寂寞开无主”一句，词人将自己的感情倾注在客观景物之中。首句是景语，这句是情语。日落黄昏，暮色朦胧，这孑然一身、无人过问的梅花何以承受这凄凉呢？它只有“愁”——而且是“独自愁”，与上句的“寂寞”相呼应。驿外断桥、暮色、黄昏，本已寂寞愁苦不堪，但更添凄风冷雨，孤苦之情更深一层。这种愁苦仿佛无人能承受，至此感情渲染已达高潮，然而尽管环境是如此冷峻它还是“开”了！下片托梅寄志。梅花开得最早，是它迎来了春天。但它却“无意苦争春”，只有“迎春”“报春”的赤诚。说“争春”，是暗喻人事；“妒”，则非草木所能有。这两句表现出陆游性格孤高、决不与争宠邀媚、阿谀逢迎之徒为伍的品格和不畏谗毁、坚贞自守的铮铮傲骨。最后几句把梅花的“独标高格”再推进一层：“零落成泥碾作尘，只有香如故。”前句七个字四次顿挫：“零落”，不堪雨骤风狂的摧残，梅花纷纷凋落了，这是第一层。落花委地与泥水混杂，不辨是花是泥，这是第二层。从“碾”字，显示出摧残者的无情和被摧残者的凄惨境遇，这是第三层。结果梅花被摧残、被践踏而化作灰尘，这是第四层。梅花的命运有多么悲惨！但作者的目的绝不是单为写梅花的悲惨遭遇，引起人们的同情；从写作手法上来说，这些仍是铺垫，是蓄势，是为了把下句的词意推上最高峰。请看，“只有香如故”，它那“别有韵致”的香味，却永远“如故”，仍然不屈服于寂寞无主、风雨交侵的威胁。末句具有扛鼎之力，它振起全篇，把前面梅花的不幸处境一股脑儿抛到九霄云外了。

此词十分成功地运用比兴手法，以梅花的自然代谢来暗喻自己。诵读基调是婉咽、低回的，是孤芳自赏、凄凉抑郁的。语速为中速，沉郁舒缓地揭示梅花的凄惨命运。毛泽东主席1961

年12月写的《卜算子·咏梅》一诗："风雨送春归，飞雪迎春到。已是悬崖百丈冰，犹有花枝俏。俏也不争春，只把春来报。待到山花烂漫时，她在丛中笑。"则是"读陆游咏梅词反其意而用之"，调子就明朗喜悦开明得多了。

【断句顿挫建议】驿外/断桥/边，/寂寞/开/无主。//已是/黄昏/独自/愁，/更着/风和雨。///无意/苦/争春，/一任/群芳/妒。//零落/成泥/碾作尘，/只有/香/如故。

示儿

陆游

死去元知万事空，但悲不见九州同。
王师北定中原日，家祭无忘告乃翁。

【注释】1.示儿：给儿子看。2.元：通"原"，原本。3.但：只。4.九州：指中国。5.同：统一。6.王师：指宋朝军队。7.北定：北方平定、收复。8.中原：指淮河以北的沦陷区。9.家祭：祭祀祖先。10.乃翁：你的父亲，陆游自指。

【串译】本知人死了就什么也没有了，感到悲伤的只是没有亲眼看到祖国的统一。朝廷军队收复北方领土那一天，家里祭祀的时候，不要忘记把这件事情告诉给我。

【诵读提示】这首诗是作者的绝笔，弥留之际还念念不忘被女真贵族霸占着的中原领土和人民，热切地盼望着祖国的重新统一。可是理想一次次破灭，直到去世也没有盼到北伐的胜利。嘉定二年底，八十五岁的作者一病不起，临终前他留下了一首

《示儿》诗作为遗嘱,谆谆告诫自己的儿子,表达了他的无奈以及对收复失地的期盼。作品同时由两个侧面组成:一方面是作者渴望万里从戎、以身报国的豪壮理想,另一方面则是他壮志难酬、无路请缨的悲愤心情。这两者相互激扬,愈是悲愤,对理想愈是执着;对理想愈是执着,悲愤也愈是强烈,这也就使此诗既热情奔放又深沉悲怆。

此诗诵读的基调应为低沉、哀郁、感伤、抑滞的。节奏是缓慢、舒平的。不用做过大的起伏伸展,在"但悲不见九州同"句上稍作强调、点染一下感受即可实现诵读的目的。

知识链接

陆游(1125—1210),号放翁,越州山阴人。生当北宋灭亡之际,少年时即深受家庭中爱国思想的熏陶。政治上主张坚决抗战,充实军备,一直受到投降集团的压制。晚年退居家乡,但收复中原的信念始终不渝。作者一生创作诗歌很多,今存九千三百多首,有抒发政治抱负、反映人民疾苦的,有批判当时统治集团屈辱投降的,风格雄浑豪放,表现出渴望恢复国家统一的强烈爱国热情。《关山月》《书愤》《示儿》等篇均为后世所传诵。有《剑南诗稿》《老学庵笔记》等。

小池

杨万里

泉眼无声惜细流，树阴照水爱晴柔。
小荷才露尖尖角，早有蜻蜓立上头。

【注释】1.泉眼：泉水的出口。2.惜：爱惜。3.晴柔：晴天里柔和的风光。4.小荷：指刚刚长出水面的嫩荷叶。5.尖尖角：还没有展开的嫩荷叶的尖端。

【串译】泉眼爱惜地让泉水悄然流出，映在水上的树阴喜欢这晴天风光的柔和。鲜嫩的荷叶上那尖尖的细角刚露出水面，就已经有蜻蜓落在它的上头。

【诵读提示】这首诗描写一个泉眼、一道细流、一池树阴、几支小小的荷叶、一只小小的蜻蜓，构成一幅生动的小池风物图，表现了大自然中万物之间亲密和谐的关系。开头两句，把读者带入了一个小巧精致、柔和宜人的境界之中。一个“惜”字化无情为有情，仿佛泉眼是因为爱惜涓滴，才让它无声地缓缓流淌；一个“爱”字给绿树以生命，似乎它是喜欢这晴柔的风光，才以水为镜展现自己的绰约风姿。三、四两句中，作者好像一位高明的摄影师，用快镜拍摄了一个妙趣横生的镜头：“小荷才露尖尖角，早有蜻蜓立上头。”一个“才露”，一个“早立”，前后照应，逼真地描绘出蜻蜓与荷叶相依相偎的情景，生灵活现地刻画了小池的勃勃生机，细腻地描绘了作者对景物观察的细致入微，表现出作者对大自然景物的热爱。

此诗是一首清新的小品，句句是诗，句句如画。诵读时的基调是清新、自然的，节奏是轻快的，用声吐字应该追求一种“细”，追求一种“柔”，追求一种“情意”，“泉眼”“树阴”“小荷”“蜻蜓”几个名词应被赋予生命力，以展示明媚的初夏风光，达到真切感人的效果。

晓出净慈寺送林子方

杨万里

毕竟西湖六月中，风光不与四时同。
接天莲叶无穷碧，映日荷花别样红。

【注释】1. 晓：早晨。2. 净慈寺：与灵隐寺为西湖南北山两大著名佛寺。3. 林子方：作者的朋友。4. 四时：春夏秋冬四季，这里指六月以外的其他时节。5. 无穷碧：因莲叶面积很广似与天相接，故呈现无穷的碧绿。6. 别样：宋代俗语，特别，不一样。

【串译】毕竟是西湖六月天的景色，风光都与其他季节不同。莲叶接天望不尽一片碧绿，阳光下荷花分外艳丽鲜红。

【诵读提示】首句看似突兀，实际造句大气，虽然读者还不曾从诗中领略到西湖美景，但已能从作者赞叹的语气中感受到了。接着，作者用一“碧”一“红”突出了莲叶和荷花给人的视觉带来强烈的冲击力，莲叶无边无际仿佛与天宇相接，气象宏大，既写出莲叶之无际又渲染了天地之壮阔，具有极其丰富的空间造型感。“映日”与“荷花”相衬，又使整幅画面绚烂生动。全诗明白晓畅，过人之处就在于先写感受，再叙实景，从而造成一种先虚后实的效果，读过之后确实让人能感受到六月西湖“不与四时同”的美丽风光。

此诗的节奏总体上呈舒缓型、轻盈型、灵动型的。发音位置可前移些，语态可“俏”一些。但是前两句还是应往“大”境里“造”，口气大，气量足，语态也要“深”“阔”。造完“大境”，应有个顿挫，接着“勾出”三四句，进一步揭示为什么西湖的“风光不与四时同”。“接天莲叶无穷碧，映日荷花别样红”应加重色彩突现莲叶之阔之绿，突现荷花映日别样之红。

知识链接

杨万里(1127—1206)，吉水人。初学“江西诗派”，后学王安石及晚唐诗，终自成一家，形成了一个新、奇、活、快、风趣、幽默的“诚斋体”特色诗风，与尤袤、范成大、陆游并称“南宋四大家”。其诗意境鲜明，富有生活气息。其著作甚丰，相传有诗两万余首，现存诗四千二百余首，是我国古代写诗最多的作家之一。作者是一位热忱的爱国者、清醒的政治家，曾直率批评朝廷的腐败无能，提出了一整套振兴国家的方针策略；一生力主抗战，始终反对屈膝议和。立朝刚正，遇事敢言，指谪时弊，无所顾忌，因而始终不得大用。最后忧愤而死，享年80岁。

雪梅

卢梅坡

梅雪争春未肯降(xiáng),骚人阁(gē)笔费评章。
梅须逊雪三分白,雪却输梅一段香。

【注释】1.降:服输。2.阁:同“搁”,放下。3.评章:评议的文章,这里指评议梅与雪的高下。

【串译】梅花和雪花都认为各自占尽了春色,谁也不肯相让,文人骚客们纷纷阁笔,只因难写评判文章。梅花须逊让雪花三分晶莹洁白,雪花却也输给梅花一段清香。

【诵读提示】古今不少诗人往往把雪、梅并写,雪、梅都成了报春的使者,冬去春来的象征。但在作者笔下,二者却为争春发生了“摩擦”,都认为各自占尽了春色,装点了春光,而且各不相让。这种写法实在是新颖别致,出人意料,难怪无法判个高低。后两句巧妙地托出二者的长处与不足:梅不如雪白,雪没有梅香,回答了“骚人阁笔费评章”的原因,也道出了雪、梅各执一端的根据。

这首诗值得咏思的理由是此诗既有情趣也有理趣。诵读此诗情绪无须投入太多,理性大于感性,要持“评”家口吻,意在“言外”,即借雪梅争春告诫人们:人各有长,各有所短,取人之长,补己之短,才是正理。

知识链接

卢梅坡生卒年不详。历史上几乎没有关于他的记载，最有名的就是这首雪梅诗了。

绝句

僧志南

古木阴中系短篷，杖藜扶我过桥东。
沾衣欲湿杏花雨，吹面不寒杨柳风。

【注释】 1. 短篷：小船。篷，是船帆、船的代称。2. 杖藜："藜杖"的倒文。藜，是一年生草本植物，茎秆直立，长老了可做拐杖。

【串译】 在参天古树的浓阴下系了小船，拄着藜仗慢慢走过桥，向东而去。阳春三月，杏花开放，绵绵细雨像故意要沾湿我的衣裳似的下个不停，轻轻吹拂人面的、带着杨柳清新气息的暖风令人陶醉。

【诵读提示】 此《绝句》出自《千家诗》，写作者在微风细雨中拄杖春游的乐趣。"杖藜扶我"，是将杖藜人格化了，仿佛它是可以依赖的游伴，默默无言地扶人前行，给人以亲切感、安全感。"东"，有些时候便是"春"的同义词，譬如春神称作东君，东风专指春风。过桥东行正好有东风迎面吹来，无论西行、北行、南行都没有这样的诗意。后两句尤为精彩："杏花雨"，早春的雨；"杨柳风"，早春的风。这样说比"细雨""和风"更有美感，更富于画意。"沾衣欲湿"，用衣裳似湿未湿来形容初春细雨似有若无，更见得体察之精微,描摹之细腻。

诵读者的总体创作氛围应是对早春二月的细腻感受和真切描写。以清新、欣喜、怡然、其乐融融的语态为主调。气息可以放浅一些,声线可以前移一些,提高一些,轻盈、流丽地表达。

知识链接

僧志南,南宋诗僧,法号志南,生平不详。

游园不值

叶绍翁

应怜屐(jī)齿印苍苔(tái),小扣柴扉久不开。
春色满园关不住,一枝红杏出墙来。

【注释】1.游园不值:想游园没能进门。值:遇到;不值,意思是没得到机会或没有遇到人。2.应怜:大概是感到心疼吧。应:表示猜测;怜:怜惜。3.屐齿:屐是木鞋,鞋底前后都有高跟儿叫屐齿。4.小叩:轻轻敲门。5.柴扉:用木柴、树枝编成的门。6.红杏:早春开粉红色的花的果树。

【串译】可能是主人怕木屐齿踩坏了园中的青苔,轻轻敲打园门,很久也没有人开。那满园春色哪里能关闭得住啊,一枝红色杏花已经早早探出墙来了。

【诵读提示】这首小诗写作者春日游园观花的所见所感,十分形象而又富有理趣。头两句交代访友不遇。正是江南二月,作者乘兴来到一座小花园门前,想看看园里花木。敲门不开,主人不在家故意说成主人有意拒客,这是为了给下面的诗句作铺垫。作者在花园外面寻思着、徘徊着,很是扫兴。就在他无可奈何、正准备离去的时候,抬头之间忽见墙上一枝盛开的红杏花探出头来冲着人打招呼呢。作者快意地想道:啊! 满园的春色已经溢出墙外,任你主人把园门闭得再紧也关不住它! 这后两句诗形象鲜明,构思奇特,“春色”和“红杏”都被拟人化,不仅景中含情而且景中寓理,能引起读者许多联想。

此诗节奏动型呈轻快喜悦型的。“春色满园关不住,一枝红杏出墙来”的表达是成就全诗的最重,能否将全诗提到高峰、振起全篇,主要看这两句的表达效果。“春色满园关不住”的意蕴是自信的,有些嘲人的;“一枝红杏出墙来”又是陡然发现的、惊喜的。在这里,语态起着决定性的作用。

知识链接

叶绍翁生卒年不详。祖籍建安,长期隐居钱塘西湖。其诗多写江湖田园风光,七言绝句尤其新颖、优美,富有生活情趣。

题临安邸

林升

山外青山楼外楼,西湖歌舞几时休?
暖风熏得游人醉,直把杭州作汴(biàn)州。

【注释】1.临安:南宋京城,偏安之地,即杭州。2.邸:客栈、旅店。3.汴州:即汴梁(今开封),北宋京城,时已为金所占。

【串译】 山外有山,楼外有楼,西湖歌舞何时方休?暖风把游人熏得陶醉,简直把杭州当作了汴州。

【诵读提示】 诗的头两句"山外青山楼外楼,西湖歌舞几时休?"抓住临安城的特征:重重叠叠的青山、鳞次栉比的楼台和无休止的轻歌曼舞,写出当年虚假的繁荣太平景象。作者触景伤情,不禁长叹:西子湖畔这些消磨人们抗金斗志的淫靡歌舞什么时候才能罢休?后两句"暖风熏得游人醉,直把杭州作汴州",作者进一步抒发自己的感慨。"暖风"一语双关,既指自然界的春风又指社会上淫靡之风。"游人"不能理解为一般游客,它是特指那些置国难于不顾、苟且偷安、寻欢作乐的南宋统治阶级。诗中"熏""醉"两字用得精妙无比,把那些纵情声色、祸国殃民的达官显贵的精神状态刻画得惟妙惟肖、跃然纸上。结尾"直把杭州作汴州"是直斥南宋当局忘了国恨家仇,把临时苟安的杭州简直当作了故都汴州。辛辣的讽刺中蕴含着极大的愤怒和无穷的隐忧。北宋的灭亡原因当然很多,但统治者的荒淫奢侈必居其一;南宋的偏安原因也很多,但朝野酣嬉、醉生梦死也必居其一。林升这首诗所写正是当时公然的、常见的、谁都不以为奇的社会现象,经他一写,便觉触目惊心,所以是成功的讽刺。然而这种讽刺偏从热闹的场面写起,愤慨已极却不作谩骂之语,确实为讽喻诗中的杰作。

诵读时,"讽刺"当是此诗的诗眼,意在诗外。

知识链接

林升字梦屏。大约生活在宋孝宗时代,擅长诗文。《西湖游览志余》录其诗一首。

春日

朱熹

胜日寻芳泗水滨，无边光景一时新。
等闲识得东风面，万紫千红总是春。

【注释】1.胜日：天气晴朗的好日子。2.寻芳：游春，踏青。3.泗水：在山东南部。4.等闲：平常、轻易。5.等闲识得：容易识别。6.东风：春风。

【串译】良辰在泗水之滨探寻美景，无限的风光景物焕然一新。轻易便能识得春风的妖面，万紫千红满眼都是芳春。

【诵读提示】首句“胜日寻芳泗水滨”，“胜日”点明天气，“泗水滨”点明地点，“寻芳”，点明主题。次句“无边光景一时新”，写观赏春景中获得的初步印象，用“无边”形容视线所及的全部风光景物；“一时新”，既写出春回大地，自然景物焕然一新，也写出了郊游时耳目一新的欣喜感觉。第三句“等闲识得东风面”，句中的“识”字承首句中的“寻”字；“等闲识得”是说春天的面容与特征是很容易辨认的；“东风面”借指春天。第四句“万紫千红总是春”，是说这万紫千红的景象全是由春光点染而成的，人们从这万紫千红中认识了春天。这首诗好像是写游春观感，但细究寻芳的地点是泗水之滨，而此地在宋南渡时早被金人侵占。朱熹未曾北上，当然不可能在泗水之滨游春吟赏。其实诗中的“泗水”是暗指孔门，因为春秋时孔子曾在洙、泗之间弦歌讲学，教授弟子。因此所谓“寻芳”即是指求圣人之道，“万紫千红”喻孔学的丰富多彩,作者将圣人之道比作催发生机、点染万物的春风。这其实是一首寓理趣于形象之中的哲理诗。

轻快、明快、愉悦当是此诗的基本节奏。

观书有感

朱熹

半亩方塘一鉴开,天光云影共徘徊。
问渠那得清如许,为有源头活水来。

【注释】1.鉴:镜子。2.徘徊:此处指来回闪动。3.渠:它,指方塘。

【串译】半亩方塘像一面镜子被打开,天光和云影一齐在方塘舞动。问那方塘的水怎么会这样清澈,因为有活水从源头不断地流来。

【诵读提示】这是一首哲理性小诗。人们在读书后时常有一种豁然开朗的感觉,诗中就是以象征的手法,将这种内心感觉化作可以感触的具体形象加以描绘,让读者自己去领略其中的奥妙。第一句所谓“源头活水”,当指从书中不断汲取新的知识。第二句更引起读者遐想,这面“镜子”中映照着天上徘徊的云影,可想那清澈的水面那么静谧可爱了,也说明水是活的正在流动,否则不可能会“徘徊”。第三句提出个问题,又高兴地自答,因为源头总有活水补充,所以一直不停地流下来。这幅美丽的自然风光图卷已经令人读后清新明快了。然更让人拍案叫绝的是,此诗运用托物言志的手法,把活水与读书融合起来了。

诵读时应以轻快的调式为主旋律，争取将读书的领悟、心灵的感知用畅快、清澈、活泼的语态，以水塘和云影映照的方式畅诵。

知识链接

朱熹（1130—1200年），徽州婺源人。19岁荣登进士，历仕高宗、孝宗、光宗、宁宗四朝。庆元三年韩侂胄擅权，被革职回家。庆元六年病逝。朱熹是宋代理学集大成者，继承了程颢、程颐的理学，完成了客观唯心主义的体系。认为理是世界的本质，提出“存天理，灭人欲”。朱熹学识渊博，对经学、史学、文学、乐律乃至自然科学都有研究。其词作语言秀正，风格俊朗，无浓艳或典故堆砌之病。但其词意境稍觉理性有余，感性不足。

（四）

教学目的与要求：要求学生能够规范熟练地诵读所有内容，并背诵：《村居》《书博山道中壁》《为陈同甫赋壮词以寄之》《元夕》《登京口北固亭有怀》《京口北固亭怀古》《约客》《过伶仃洋》。

教学重点与难点：宋元明清诗词的诵读格式和表达技巧。

清平乐·村居

辛弃疾

茅檐低小，溪上青青草。醉里吴音相媚好，白发谁家翁媪(ǎo)？

大儿锄豆溪东，中儿正织鸡笼。最喜小儿无赖，溪头卧剥(bāo)莲蓬。

【注释】1. 茅檐：指茅屋。2. 吴音：江西上饶古时是吴国领土，所以这一带方言为吴音。3. 相媚好：互相说喜爱要好的话。4. 媪：老妇的敬称。5. 锄豆：锄掉豆田里的草。6. 织：编织。7. 无赖：顽皮的意思。

【串译】用茅草盖的屋子房檐低矮，门前溪流岸边长满青草。不知是谁家的两位白发老夫妻喝过几杯酒后，醉醺醺地用地道的土语相互对话取悦，语调柔媚亲昵。大儿子在河东豆田里锄草，二儿子正在编织鸡笼，我最喜欢的顽皮小儿子卧在河边剥着莲蓬玩耍。

【诵读提示】《清平乐》，词牌名，原为唐教坊曲名，取用汉乐府“清乐”“平乐”两个乐调命名，后为宋词常用词牌。本词作者是南宋爱国词派的领袖和旗帜，晚年隐居江西信州期间写了许多恬静安逸的田园诗词，这便是其中一首。此词全然不同于那些激昂慷慨的作品，就是一幅农村素描，写得清新活泼，寥寥几笔就勾画出清溪茅舍一家老小的生动情景：低小茅屋下，一对农家老翁老妪吴语软媚，闲话家常，三儿傍溪锄豆田、织鸡笼、剥莲蓬……五组镜头表现了人情之美和生活之趣。一般的田园之作皆以“隐逸”为旨归，高则高矣，未免不觉可亲，而此词则贴近农家日常生活，温馨可爱，描写刻画生动传神、清新自然，又能捕捉细节，可见其灵魂之淳朴真率、襟怀之爽朗开阔。

诵读此词，用声用情皆须朴实，以“描写”的感觉自然道出乡村生活之恬然情趣。五组镜头如同一幅卷轴上的五幅小景，逐一将农家小院温馨恬适、安定祥和的动态画卷展现。但要注意其组装起来的整体性。

【断句顿挫建议】茅檐/低小，/溪上/青青草。//醉里/吴音/相/媚好，/白发/谁家/翁媪？///大儿/锄豆/溪东，/中儿/正织/鸡笼。//最喜/小儿/无赖，/溪头/卧剥/莲蓬。

西江月·夜行黄沙道中

辛弃疾

明月别枝惊鹊，清风半夜鸣蝉。稻花香里说丰年，听取蛙声一片。

七八个星天外，两三点雨山前。旧时茅店社林边，路转溪头忽见(xiàn)。

【注释】1.黄沙：江西上饶黄沙岭乡黄沙村。2.黄沙道：从该村茅店到大屋村黄沙岭之间约20公里的乡村道路，南宋时是一条直通上饶古城的繁华官道。3.别枝惊鹊：惊动喜鹊飞离树枝。4.鸣蝉：蝉叫声。5.旧时：往日。6.社林：土地庙附近的树林。社：土地神庙。古时村有社树为祀神处，故称。7.见：同

“现”。忽见:忽现。

【串译】明亮的月光惊起正在栖息的乌鹊,离开枝头飞走了。在清风吹拂的深夜,蝉儿叫个不停。稻花香里一片蛙声,好像是在诉说着好年景。七八颗星星在远方的天边闪烁,山前竟然落下几点小雨。那土地庙树丛旁过去明明有个茅店可以避雨,现在怎么不见了?急忙从小桥过溪,拐了个弯,茅店就出现在眼前了。

【诵读提示】《西江月》,词牌名,原唐教坊曲,调名取自李白《苏台览古》词,后人兹以柳永词为准。五十字,上下片各两平韵,结句各叶一仄韵。该词是作者的田野山水名作。它以自然朴素的语言,清新爽朗的风格,使我们不仅看到一幅鲜明逼真的田野风光画,而且有一种身临其境之感。上片开头“惊鹊”和“鸣蝉”两句动中寓静,把半夜“清风”“明月”下的景色描绘得令人悠然神往。然后笔锋一转,由上瞧而下视,田野上稻香扑鼻,蛙声悦耳,既有嗅觉所感又有听觉所闻。在下片前两句中,“七八个”“两三点”这几个数词的巧妙运用,道出了“星”是寥落的疏星,“雨”是轻微的阵雨,都是为了与上片的清幽夜色、恬静气氛和朴野成趣的乡土气息相吻合。词人对黄沙道上的路径尽管很熟,可总因为醉心于倾诉丰年在望之乐的一片蛙声中,竟忘却了越过“天外”、迈过“山前”,连早已临近的那个社庙旁树林边的茅店也都没有察觉。前文“路转”,后文“忽见 ”,既衬出了词人骤然间看出了分明临近旧屋的欢欣,又表达了他由于沉浸在稻花香中以致忘了道途远近的怡然自得的入迷程度,体现了作者深厚的艺术功底,令人玩味无穷。

此词描写的既不是出奇的名山秀水,也不是引人注目的奇观壮景,不过是人们常见的月、鸟、蝉、蛙、星、雨、店、桥,诵读时心中要有“视像”感,要真真切切地看得见、感受得到诗中所描述的夜行野趣的具象。由于是山野夜行，所以行腔用声不可过于硬朗，色彩不可过于明秀，咬字不可发使拙力，于轻巧、轻松的欣然描述之中将一幅鲜明逼真的田野风光画呈现出来，让人身临其境才为上品。

【断句顿挫建议】明月/别枝/惊鹊，/清风/半夜/鸣蝉。//稻花香里/说丰年，/听取/蛙声/一片。///七八个/星/天外，/两三点/雨/山前。//旧时/茅店/社林边，/路转/溪头/忽见。

丑奴儿·书博山道中壁

辛弃疾

少年不识愁滋味，爱上层楼。爱上层楼，为赋新词强(qiǎng)说愁。

而今识尽愁滋味，欲说还(huán)休。欲说还休，却道天凉好个秋。

【注释】1. 博山：在江西广丰西南三十里。2. 层楼：高楼。3. 强说愁：没有愁而说愁，即无病呻吟。

【串译】年少时不知道忧愁的滋味，总爱登上高楼。登上高楼，为写新词硬说自己满怀愁绪。如今尝尽人生的愁苦滋味，却是欲言又止。欲言又止，也只能淡淡地叹一声："好一个凉快的秋！"

【诵读提示】《丑奴儿》，词牌名，为双调小令，四十四字，前后片各三平韵。这首词是作者被弹劾去职、于带湖闲居时的作品。此词通过"少年"时与"而今"的对比，突出地渲染了一个

"愁"字,并以此作为贯串的线索领率全篇,表现了受压抑、遭排挤、报国无路的痛苦,也是对南宋朝廷的讽刺与不满。上片写的是少年不识愁滋味,表达了一种深刻的人生感受。"少年不识愁滋味"是上片词的核心。连用两个"爱上层楼",避开了一般的泛泛描述,而是有力地带起了下文。前一个"爱上层楼",同首句构成因果复句,意为年轻时根本不懂什么是忧愁,所以喜欢登楼赏玩。后一个"爱上层楼",又同下面"为赋新词强说愁"结成因果关系,即因为爱上高楼而触发诗兴,在当时"不识愁滋味"的情况下,也要勉强说些"愁闷"之类的话。这一叠句的运用,把两个不同的层次联系起来,上片"不知愁"这一思想表达得十分完整。下片写而今"识尽愁滋味"。处处注意同上片进行对比,表现自己随着年岁的增长,处世阅历渐深,对于这个"愁"字有了真切的体验。又连用两句"欲说还休",仍然采用叠句形式,在结构用法上也与上片互为呼应。前句紧承上句的"尽"字而来。后一个"欲说还休"则是紧连下文,因为胸中的忧愁不是个人的离愁别绪,而是忧国伤时之愁。"天凉好个秋",这句结尾表面形似轻脱,实则十分含蓄,充分表达了"愁"的深沉博大。

诵读上片词应在"少年不知愁"上着力泼墨,语态是回忆性的,要表现出年轻人尚欠成熟的一面,语势可轻佻些。下片的语态是现实的,说眼前。整首诗是在诉说自己不同的人生阶段的不同感受,吐字发音应尽量朴实真切,节奏是低沉型的,缓起慢行,只是到了结尾处的"却道天凉好个秋"应体现话外之音、追求韵外之效。

"滋味"中的"味"字,不得儿化。

【断句顿挫建议】少年/不识/愁/滋味,/爱上/层楼。//爱上/层楼,/为赋新词/强/说愁。///而今/识尽/愁/滋味,/欲说/还休。//欲说/还休,//却/道/天凉/好/个/秋。

破阵子·为陈同甫赋壮词以寄之

辛弃疾

醉里挑灯看剑，梦回吹角连营。八百里分麾下炙，五十弦翻塞外声。沙场秋点兵。

马作的(dí)卢飞快，弓如霹雳弦惊。了却君王天下事，赢得生前身后名。可怜白发生！

【注释】1. 陈同甫：陈亮，作者好友，坚持抗金，终生未仕。宋孝宗十五年冬到上饶访辛，留十日。别后作者写《贺新郎》词寄他，他和了一首，以后二人又用同一词牌反复唱和。作者的这首《破阵子》也是这一时期写的。2. 麾下：指部下。麾：军旗。3. 炙：烤熟的肉。4. 的卢：一种烈性快马，传说刘备在襄阳遭遇危险，骑的卢"一跃三丈"而脱险。

【串译】醉意中拨亮灯抽出宝剑赏看，一梦醒来营房里号角响成一片。官兵们都分到了将军奖给的烧肉，五十弦等各种乐器一齐演奏着边疆的乐曲。秋高马肥的季节，战场正在阅兵。烈马奔驰好似的卢马一样飞快，弓箭发出响声如同霹雷一般。替君主完成了统一天下的大业，争取生前死后都留下为国立功的勋名。可惜的是而今我已白发斑斑，不能报效朝廷了。

【诵读提示】《破阵子》，词牌名，唐教坊曲，原为唐开国时之大型武舞曲——《秦王破阵乐》之节选。双调小令，六十二字，上下片皆三平韵。此词是作者的名篇之一。从题目看是寄给好友陈亮，抒发抗金壮志的。本词以浪漫主义与现实主义结合的方法,驰骋壮志,抒写愤慨,将自己的爱国之心、忠君愤懑都熔铸在神采飞扬而又慷慨悲壮、沉郁顿挫的辞章里。起首两句,情景交融,不胜感慨。这两句紧扣"壮"字,是现实生活的真实写照。"挑灯""看剑"是写动作和神态。两个举动真切地表现了词人此时内心的郁愤,透过这些词人又仿佛回到了那令他日夜梦萦的战场和那难以忘怀的岁月。"梦回吹角连营"渲染了士气的高涨和军心的振奋。"沙场秋点兵"又使人感到这支士气高昂的队伍的赫赫军威。寥寥五个字就栩栩如生地写出了雄壮威武的阵容,再现了作者立马阵前、点兵授令的形象,笔酣墨饱地对上文所描写的情况作出了出色的小结,收束有力。下片紧承上片把激情推向高峰。"马作的卢飞快,弓如霹雳弦惊"两句是说英雄骑着快如的卢的战马,手持弓箭,飞驰战场,英勇杀敌。这是壮词壮景的进一步烘托,是壮意的进一步生发。"了却君王天下事,赢得生前身后名"这两句意味着词人大功告成,踌躇满志,发出愉快的欢呼声,连调子也轻松而大气磅礴起来,使词的感情上升到最高点。结句"可怜白发生",笔锋陡转,使感情从最高点一跌千丈,吐尽壮志难酬的无限感慨,揭示了理想与现实的尖锐对立,抒发了报国有心、请缨无路的悲愤,使全词笼上了浓郁的悲凉色彩。

这首"壮词"的基调气势恢弘,慷慨激昂,节奏动型属高亢型的。首尾两句描写出现实现境,中间数句全是梦境。梦境要诵得雄壮,现境要诵得悲凉;梦境要诵得酣畅淋漓,将爱国之心、忠君之念及自己的豪情壮志推向顶点。"八百里分麾下炙,五十弦翻塞外声"和"了却君王天下事,赢得生前身后名"最好用"急口"连接起来表述。"秋点兵!"要一字一顿地重重敲击而出,表现出大仗之前军队的赫赫军威。结句要陡然跌落,语势急遽下行,在梦境与现境的强烈对照中,宣泄出壮志难酬的一腔悲愤。"可怜”——“白发”——“生”，应安排两个顿挫，情绪高点在“可怜”上。

【断句顿挫建议】醉里/挑灯/看剑，/梦回/吹角连营。//八百里/分/麾下炙，/五十弦/翻/塞外声。//沙场/秋/点兵。///马/作/的卢/飞快，/弓/如/霹雳/弦惊。//了却/君王/天下事，/赢得/生前/身后/名。//可怜/白发/生！

青玉案·元夕

辛弃疾

东风夜放花千树，更吹落、星如雨。宝马雕车香满路，凤箫声动，玉壶光转，一夜鱼龙舞。

蛾儿雪柳黄金缕，笑语盈盈暗香去。众里寻他千百度，蓦(mò)然回首，那人却在，灯火阑珊处。

【注释】1. 元夕：正月十五元宵节。2. 花千树：形容花灯之多，如千树开花。3. 星如雨：指焰火纷纷，乱落如雨。星，指焰火。4. 宝马雕车：装饰华丽的马车。5. 凤箫：箫的美称。6. 玉壶：比喻明月。7. 鱼龙舞：舞动鱼形、龙形的彩灯。8. 蛾儿雪柳黄金缕：古代妇女元宵节时头上佩戴的各种饰品，这里指盛装的妇女。9. 盈盈：声音轻盈悦耳，亦指仪态娇美的女子。10. 暗香：本指梅花，这里借指美人。11. 他，即她。12. 千百度：千百遍。13. 蓦然：猛然、突然。14. 阑珊：零落稀疏的样子。

【串译】东风仿佛吹开了千棵树上的鲜花，又如同将空中的繁星吹落，像阵阵星雨。宝马香车在路上来来往往，醉人的香气弥漫着大街,悦耳的音乐之声四处回荡,玉壶也在空中流光飞舞,鱼龙形的彩灯在空中翻腾了一夜。美女头上戴着亮丽的饰物,晶莹多彩的,在人群中晃动。她们面带微笑,散发着淡淡的香气,从人面前经过。我寻找那人千百次,不经意间一回头,却看见了她站在灯火零落稀疏的地方。

【诵读提示】《青玉案》,词牌名,双调六十七字,前后片各五仄韵。上片的诵读要着力渲染元宵节灯火辉煌,车水马龙,一片繁华热闹景象,情绪要"爆";下片的开头语态就需转场,转到"描人"上来,描绘的是观灯女子们盛装艳服、欢声笑语。但这一切还都仅仅只是陪衬,都不是本词要表现的主要对象。接着坚定而又惊喜地点出"灯火阑珊处"的"那人"——一位忧愁、孤独、自甘寂寞者,才是作品的主角。此词具有双重对比:前面热闹非凡的场景是为了衬托灯火阑珊处的冷落,那笑语欢快的一群观灯者是为了衬托"那人"的寂寞孤独。此词的词意重心、语句重心和表达重心都在词的结末,而又不能采用一般的强控制和硬处理,这就成为此词诵读的难点。下片的开句"蛾儿雪柳黄金缕,笑语盈盈暗香去"两句要轻盈地、喜滋滋地描述,技巧并不复杂。到了"众里寻他千百度"应"急起""挑高",现出急切、迫切地寻找"那人"又找不到,有点"踏破铁鞋无觅处"的意思。"蓦然回首"是紧张型的,要凸显第一个"急转",间有"急停",可以安排个较长的停顿。"那人却在,灯火阑珊处"再"急转",表现出终于找到了,仿佛长舒一口气的感觉。从"蓦然回首"到"那人却在,灯火阑珊处"之间绝不能衔接太紧,从"找到",再到"叙说"出来,中间有一个眼——心——口三者的转换过程,书面文字上看不出来,但在有声艺术语言的表达时则是必须要体现的。"那人"与"却在"之间也应有个心理上的间歇,停够之后才可以徐缓减弱而又指向分明地将"灯火阑珊处"收住。这个结局的最佳效果就是能使人产生神驰遐想并从中领悟出深奥的人生哲理来。

【断句顿挫建议】 东风/夜放/花千树，/更/吹落、/星/如雨。//宝马/雕车/香满路，//凤箫/声动，/玉壶/光转，一夜/鱼龙舞。///蛾儿/雪柳/黄金缕，/笑语盈盈/暗香去。//众里/寻他/千百度，//蓦然/回首，/那人/却在，//灯火/阑珊/处。

菩萨蛮·书江西造口壁

辛弃疾

郁孤台下清江水，中间多少行人泪。西北望长安，可怜无数山。

青山遮不住，毕竟东流去。江晚正愁余(yú)，山深闻鹧(zhè)鸪(gū)。

【注释】 1.造口：在今江西万安西南60里处。2.郁孤台：在赣州西南。3.清江：指赣江。4.行人：被金兵骚扰流离失所的人。5.长安：借指汴京。6.可怜：可惜。7.愁余：我正发愁。8.鹧鸪：鸟名，叫声悲切，像在说“行不得也”，也借此指恢复中原之事行不得。

【串译】 郁孤台下这赣江清澈的流水，水中有多少逃难行人的眼泪。从西北眺望长安，可惜只能见到无数的青山。可青山怎能把滔滔江水挡住，浩浩江水终于还是向东流去。晚上我在江边正满怀愁绪，听到深山传来鹧鸪凄惨的啼叫声。

【诵读提示】 这首词从怀念往事写到现实，表达了对中原未能恢复的沉郁心情以及驱敌救国理想不能实现的抑郁和苦闷。

“长安”“无数山”具有空间、时间、今昔等多重意义,虚中有实,实中有虚,虚实一体,含义深远。更以“望”“可怜”涂上浓烈的感情色彩,写出了无限的惆怅、无限的感愤。

诵读这首词,叙事和抒情都应含蓄而不直露,借水怨山,悲愤之中蕴有雄壮色彩,平舒中略带激越。词的高点在于“青山遮不住,毕竟东流去”,但毕竟此词整体要表达的是对未能恢复中原的沉郁心情以及不能实现驱敌救国理想的苦闷,属于凝重型节奏。所以这两句既不是开头也不是结尾,于词中不便突兀地做大的“掀起”,只能于平稳低缓的语气中坚毅有力地稍加“投入”。

【断句顿挫建议】 郁孤台下/清江水,/中间/多少/行人泪。//西北/望/长安,/可怜/无数山。///青山/遮不住,/毕竟/东流去。//江晚/正愁余,山深/闻/鹧鸪。

南乡子·登京口北固亭有怀

辛弃疾

何处望神州?满眼风光北固楼。千古兴亡多少事?悠悠!不尽长江滚滚流。

年少万兜鍪(móu),坐断东南战未休。天下英雄谁敌手?曹刘!生子当如孙仲谋!

【注释】 1.京口:今镇江。2.北固亭:即北固楼,在北固山上。3.有怀:有所怀念。这首词怀念的是孙权,跟苏轼怀念周瑜差不多。4.神州:指中国,此处指中原被金人占领的沦陷区。5.兴亡:指国家兴衰,朝代更替。6.悠悠:长远悠久。7.兜鍪:即头盔，此处借指士兵。8.坐断：占据、割据。9.休：停止。10.曹刘：指曹操与刘备。11.生子当如孙仲谋：曹操率大军南下，见孙权的军队威武雄壮，感叹道："生子当如孙仲谋！"仲谋，孙权的字。

【串译】什么地方可以看见中原呢？在北固楼上满眼都是好风光。从古到今有多少兴亡大事呢？不知道，年代太久远了。只有长江水滚滚东流，永远也流不尽。当年孙权年轻时就做了三军统帅，独霸东南，坚持抗战。天下英雄谁是孙权的对手呢？只有曹操和刘备而已。难怪曹操说：生子就应该像孙仲谋那样啊！

【诵读提示】《南乡子》，词牌名，唐教坊曲，原为单调，南唐冯延巳始增为双调五十六字，前后片各四平韵，一韵到底。这首词的用意是讽刺当时的朝廷无能，不但不能光复神州，连江南也快要保不住了。从词的结构来看，通篇三问三答，互相呼应，感叹雄壮，意境高远。

全词的基调应是激愤的，高扬的。节奏是宕开的，凝重的。抓住了"三问三答"，就抓住了此词诵读的特点。上下阙的字数、格局相等，不同的是开句一个是问语，一个是述语。诵读上片应有登高壮怀之态，神州千古兴亡悠悠事如长江之水滚滚流。起句"何处望神州？"就要用中强、中高的语势，要"问"出去，"满眼风光北固楼"再"答"进来，这是一放一收。"悠悠"两字，从词意上看应前靠，与"千古兴亡多少事"更紧密一些，但从艺术语言的表达来说，它却是承前启后，收上冒下句，表现得似断非停更有味道。下片的"曹刘"两字同样如此。"不尽长江滚滚流"句要"起荡""甩开"，体现二二三的语节特点。下片完全是对孙权的溢美之词。"生子当如孙仲谋！"是全词的核心句，要用顿挫、语气、节奏响鼓重锤地强收，将抬孙讽今的词意推向极致。此词自始句起，语势就一直稳健走强，下片因有具体所赞所以比上片更强,至结末句达到最强。有意识地控制好气息,坚持以气托声是完成诵读的技术基础。

【断句顿挫建议】何处/望/神州?/满眼风光/北固楼。///千古/兴亡/多少事?///悠悠!//不尽/长江滚滚流。///年少/万兜鍪,/坐断东南/战未休。///天下/英雄/谁敌手?//曹刘!///生子/当如/孙仲谋!

永遇乐·京口北固亭怀古

辛弃疾

千古江山,英雄无觅,孙仲谋处。舞榭歌台,风流总被雨打风吹去。斜阳草树,寻常巷陌,人道寄奴曾住。想当年,金戈铁马,气吞万里如虎。

元嘉草草,封狼居胥(xū),赢得仓皇北顾。四十三年,望中犹记,烽火扬州路。可堪回首,佛(bì)狸(lí)祠下,一片神鸦社鼓。凭谁问,廉颇老矣,尚能饭否?

【注释】1.京口:镇江因临京岘山、长江口而得名。2.孙仲谋:三国时吴王孙权,字仲谋,曾建都京口。3.寄奴:南朝宋武帝刘裕的小名。4."想当年"三句:刘裕曾两次帅晋军北伐收复洛阳、长安等地。5."元嘉草草"句:元嘉是刘裕的儿子刘义隆年号。草草:轻率。这句是说刘义隆好大喜功,仓促北伐,以致惨败。6."四十三年"句:作者于宋高宗绍兴三十二年率众南归,到写该词时正好四十三年。7.佛狸祠:魏太武帝拓跋焘小名佛狸,曾在长江北岸瓜步山建立行宫，即后来的佛狸祠。8.神鸦：指在庙里吃祭品的乌鸦。9.社鼓：祭祀时的鼓声。10.廉颇：战国时赵国名将。

【串译】千古江山永久地存在着，却无处去寻找孙权那样的英雄了；当年的歌舞楼台、繁华景象、英雄业绩都被历史的风雨吹打而随着时光流逝了。夕阳照着那草木杂乱、偏僻荒凉的普通街巷，人们说这就是寄奴曾住过的地方。回想当时，刘裕率兵北伐，武器坚利，配备精良，气势好像猛虎一样，把盘踞中原的敌人一下子都赶回北方去了。南朝宋文帝（刘义隆）元嘉年间兴兵北伐，想要再封狼居胥山，建功立业，由于草率从事，结果只落得自己回顾追兵，仓皇失措。如今四十三年过去了，遥望中原，还记得当年扬州一带遍地烽火。往事真不堪回想，在敌占区后魏皇帝佛狸的庙前，香烟缭绕，充满一片乌鸦的叫声和祭祀的鼓声！谁还来问：廉颇老了，饭量还好吗？

【诵读提示】《永遇乐》，词牌名，始创于柳永，分上下两片，共一百零四字。这首词是作者于开禧元年六十五岁任镇江知府时登京口北固亭所作。这首词用典精当，有怀古、忧世、抒志的多重主题。上片怀念孙权和刘裕二位英主。孙权坐镇东南，击退强敌；刘裕金戈铁马，战功赫赫，收复失地，气吞万里。对历史人物的赞扬也就是对主战派的期望和对南宋朝廷苟安求和者的讽刺和谴责。下片引用南朝刘义隆冒险北伐、招致大败的历史事实，忠告韩侂胄吸取历史教训，不要草率从事。接着用四十三年来抗金形势的变化，表示词人收复中原的决心不变。结尾三句，借廉颇自比，表现出词人报效国家的强烈愿望和对宋室不能尽用人才的慨叹。

此词是作者面对锦绣河山，怀古喻今，抒发志不得伸、不被重用的忧愤情怀。诵读时应把握豪壮悲凉，义重情深的基调。

节奏沉郁、稳健。对典故含义的准确理解当是解构和阐释整首词的关键。“胥”字,读 xū,容易误读作去声;“佛狸”中的“佛”字,有的文献标作 fú。

【断句顿挫建议】千古/江山,/英雄/无觅,/孙仲谋/处。//舞榭/歌台,/风流/总/被/雨打风吹/去。//斜阳/草树,/寻常/巷陌,/人道/寄奴/曾住。//想当年,/金戈铁马,/气吞/万里如虎。///元嘉/草草,/封/狼居胥,/赢得/仓皇北顾。//四十三年,/望中/犹记,/烽火/扬州路。//可堪/回首,/佛狸祠/下,/一片/神鸦/社鼓。//凭谁问,//廉颇老矣,/尚/能/饭否?

知识链接

辛弃疾(1140—1207),字幼安,号稼轩,历城人。辛弃疾一生以恢复为志,是南宋伟大爱国词人。辛词中深入反映了当时尖锐的民族矛盾和统治阶级内部矛盾,表现了积极主张抗金和实现国家统一的爱国热忱,也有不少吟咏祖国河山的作品。作品以豪放为主,善于用典也善于白描,开拓了词的疆域,提高了词的表现力,成为南宋词坛最杰出的代表作家,人称“词中之龙”,与苏轼并称为“苏辛”,是南宋爱国词中的领袖一代。《全宋词》存词六百二十多首,是唐宋词作家中存词最多的一个。

扬州慢

姜夔

淳熙丙申正(zhēng)日,予过维扬。夜雪初霁,荠麦弥望。入其城则四壁萧条，寒水自碧，暮色渐起，戍角悲吟。予怀怆然，感慨今昔，因自度此曲。千岩老人以为有《黍离》之悲也。

淮左名都，竹西佳处，解鞍少驻初程。过春风十里，尽荠麦青青。自胡马窥江去后，废池乔木，犹厌言兵。渐黄昏、清角吹寒，都在空城。杜郎俊赏，算而今、重到须惊。纵豆蔻词工，青楼梦好，难赋深情。二十四桥仍在，波心荡，冷月无声。念桥边红药，年年知为谁生？

【注释】1. 淳熙丙申：淳熙三年（1176）。2. 正日：至日、冬至。3. 维扬：扬州。4. 荠麦：荠菜和麦子。5. 弥望：满眼。6. 戍角：军中号角。7. 千岩老人：指南宋诗人萧德藻，作者曾跟他学诗又是他的侄女婿。8. 黍离：《诗经·王风》中的一首，较为流行的说法是周平王东迁后周朝大夫经西周旧都，见“宗室宫庙，尽为禾黍”，遂赋《黍离》诗志哀。后世即用“黍离”来表示亡国之痛。9. 淮左：淮南东路，扬州是宋代淮南东路的首府，故称“淮左名都”。10. 竹西：扬州城东一亭名，也指扬州。11. 春风十里：这里用以借指昔日扬州的最繁华处。12. 胡马窥江：1161 年金主完颜亮南侵，攻破扬州，直抵长江边的瓜洲渡。到淳熙三年作者过扬州已十六年。13. 渐：向、到。14. 杜郎：杜牧。15. 俊赏：俊逸清赏。16. 豆蔻：形容少女美艳。17. 桥边红药：二十四桥又名红药桥，桥边生红芍药。

【串译】淳熙年丙申月冬至这天，我经过扬州。夜雪初晴，放眼望去全是荠草和麦子。进入扬州，一片萧条，河水碧绿凄冷，天色渐晚，城中响起凄凉的号角。我内心悲凉，感慨于扬州城今昔的变化,于是自创了这支曲子。千岩老人认为这首词有《黍离》的悲凉意蕴。

扬州是淮河东著名的大都,在竹西亭美好的住处,解下马鞍稍作停留,这是最初的行程。经过春风吹遍的十里扬州,到处都是一派青青的荠菜麦子。自从金兵进犯长江回去以后荒废了池苑,伐去了乔木,至今还讨厌说起旧日用兵。天气渐渐进入黄昏,凄凉的号角吹起了冷寒,这都是在劫后的扬州城。杜牧有卓越的鉴赏,料想今天,此君若重来此地一定吃惊。即使"豆蔻"词语精工,青楼美梦诗意嘉好,也难于表达出深厚的感情。二十四桥仍然还在,桥下江中的波浪浩荡,凄冷的月色,处处寂静无声。怀念桥边的红芍药,可知它每年替什么人开花繁生?

【诵读提示】《扬州慢》,姜夔自度曲,后人多用以抒发怀古之思。双调,九十八字,上片十句四平韵,下片九句四平韵。本篇是作者二十一二岁路经扬州时有感而作。此词的特点是上片纪行,下片志感。上片写扬州过去的盛况,都是虚笔。"淮左名都"不过耳闻;"竹西佳处"也非目见;时届岁暮,"过春风十里"同"尽荠麦青青"对举,正是词序中所说的"黍离之悲"。"春风十里"既不指当时也不是具体景物,但一组合就显出扬州昔日的繁华,为下文对比作铺垫。下片即从杜牧身上落笔,把他的诗作为历史背景,以昔日扬州的繁华同眼前战后的衰败相比,以抒今昔之感,同时也借以自述心情。以艳语写哀情,可以说是此词的一个特点。词里没有一个字正面抒情。"厌言兵"的是"废池乔木",惊叹扬州的是"杜郎",凄冷无声的是"月",开无主的是"红药"——结尾一问,以花的无知衬托人的有情。作者的词抒情写景都不执着于具体细致的刻画描绘,总是写得空灵、疏淡,有时比起慷慨发怒和一泄无余更能激起读者去进行再创造,更具有艺术感染力。

此词诵读的基调为悲凉凄怆，沉郁、凝重的节奏动型。语势平稳，多抑少扬，语调语气的转换都应稳中见意，行腔用句都应笼罩在一种悲凉凄怆的氛围中。

【断句顿挫建议】淮左/名都，/竹西/佳处，/解鞍/少驻/初程。//过/春风十里，/尽/荠麦青青。//自/胡马窥江/去后，/废池/乔木，/犹厌/言兵。//渐/黄昏、/清角吹寒，/都在/空城。///杜郎/俊赏，/算/而今、/重到/须惊。//纵/豆蔻词工，/青楼梦好，/难赋/深情。//二十四桥/仍在，/波心荡，/冷月/无声。//念/桥边红药，/年年/知为/谁生？

知识链接

姜夔（1155—1221），号“白石道人”，鄱阳人。一生漂泊江湖，依人作客，却绝不逢迎取合。与辛弃疾、杨万里、范成大等为文字交，诗词皆卓然成家。词风清丽典雅，以冷香幽韵和瘦骨逸神独擅胜场，为清代浙派词人所尊奉。他深谙音律，十七首自度曲都旁缀音谱，是流传至今唯一完整的宋代词乐资料。著有《白石道人歌曲》。

约客

赵师秀

黄梅时节家家雨，青草池塘处处蛙。
有约不来过夜半，闲敲棋子落灯花。

【注释】1.约客:约请客人来相会。2.黄梅时节:农历四五月间,江南梅子黄了、熟了大都是在阴雨连连的时候,所以称江南雨季为“黄梅时节”。3.有约:邀约友人。4.落灯花:旧时以油灯照明,灯芯烧残,落下来时好像一朵闪亮的小花。

【串译】梅子黄时,家家户户都笼罩在烟雨之中。那长满青草的池塘里传出阵阵蛙声。已约好要请的客人,说来却还没来,一晃就过了午夜。手拿棋子轻轻地敲击着桌面等着客人,只看到灯花不断地簌簌地落下……

【诵读提示】全诗通过对撩人思绪的环境及“闲敲棋子”细节动作的渲染,既写了作者雨夜候客来访的情景,也写出约客未至的一种怅惘的心情。前两句交代了当时的环境和时令。环境看似很“热闹”,实际上作者要反衬出它的“寂静”。后两句点出了人物和事情。第三句“有约不来过夜半”,用“有约”点出了作者曾“约客”来访,“过夜半”说明了等待时间之久,本来期待的是约客的叩门声,但听到的却只是一阵阵的雨声和蛙声,比照之下更显示出焦躁的心情。第四句“闲敲棋子”是一个细节描写,作者约客久候不到,灯芯很长,作者百无聊赖之际下意识地将黑白棋子在棋盘上轻轻敲打,而笃笃的敲棋声又将灯花都震落了。这种姿态貌似闲逸,其实反映出作者内心的焦躁。

诵读节奏为凝抑型,基调是闲适中略带惆怅。用声要轻,用气应浅,口控要松。前两句的“闹”与后两句的“静”对比应鲜明。“闲敲棋子落灯花”应创造出一种闲愁的意境来。

知识链接

赵师秀(1170—1219),永嘉人,同徐照、徐玑和翁卷并称“永嘉四灵”,人称“鬼才”。

过伶仃洋

文天祥

辛苦遭逢起一经，干戈寥落四周星。
山河破碎风飘絮，身世浮沉雨打萍。
惶恐滩头说惶恐，伶仃洋里叹伶仃。
人生自古谁无死，留取丹心照汗青。

【注释】1. 遭逢：遭遇到朝廷选拔。2. 干戈：此处借指执干戈的士兵。3. 寥落：稀疏、冷落、冷清。4. 山河：指国家的土地。5. 絮：指像棉絮似的东西。6. 萍：指浮萍。7. 身世浮沉：指由宋朝高官变成元兵阶下囚。8. 惶恐滩：在今江西万安，水流湍急，为赣江十八滩中最险的一滩。宋瑞宗景炎二年文天祥在江西兵败，经惶恐滩退往福建。9. 汗青：史册。这里指用竹简写的历史。

【串译】遭遇苦难的原因是我精通经书而获官职所致，使我在荒凉冷落的战场上度过了四个春秋。山河破碎得像被风吹散的柳絮，一生动荡如同被雨打的浮萍。在惶恐滩头诉说惶恐，在伶仃洋上慨叹孤苦。自古以来谁能永远不死，死后我也要留下这颗精忠报国的红心，让它永照史册。

【诵读提示】诗的开头两句追述早年身世及为官以来的种种辛苦。概括地说是两件大事：一是受到皇帝的选拔，经过科举考试进入仕途。二是在元军入侵、宋室危亡之际，响应“勤王”号召，以全部家产充军费，起兵抗元，在频繁不断的战斗中度过了四年。接下去两句就进一步抒写国破家亡的悲哀。国土遭到元军的蹂躏,山河破碎,南宋王朝在元军的攻逼之下岌岌可危,覆亡在即,一如风中柳絮。这是从国势一面说。至于自己也是一生坎坷,一如风雨吹打的浮萍无所依托。这两句以比喻的方式写国势和身世,蕴藏其中的感情尤为深挚沉痛。接下去"惶恐滩头说惶恐,伶仃洋里叹伶仃"两句是对前面"山河破碎"两句的补充,具体概括自己的抗元经历,表现忧愤之情。前一句是追记过去,后一句是慨叹眼前。这两句中,往日的体验与今日的体验交错在一起,回首当初的"惶恐",还看今日的"伶仃",令人百感交集。而这一切又都是由于国家的危亡引起的,心中的悲愤自然是难以名状的。从全诗的构思上看,前面这六句把悲愤艰危的气氛渲染到了极致,接下去两句则笔锋一转,情绪由悲愤转为激昂,由压抑转为高亢。"人生自古谁无死,留取丹心照汗青",古往今来,人难免一死,为拯救祖国而死,舍生取义,一片丹心将垂于史册,映照千古。这激情慷慨的两句诗表明了舍生取义的决心,充分体现了民族气节。全诗也因有此两句收尾而成为一代名作、千古壮歌。

诵读诗的前六句时应极度渲染自己身世命运的不幸和国事的危难,营造出悲愤艰危的气氛,表现慷慨激昂的爱国热情和视死如归的高风亮节;结尾两句表现的是作者舍生取义的人生价值观,是中华民族传统美德的集中表现。诵读此诗的节奏呈高亢、激壮型。高潮和"诗魂"都在结尾处。诵读时情绪逐渐走高,句调逐渐抬起,结尾强势扬起至声线和情感的极致,以洪钟大吕般的气度强势刹住,语气坚定,人生无悔。

知识链接

文天祥(1236—1283)，庐陵人。宋恭帝德佑元年，宋军长江防线全线崩溃，文天祥捐资充当军费，招募豪杰组建义军抗元。次年，元军兵临临安，谢太后派他与元军谈判。到了元军大营即被扣留。此时两淮、江南、闽广等地还未被元军完全占领。伯颜诱降，他宁死不屈，后冒险出逃，被端宗任为右丞相，先后到汀州、漳州、龙岩、梅州坚持斗争。在率部向海丰撤退途中兵败被俘。狱中的生活艰苦，但仍写出《正气歌》等不少诗篇。去世时年仅47岁。

第四单元　元明清诗词、元代小令

教学目的与要求：要求学生能够规范熟练地诵读所有内容，并背诵：《秋思》《潼关怀古》《石灰吟》《临江仙》《别云间》《潍县署中画竹呈年伯包大中丞括》《竹石》《论诗》《己亥杂诗·其五》《己亥杂诗·其一二五》。

教学重点与难点：元明清诗词、元代小令的诵读格式和表达技巧。

沉醉东风·送别

关汉卿

咫尺的天南地北，霎时间月缺花飞。手执着饯行杯，眼阁(gē)着别离泪。刚道得声“保重将息”，痛煞煞教人舍不得。“好去者。望前程万里！”

【注释】1.霎时间：一会儿。2.阁着：噙着、含着。阁，同“搁”。3.将息：调养、休息的意思。4.痛煞煞：表示痛苦的样子。

5. 好去者：安慰行者的套语，犹言“好走着”“走好啊”。

【串译】咫尺之间却如天南地北般地遥远，转眼之间就要分离。手中端着为你饯行的酒杯，眼里含着为离别而流淌的泪水。刚说了句保重身体，心里便万般悲痛舍不得分离。好好地去吧，祝福你有万里前程！

【诵读提示】小令的歌咏艳情不同于先前宋词的蕴藉、婉转，而是以沉着痛快、大胆泼辣见长。这首小令写永别时的依恋，将叙事和抒情有机结合，通过人物的动作、表情和语言展示其内心世界，刻画入微，感情真挚而强烈。全曲在送行女子的殷勤寄语中戛然而止，可谓余音绕梁，千古不绝。好一个爽利的女子，好一幅爽利的饯行画面，好一首真率透彻、声情并茂的“长亭送别”！

诵读时应恰如其分地把握送别女子时而含蓄时而坦率的情感，刻画出一个声泪俱下、依依不舍的痴情女子形象。语调应呈婉转低沉，咬字口控均不可用力太拙。还得注意，“痛煞煞教人舍不得”一句，送别女子的情绪已经低哀到了极点，在此要安排个大气口，情绪宣泄后女子似乎擦了一把眼泪，仰起头无奈而又坚强地对即将远行的恋人道：“好去者。望前程万里！”大气口停顿的过程，绝不仅仅就是个气息接换的需要，更为重要的是语气转换的过程，在表达过程中语气的运用比气息的控制层次更高，更难以把握，需细心揣摩体验。

【断句顿挫建议】咫尺的/天南/地北，/霎时间/月缺/花飞。//手/执着/饯行杯，/眼/阁着/别离泪。//刚/道得声/“保重将息”，/痛煞煞/教人/舍不得。///“好去者。//望/前程/万里！”

知识链接

关汉卿大约生于1220年,卒于1300年,元代杂剧作家,"驱梨园领袖,总编修师首,捻杂剧班头"。编有杂剧67部,现存18部。其中《窦娥冤》《救风尘》《望江亭》《拜月亭》《单刀会》等都是代表作。关汉卿是伟大的戏曲家,后人列为元曲四大家之首,称之为"曲圣"。

关汉卿生活的时代,政治黑暗腐败,社会动荡不安,阶级矛盾和民族矛盾十分突出,人民群众生活在水深火热之中。他的剧作深刻地再现了社会现实,充满着浓郁的时代气息。而慷慨悲歌、乐观奋争构成了关汉卿剧作的基调。当然写得最出色的还是一些普通妇女形象,她们各具性格特色但遭遇悲惨,正直、善良、聪明、机智,同时有具有强烈的反抗意志,敢于向黑暗势力展开搏斗、至死不屈。在那个特定的历史时代,关剧奏出了鼓舞人民斗争的主旋律。

天净沙·秋思

马致远

枯藤老树昏鸦,小桥流水人家,古道西风瘦马。夕阳西下,断肠人在天涯。

【注释】 1.昏鸦:黄昏时归巢的乌鸦。昏:傍晚。2.古道:已经废弃不堪再用的古老驿道(路)或年代久远的驿道。3.断肠人:形容伤心悲痛到极点的人,此指漂泊天涯、极度忧伤的旅人。

【串译】枯藤缠绕的老树栖息着黄昏归巢的乌鸦，小桥旁潺潺的流水映出几户人家，荒凉的古道上，迎着萧瑟的秋风走来一匹孤独的瘦马。夕阳已经朝西落下，漂泊未归的游子还远在天涯。

【诵读提示】《天净沙》，越调，曲牌名。单调二十八字，五句四平韵、一叶韵。这是作者在浙江任上所写。“枯藤老树昏鸦，小桥流水人家，古道西风瘦马”这三句是纯写景，罗列景物是一种很美的景致，但还不能够成为“秋思之祖”，真正用情的是最后一句：“夕阳西下，断肠人在天涯。”短短的篇幅里，描写出一个天涯过客的愁思，渲染了一种极其萧瑟悲凉的意境。“枯藤”“老树”“昏鸦”“古道”“西风”“瘦马”“夕阳西下”“断肠人在天涯”等只是单个意象，而整个小令的悲凉色彩是由这些单个意象有机组成的整体意象群所产生的，景中有情、情中有景、情景妙合，活画拼图出一幅摇瑟人心的秋凉之境。

诵读的要点是要学着内心有视像、口中会描画的技巧。秋天所思，竟是人生走到如此境界，怎能不引发人之悲怀。语气要舒淡净雅，节奏不要勒得太紧，语速中慢，意在“思秋”。“夕阳西下”前可安个大气口，长长舒放一口气，再浓情托出“断肠人在天涯”。

【断句顿挫建议】 枯 藤/老 树/昏 鸦。//小 桥/流 水/人家。//古道/西风/瘦马。///夕阳/西下，//断肠人/在/天涯。

知识链接

马致远（约 1250—1324），字千里，大都人。与关汉卿、白朴、郑光祖号称“元曲四大家”。年轻时热衷功名，但仕途不顺，后隐居杭州。工于杂剧，代表作有《吕洞宾三醉岳阳楼》《孤雁汉宫秋》等。其散曲豪迈、清逸，被推崇为“元人第一”。

山坡羊·潼关怀古

张养浩

峰峦如聚,波涛如怒,山河表里潼关路。望西都,意踟蹰(chí chú),伤心秦汉经行处,宫阙万间都做了土。兴,百姓苦。亡,百姓苦。

【注释】1. 潼关:雄踞陕西、山西、河南要冲,为进出长安的门户。2. 山河:指华山、黄河。3. 表里:内外。4. 西都:指长安。东汉迁都至洛阳称为东都,遂将故都长安称作西都。5. 踟蹰:犹豫、徘徊。6. 伤心:怀古时的感慨。7. 阙:皇宫门前两旁供瞭望的楼,泛指帝王的住所。

【串译】像是群峰众峦在这里会合,像是大浪巨涛在这里发怒,外有黄河,内有华山,潼关地势坚固。遥望古都长安,思绪起起伏伏,途经秦汉旧地,引出伤感无数,万间宫殿早已化作了尘土。唉!一个朝代建立了,百姓要受苦。一个朝代灭亡了,百姓还要受苦。

【诵读提示】《山坡平》,曲牌名。北曲中吕宫、南曲商调,都有同名曲牌。南曲较常用。北曲较简单。常用作小令,或用在套曲中。

这首散曲从潼关要塞所见,想到古都长安,又从长安想到历代的兴亡更替,视通万里,思接千载,驰骋纵横,气韵恢弘,兼有山水诗的意境和历史学家的眼光。诵读基调应是沉郁苍凉的,语速中慢。“兴,百姓苦。亡,百姓苦”是感喟,也是作品的结点,

“兴”与“亡”应于对应之中有所强调和突现，扬起强收。最后一个“百姓苦”三字要适当拉开兜住，“苦”字由于是上声字，字调先降后升，走了个弧线，注意后半程的高点于 3 度左右时就得扯平拖长。一旦到了 4 度高程再平拉就不容易了，也会减损结尾句的韵味，严重时还会影响伤害到字义、词义甚至句子的意思。

【断句顿挫建议】峰峦/如/聚，/波涛/如/怒，/山河/表里/潼关路。//望/西都，/意/踟蹰，/伤心/秦汉/经行处，/宫阙/万间/都做了/土。///兴，/百姓/苦。//亡，/百姓/苦。

知识链接

张养浩(1270—1329)，济南人。官至礼部尚书。文宗天历二年，经历宦海浮沉，作者本已厌倦官场生活弃官归养，但得知关中百姓处境危困，毅然受命出任陕西行台中丞。到任四月，劳瘁去世。

墨梅

王冕

吾家洗砚池头树，朵朵花开淡墨痕。
不要人夸颜色好，只留清气满乾坤。

【注释】1. 墨梅：水墨画的梅花。2. 吾家：作者是著名画家，以淡墨清雅写梅，与王羲之同姓，故称。3. 洗砚池：写字、画画后洗笔洗砚的池子。王羲之有“临池学书，池水尽黑”的传说，这里化用这个典故。4. 淡墨痕:淡黑色的痕迹,指花的颜色。5. 清气:清香的气味。6. 乾坤:指天地。

【串译】我家画中洗砚池边的梅树,花开朵朵,都是用淡淡的墨水点染而成。它不需要别人夸奖颜色美好,只要留下充满乾坤的清香之气。

【诵读提示】这是一首作者自己题咏自己所画梅花的诗作。诗中所描写的墨梅劲秀芬芳、卓然不群,一"淡"一"满"尽显个性,一方面墨梅的风姿与作者傲岸的形象跃然纸上;另一方面令人觉得翰墨之香与梅花的清香扑面而来,从而使"诗格""画格""人格"巧妙地融合在了一起。

梅花在某种程度上是中华民族的精神象征,国人赏梅,不仅欣赏它的外表,更欣赏花中蕴含的人格寓意和精神力量。但此诗中的墨梅似乎还不至于塑造到如此崇高的程度和分量,诵读时表现墨梅的淡雅清幽、芬芳四溢只是表象,而内里则是重点突显墨梅的只留清气满乾坤的气节。这种气节表面看来不高,不威,也不猛,但却以"柔"显"刚"、外柔内刚的力道显现,所以诵读者的情、声、气都要轻柔些,清丽些,切忌咬字过死,情绪沉滞或情绪语势过于饱涨。

知识链接

王冕(1287—1359),诸暨人。年轻时曾参加进士考试不中,遂绝意仕途,归隐九龙山,以卖画为生。擅长画梅花、竹石,墨梅师法扬无咎而另立新意,著有《竹斋集》行世。

石灰吟

于谦

千锤万击出深山，烈火焚烧若等闲。
粉骨碎身浑不怕，要留清白在人间。

【注释】1. 千锤万击：指石灰石在深山开采时要经过很多次的敲打才能开采出来。2. 烈火焚烧：石灰石开采出来后又要经过烈火焚烧才能变成石灰。3. 若等闲：好像很平常。4. 要留清白在人间：石灰所粉刷的雪白墙壁就留在人间了。

【串译】石灰石要经过千万次锤打才出得深山，它把熊熊烈火焚烧也视平常事一样。即使粉身碎骨又何所畏惧，只为把一片清白长留人间。

【诵读提示】这是一首托物言志诗。作者以石灰作比喻，抒发自己坚强不屈、洁身自好的品质和不同流合污、与恶势力斗争到底的决心。作为咏物诗，它的价值就在于处处以石灰自喻，咏石灰即是咏自己磊落的襟怀和崇高的人格。首句“千锤万击出深山”是形容开采石灰石不容易。次句“烈火焚烧”是指烧炼石灰石。加“若等闲”三字，又使人感到不仅是在写烧炼石灰石，似乎还象征着志士仁人无论面临着怎样严峻的考验都从容不迫，视若等闲。第三句“粉骨碎身”极形象地写出将石灰石烧成石灰粉，而“浑不怕”三字又使我们联想到其中寓有不怕牺牲的精神。最后一句“要留清白在人间”更是在直抒情怀，立志要做纯洁清白的人。

作者为官廉洁正直，曾平反冤狱，救灾赈荒，深受百姓爱戴。

此词正是他的生平和人格的真实写照。末句“要留清白在人间”要加大吐字力度,给足情感分量,褒扬激情地点题诵之。尤其是“清白”二字处在全诗的最高点上,情绪和一切技巧的灌注都应以此二字为主旨,忽视或丢掉了这两个字,将“千锤万击”“烈火焚烧”“粉骨碎身”表现得再热闹就无异舍本求末了。

知识链接

于谦(1398—1457),钱塘人。1448年,蒙古族瓦剌部南侵中原,英宗轻率迎战,结果发生了“土木堡之变”,全军覆没,英宗被俘,蒙古军进逼北京。国难当头,作者挺身而出,拥立英宗之弟朱祁钰为帝并击溃蒙军,保住了明朝的江山社稷。英宗复辟后以“谋逆罪”于天顺元年将其杀害。

临江仙

杨慎

滚滚长江东逝水,浪花淘尽英雄。是非成败转头空。青山依旧在,几度夕阳红。

白发渔樵(qiáo)江渚(zhǔ)上,惯看秋月春风。一壶浊酒喜相逢。古今多少事,都付笑谈中。

【注释】1.淘尽:荡涤一空。2.渔樵:渔父和樵夫。3.渚:水中的小块陆地。4.浊酒:用糯米、黄米等酿制的酒,较混浊。

【串译】滚滚长江义无反顾地向东流去,多少英雄豪杰像浪花一般被江水消逝了。争什么是与非、成与败，人生太短暂了，只有青山依然存在，依然日升日落。白发渔翁伫立江渚之上，早已习惯于四时的变化。和朋友难得见面，总要痛快地畅饮，笑谈古往今来的纷纷扰扰。

【诵读提示】《临江仙》原是作者晚年所著历史通俗说唱之作《廿一史弹词》中第三段《说秦汉》的开场词，后被清初毛宗岗移置《三国演义》卷首，名扬四海。这是一首咏史词，借叙述历史兴亡抒发人生感慨，豪放中有含蓄，高亢中有深沉。诵读此词的基调当是慷慨悲壮的，令人荡气回肠，平添万千感慨。此词可贵之处就在于它在让人们感受苍凉悲壮的同时，又营造出一种淡泊宁静的气氛，且折射出高远的意境和深邃的人生哲理。

诵读此词，应将上下片联系对应起来。上片首先要表现出“大”境，天地之大，历史之长，淘汰英雄之多，青山依旧，夕阳仍红。其次要表现出“虚”境，较为抽象放达。最后要放开眼量观去，青山、夕阳都要远望。下片首先要表现出“小”态，小岛上，小老头，一壶小酒。其次要表现出“实”景，要表具象紧缩，白发、渔樵、浊酒。最后要凝神近觑，喜相逢、笑谈，人物的音容笑貌尽在眼前。这一大一小、一虚一实、一远一近、一放一缩，可以尽展词意的显达。其实此词难诵，并非难在对作品的表层勾画上，也并非难在表现技巧上，而是难在诵读者对于诗的境界的理解和对作者胸怀的把握上。秋月春风的自然景象、是非成败的世态炎凉都不难把控，对人生的彻透知解和“惯看”“笑谈”之中的况味才是词眼之所宗。这需要人生历练、知识、襟怀等的综合积累和沉淀。诵读诗词如此，为人做事也是如此。

【断句顿挫建议】 滚 滚/长 江/东 逝 水，/浪 花/淘/尽/英雄。//是/非/成/败/转头/空。//青山/依旧/在，/几度/夕阳/红。///白发/渔樵/江渚上，/惯看/秋月/春风。//一壶浊酒/

喜/相逢。//古/今/多少/事,/都/付/笑谈/中。

知识链接

杨慎(1488—1559),四川新都人。明正德六年进士第一及第,授翰林修撰,后充任经筵讲官。嘉靖三年因直谏触犯明世宗被谪戍云南,流放终生。著有《升庵集》。

别云间

夏完淳

三年羁旅客,今日又南冠(guān)。
无限山河泪,谁言天地宽?
已知泉路近,欲别故乡难。
毅魄归来日,灵旗空际看。

【注释】1.云间:作者的故乡上海松江的古称。2.羁旅客:漂泊在外的人。3.南冠,引用春秋钟仪的故事:前582年,晋侯到军中视察,发现了两年前郑国献来的楚囚钟仪。钟仪自称是伶人,晋侯就给他一张琴命他演奏。钟仪弹奏的都是南方楚调。晋侯认为钟仪不忘故土,为了促进两国和好就礼送他回到楚国。这里指被俘的囚徒,此时作者已经被清兵逮捕。4.泉路:地下、阴间。5.毅魄:刚毅的魂魄,意思是说死后仍将抗清。6.灵旗:汉武帝为伐南越作灵旗,这里指抗清的旗帜。7.空际:天边。

【串译】三年中做奔走他乡之客,今天又做了俘虏。大好山河使人流下无限之泪，谁说天地宽阔无边呢？已经深知为国捐躯的日子不远了，但是想要和家乡告别却难上加难。在我不屈的魂灵回来的日子里，将在空中注视着后继抗敌的旗帜。

【诵读提示】 本诗作为悲壮慷慨的绝命诗，除对故乡表示依恋之外，着重抒发了作者国仇未报、壮志难伸的悲愤心情和誓死不屈的斗志。本诗基调慷慨悲壮，铿锵有力，耐人寻味。前二句点题，说明三年抗敌，今朝被捕并将告别故乡。三、四句言志，面对山河破碎而自身已无用武之地。五、六两句表达在就义之前的思乡之情。最后两句显示出作者至死不屈，希望复仇再起，体现的是一种激昂慷慨的壮美风格。

诵读此词要慷慨悲歌，壮怀激越。起句于中高、中强，一直贯达至结尾。语速不能过快。“已知泉路近，欲别故乡难”句感人至深，诵读应追求一种催人泪下的效果。

知识链接

夏完淳(1631—1647)，上海松江华亭人。14 岁从父亲和师傅起兵抗清。父兵败自杀后，仍不懈为抗清奔走。被捕后不屈而死，年仅 17 岁。夏完淳在南京监狱里被关押了 80 天，给亲友写了许多可歌可泣的诗篇和书信。强烈的爱国思想、喷薄的爱国激情、炽热的战斗气息、动人的浪漫色彩和华美的文词是其诗的主要特色。

长相思

纳兰性德

山一程，水一程，身向榆关那畔行，夜深千帐灯。

风一更(gēng)，雪一更，聒(guō)碎乡心梦不成。故园无此声。

【注释】 1.程：道路、路程。2.山一程、水一程：山长水远。3.榆关：今山海关。4.那畔：山海关的另一边，指身处关外。5.帐：军营的帐篷。千帐，言军营之多。6.更：旧时一夜分五更，每更大约两小时。风一更、雪一更，言整夜风雪交加。7.聒：声音嘈杂，使人厌烦。8.故园：故乡。9.此声：指风雪交加的声音。

【串译】 一路上跋山涉水，行行重行行，向榆关那边进发。夜深宿营，只见无数座行帐中都亮着灯火。挨过了一更又一更，只听得风雪一阵又一阵，吵得我乡心碎乱，乡梦难圆。在我的故乡，几曾听到这聒耳的风雪之声？

【诵读提示】《长相思》，词牌名，亦称《长相思令》《相思令》《吴山青》。双调三十六字，前后片格式相同，各三平韵，一叠韵，一韵到底。这是一首描写边塞军旅途中思乡寄情的佳作。天涯羁旅，最易引起共鸣的是那“山一程，水一程”的身漂异乡、梦回家园的意境。“山一程，水一程”与“风一更，雪一更”的两相映照，暗示出词人对风雨兼程人生路的深深体验。从“夜深千帐灯”的壮美意境到“故园无此声”的委婉心地，既是作者亲身生活经历的生动再现，也是作者善于从生活中发现美并以此创造美、抒发美的敏锐高超艺术智慧的自然流露。

诵读此词要表现得缠绵而不颓废，于柔情之中显露男儿镇守边塞的慷慨报国之志。“山一程，水一程”要表现和寄托亲人送行的依依惜别之情；“身向榆关那畔行”应激荡的是“万里赴戎机，关山度若飞”的萧萧豪迈之情；“夜深千帐灯” 是上阕感情酝酿的高潮，催生的应是“大漠孤烟直，长河落日圆”的壮烈情怀。这情感运用的三级跳，既可以真实反映出作者对故乡的深深依恋，也反映出作者渴望建功立业的雄心壮志，同时也是诵读创作所依赖的基础。

【断句顿挫参考】山/一程，水/一程，//身/向/榆关/那畔/行，//夜深/千帐/灯。///风/一更，/雪/一更，//聒碎/乡心/梦/不成。//故园/无/此声。

知识链接

纳兰性德(1655—1685)，满洲正黄旗。少聪颖，读书过目成诵，精于骑射。书法、绘画、音乐方面均有一定造诣。与朱彝尊、陈维崧等汉族名士交游，一定程度上为清廷笼络住一批汉族知识分子。一生著作颇丰，以词闻名，现存 349 首，有南唐后主遗风。王国维有评：“北宋以来，一人而已”。

潍县署中画竹呈年伯包大中丞括

郑板桥

衙斋卧听萧萧竹，疑是民间疾苦声。

些小吾曹州县吏，一枝一叶总关情。

【注释】1. 年伯:古称同榜考取的人为同年,称同年的父辈为年伯。2. 包大中丞括:包括,乾隆年间曾任山东布政使,署理巡抚,故称"中丞"。"大"为尊称。如同今天戏称局长杨明者为"杨大局长明"一样。3. 衙斋:官衙中的书斋。4. 些小:指官职卑微。5. 吾曹:我们。6. 关情:关扯。

【串译】卧在衙门的书斋里静听着竹叶沙沙地响动,总感觉是民间百姓呼饥号苦的喊声。在州县里像我们这些地位卑下的小官吏,民间每一件小事如同画上每一条枝叶总牵动着自己的感情。

【诵读提示】作者善画善书,尤喜画竹,故而其题画诗也大多以颂竹为主题。首句即点明自己的身份,"衙斋"即官邸,"萧萧"说明周遭环境幽雅,同时也紧扣画竹的主题。次句由竹叶声响联想到民间疾苦,一个"疑"字道出了的爱民之心与勤政之意。第三句是说自己官职卑微,只是一个小县吏,然而只要是有关民众的,事无巨细都会放在心上。"一枝一叶"表面上看还是咏竹,实际比喻民间疾苦。由于此诗是题画诗,因而从竹入手,托物言志,表达了作者做好民众父母官的心声;又由于画是送给上司巡抚大人的,故不无几分劝勉之意。

此诗是以画竹为"表",以抒发志向为"实",借画喻志的典型代表。基本结构是"画——实——实——画"。描"画",诵读语气要轻灵,要秀盈;喻志,诵读语气要扎实,要朴真。"一枝一叶总关情"应有"双关"的意蕴,语态可以"飘"些。

竹石

郑板桥

咬定青山不放松，立根原在破岩中。
千磨万击还(huán)坚劲(jìng)，任尔东西南北风。

【注释】1.竹石：扎根在石缝中的竹子。2.咬定：指竹根紧紧地扎根在青山上，就好像“咬住”一般。3.立根：扎根、生根。4.原：本来。5.破岩：破裂的岩石缝隙。6.磨：折磨、挫折。7.击：打击。8.千磨万击：指风雨的折磨、摧残。9.坚劲：坚定强劲。10.任：任凭。11.尔：你。

【串译】竹子抱住青山从不放松，原来是把根深深地扎入岩石的缝隙之中。经历狂风千万次的吹打折磨依旧坚硬如铁，任凭你东西南北的狂风劲吹。

【诵读提示】这是一首在竹石图上的题画诗，咏的是竹石，但已不是对自然界竹石的一般描写，而是蕴含了深刻的思想感情。以物喻人，实写竹子，赞颂的却是人。作者以屹立的青山、坚硬的岩石为背景，说竹子“咬定青山”“立根破岩”“千磨万击”。“坚劲”则正是这个历经风吹雨打的竹子和竹子所象征的人的真实写照。因此可以说此诗通过歌咏竹石，塑造了一个百折不挠、顶天立地的强者的光辉形象。全诗清新流畅，感情真挚，语言虽然通俗但意义深刻而意味深长。

作者一生刚直不阿，所以他笔下的竹子显得坚定、挺拔、苍劲。诵读语态也应是直白地歌颂。基调是昂扬、坚定的。起句一个“咬定”很形象,描绘出立在山岩中的竹子的坚韧性格。“咬”字应真咬,口控应紧,力度要大,“不放松”是态度。结句“任尔东西南北风”加重语势,表现出大无畏的精神。

知识链接

郑板桥(1693—1765),名燮,号板桥。江苏兴化人。康熙时秀才,雍正时举人,乾隆时进士。官至山东范县、潍县知县,有政声。做官前后均居扬州,以书画营生,为“扬州八怪”之一。工诗、词,善书、画,擅花卉木石,尤长兰竹,是清代有代表性的文人画家。卒于73岁。

红楼梦·葬花吟

曹雪芹

花谢花飞花满天,红消香断有谁怜?
游丝软系飘春榭,落絮轻沾扑绣帘。
闺中女儿惜春暮,愁绪满怀无释处。
手把花锄出绣闺,忍踏落花来复去。
柳丝榆荚自芳菲,不管桃飘与李飞。
桃李明年能再发,明年闺中知有谁?
三月香巢已垒成,梁间燕子太无情!
明年花发虽可啄,却不道,人去梁空巢也倾。
一年三百六十日,风刀霜剑严相逼,
明媚鲜妍能几时,一朝漂泊难寻觅。

花开易见落难寻，阶前愁杀葬花人，
独倚花锄泪暗洒，洒上空枝见血痕。
杜鹃无语正黄昏，荷锄归去掩重门。
青灯照壁人初睡，冷雨敲窗被未温。
怪奴底事倍伤神，半为怜春半恼春；
怜春忽至恼忽去，至又无言去不闻。
昨宵庭外悲歌发，知是花魂与鸟魂？
花魂鸟魂总难留，鸟自无言花自羞。
愿奴胁下生双翼，随花飞到天尽头。
天尽头，何处有香丘？
未若锦囊收艳骨，一抔(póu)净土掩风流。
质本洁来还(huán)洁去，强于污淖(nào)陷渠沟。
尔今死去侬(nóng)收葬，未卜侬身何日丧(sāng)？
侬今葬花人笑痴，他年葬侬知是谁？
试看春残花渐落，便是红颜老死时。
一朝春尽红颜老，花落人亡两不知！

【注释】1. 榭：筑在台上的房子。2. 絮：柳絮、柳花。3. 无释处：没有排遣的地方。4. 把：拿。5. 忍：岂忍。6. 榆荚：榆树的实。榆未生叶时先生荚，像是成串的钱，俗称榆钱。7. 芳菲：花草香茂。8. “洒上”句：与两个传说有关，第一，湘妃哭舜，泣血染竹枝成斑，所以黛玉号“潇湘妃子”。第二，蜀帝魂化杜鹃鸟，啼血染花枝，花即杜鹃花。所以下句接言“杜鹃”。9. 奴：我，自称。10. 底：何、什么。11. 知是：哪里知道是……还是……。12. 香丘：香坟，指花冢。13. 一抔：一捧，因《汉书》中曾用“取长陵一抔土”来表示开掘陵墓,后人就以“一抔之土”称坟墓,这里用以指花冢。14. 污淖:被污秽的泥水所弄脏。

【诵读提示】《葬花吟》通过丰富而奇特的想象、暗淡而凄清的画面、浓烈而忧伤的情调展现了黛玉多愁善感的性格、内心的矛盾与痛苦、细微而复杂的心理活动,表达了其在生与死、爱与恨复杂斗争过程中所产生的一种对自身存在焦虑不安的体验和对生命迷茫的情感。作者将花拟人,以花喻人,把花的命运与人的命运紧密联系,有力地控诉了那些摧残花的自然界和扼杀人的黑暗社会恶势力。此篇明写花,实写人,将人物的遭遇、命运、思想、感情融汇于景与物的描绘之中,创造出内涵丰富、形象鲜明生动的意境,具有强烈的艺术感染力。整首词是林黛玉生命理念和人生价值的真实写照。

诵读的基调是感伤的、愁怨的、凄清的、婉转悱恻的,从头至尾都应于低沉轻缓中行进,声音、气息一直处于弱控制状态,只在“尔今死去侬收葬,未卜侬身何日丧? 侬今葬花人笑痴,他年葬侬知是谁?”两句上略加着色用情即可。

【断句顿挫建议】花谢/花飞/花满天,/红消/香断/有谁怜? //游丝/软系/飘春榭,/落絮/轻沾/扑绣帘。//闺中女儿/惜春暮,/愁绪满怀/无释处。//手把花锄/出绣闺,/忍踏落花/来复去。//柳丝榆荚/自芳菲,/不管/桃飘与李飞。//桃李/明年能再发,/明年/闺中知有谁? //三月香巢/已垒成,/梁间燕子/太无情! //明年/花发虽可啄,//却不道,/人去/梁空/巢也倾。///一年/三百六十日,/风刀/霜剑/严相逼,/明媚鲜妍/能几时,/一朝飘泊/难寻觅。//花开易见/落难寻,/阶前/愁杀葬花人,/独倚花锄/泪暗洒,/洒上空枝/见血痕。//杜鹃无语/正黄昏,/荷锄归去/掩重门。//青灯照壁/人初睡,/冷雨敲窗/被未温。//怪奴底事/倍伤神,/半为怜春/半恼春;/怜春忽至/恼忽去，/至又无言/去不闻。///昨宵/庭外悲歌发，/知是/花魂与鸟魂？/花魂鸟魂/总难留，/鸟自无言/花自羞。///愿奴/胁下生双翼，/随花/飞到天尽头。//天尽头，/何处有香丘？/未若锦囊/收艳骨，/一抔净土/掩风流。///质本/洁来还洁去，/强于/污淖陷渠沟。/尔今死去/侬收葬，/未卜/侬身何日丧？//侬今/葬花/人笑痴，/他年/葬侬/知是谁？//试看/春残花渐落，/便是/红颜老死时。//一朝/春尽/红颜老，/花落/人亡/两/不知！

知识链接

曹雪芹(1724—1764)，满族。出身于一个“百年望族”的大官僚地主家庭，家庭的衰败使其饱尝了人生的辛酸。在人生的后几十年里，以坚忍不拔的毅力专心致志从事《红楼梦》的写作和修订，死后遗留下《红楼梦》前八十回稿。现存一百二十回《红楼梦》中的后四十回一般认为是高鹗所续。

长篇小说《红楼梦》是中国古典小说中伟大的现实主义作品，代表了中国古典小说的最高成就。《红楼梦》通过一个贵族大家庭的兴衰变化，揭露了封建统治阶级的奢靡、丑恶，展示出封建社会必然走向崩溃的历史命运。作者对诗词、金石、书画、医学、建筑、烹调、印染等各门学问都十分精通，所以对贵族家庭的饮食起居、园林建筑、家具器皿、服饰摆设、车轿排场等的描写都真实而细腻。《红楼梦》问世以后，引起封建官僚和封建卫道者的猛烈攻击，被列为禁书，但仍在群众中广泛流传。

论诗

赵翼

李杜诗篇万口传，至今已觉不新鲜。
江山代有才人出，各领风骚数百年。

【注释】1. 才人：有才情的人。2. 风骚：指《诗经》中的“国风”和屈原的《离骚》。后来把关于诗文写作的事叫“风骚”。这里指在文学上有成就的“才人”的崇高地位和深远影响。

【串译】李白和杜甫的诗篇经成千上万的人传颂，现在读起来感觉已没有什么新意了。大好河山每代都有才华横溢的人出现，他们的诗篇文章以及人气都会数百年地流传。

【诵读提示】此诗反映了创作贵在创新的主张。认为诗歌随时代不断发展，在创作的时候也应求新求变，并非只有古人的作品才是最好的，每个时代都有属于自己的诗人。后人继承前人，“长江后浪推前浪”便是千古真理。此诗虽然语言直白但却寓意深刻。“江山代有才人出，各领风骚数百年”一句表达了文学创作应随着时代变化发展的主题。

诵读此诗应有历史学家的眼界、评论家的口吻，站在历史长河中去评诗，自然就会得出这样的结论。起句就在中高点上，到第二句“至今已觉不新鲜”语势稍稍放下来，“鲜”字应尽量保持原调阴平，与现今口语形式的“新鲜(轻读)”有所区别。后两句“江山代有才人出，各领风骚数百年”是结论，是历史的必然。语气要坚定，语势要顶到最强，表达出不容置疑的气势。正是有了这最后两句，此诗才具有了高境。

知识链接

赵翼(1727—1814)，常州人。乾隆进士，授翰林院编修。乾隆三十八年辞官家居，曾一度主讲扬州安定书院。论诗主“独创”，反摹拟。五、七言古诗中有些作品嘲讽理学，隐喻对时政的不满之情。与袁枚、蒋士铨合称“乾隆三大家”。所著《瓯北诗话》系统地评论李白、杜甫、韩愈、白居易、苏轼、陆游、元好问、查慎行等十家诗。存诗四千八百多首。

己亥杂诗·其五

龚自珍

浩荡离愁白日斜，吟鞭东指即天涯。
落红不是无情物，化作春泥更护花。

【注释】1.己亥：古代用天干地支法来标记的年月，本诗指一八三九年。2.浩荡：形容愁绪无边无际的样子。3.吟鞭：作者自己的马鞭，这里吟鞭指作者所去的方向。4.天涯：形容很远的地方。5.落红：落花。6.化作春泥：变成春天的泥土。

【串译】在广阔无边的离愁中，眼看夕阳西下。离开京师，马鞭东指，从此便与朝廷天涯远隔了。其实落花并不是无情的东西，它化成春泥，还能呵护来年的春花。

【诵读提示】此诗前两句写景。望着夕阳西下，牵动了作者广阔无边的离愁别恨，这离别之愁不仅是离别家眷，更是离别朝廷。后两句作者将笔锋一转，并反用陆游词“零落成泥碾作尘，只有香如故。”落红，本指脱离花枝的花，但是并不是没有感情的东西，即使化作春泥也甘愿培育美丽的春花成长。不为独香，而为护花。这两句诗运用了托物言志的手法，表面上写“落花”，实际上是借以表露作者的情怀，表明自己要在退出官场后仍然为国家、为民族贡献一切。这种对理想的坚定追求、高度的爱国热忱、崇高的献身精神令人感佩不已。现在人们常用“落红不是无情物，化作春泥更护花”来赞扬老一辈人在事业上鞠躬尽瘁的精神以及他们对培养和爱护青年人耗尽心血的高尚情怀。

此诗的整体语气是呈高亢、激越型的，明朗、舒展。尤其是后两句，声线不必提升，音量也不必加增，但要坚实沉滞，融入情怀，有动于衷，有感而发。

己亥杂诗·其二百二十

龚自珍

九州生气恃(shì)风雷，万马齐喑(yīn)究可哀。
我劝天公重抖擞，不拘一格降人才。

【注释】1. 九州：我国上古行政区划，后用作“中国”的代称。2. 生气：生气勃勃的局面。3. 恃：依靠、仗着。4. 喑：哑。5. 万马齐喑：大家都不说话，比喻社会政局毫无生气。6. 天公：造物主。7. 抖擞：振作精神。8. 拘：限制。9. 格：规定的条件或要求。10. 降：降生。

【串译】只有狂雷炸响般的巨大力量才能使中国大地发出勃勃生机，然而社会政局毫无生气终究是一种悲哀。我奉劝上天要重新振作精神，不要拘泥一定规格以降下更多的人才。

【诵读提示】此诗的前两句用两个比喻写出了对当时中国形势的看法。“万马齐喑”比喻在腐朽、残酷的反动统治下，思想被禁锢，人才被扼杀，到处是昏沉、庸俗、愚昧的局面，一片死寂、令人窒息的现实状况。“风雷”比喻新兴的社会力量和尖锐猛烈的社会变革。

诵读时要描画出当时中国的形势和局面，深刻地表现出对清末死气沉沉的社会局面的不满。后两句用奇特的想象表现了热烈的希望，期待着优秀杰出人物的涌现，期待着改革大势形成新的“风雷”、新的生机，一改九州岛沉闷和迟滞的局面，此诗既揭露矛盾、批判现实，更憧憬未来、充满理想，独辟奇境，别开生面，呼唤变革，呼唤未来。后两句的诵读应掌握的基调是明朗、热情、急切、盼望式的，行句应快而高扬，热烈奔放。句尾是强而有力地收煞，是呼唤式的。

知识链接

龚自珍(1792—1841)，27 岁中举人，38 岁中进士，曾任内阁中书、宗人府主事和礼部主事等官职。目睹了清王朝的昏庸腐朽，认为清王朝是“衰世”。主张革除弊政，是近代改良主义先驱者；主张抵制外国侵略，曾全力支持林则徐禁除鸦片。1839 年，48 岁辞官南归后又北上接眷属，在南北往返途中写下了短诗 315 首，题为《己亥杂诗》。此组诗以作者的一生经历为主线，述写其平生的著述、交游等，或记事，或抒情，大多借题发挥，抨击时弊，表达其反对侵略、呼唤变革的思想和对未来的憧憬。1840年暴卒于江苏丹阳云阳书院。其诗文主张“更法”“改图”,揭露清统治者的腐朽,洋溢着爱国热情,被柳亚子誉为“三百年来第一流”。著有《定庵文集》,留存文章三百余篇,诗词近八百首,今人辑为《龚自珍全集》。

图书在版编目(CIP)数据

古诗词诵读/张涵编著.--2版.--北京:中国传媒大学出版社,2018.7(2019.11重印)

("我们爱朗读"系列丛书)

ISBN 978-7-5657-2270-7

Ⅰ.①古… Ⅱ.①张… Ⅲ.①古典诗歌—朗诵—中国 Ⅳ.①H119

中国版本图书馆 CIP 数据核字（2018）第 165358 号

古诗词诵读(第2版)

GUSHICI SONGDU(DI-ER BAN)

编　　著　张　涵
策划编辑　赵　欣
责任编辑　赵　欣　张　笛
特约编辑　高卓毓
责任印制　李志鹏
封面设计　创意源文化艺术

出版发行　中国传媒大学出版社
社　　址　北京市朝阳区定福庄东街1号　邮编:100024
电　　话　86-10-65450528　65450532　传真:65779405
网　　址　http://cucp.cuc.edu.cn
经　　销　全国新华书店

印　　刷　北京玺诚印务有限公司
开　　本　880mm×1230mm　1/32
印　　张　11
字　　数　270千字
版　　次　2018年8月第2版
印　　次　2019年11月第2次印刷

书　　号　ISBN 978-7-5657-2270-7/H·2270
定　　价　38.00元